程 虹 著

中国质量怎么办

ZHONGGUO ZHILIANG ZENMEBAN

人民出版社

责任编辑：张伟珍
装帧设计：吴燕妮
责任校对：梁　悦

图书在版编目（CIP）数据

中国质量怎么办 / 程虹 著 . —北京：人民出版社，2016.9
ISBN 978–7–01–016682–7

I.①中 … II.①程 … III.①质量管理–报告–中国 IV.①F279.23

中国版本图书馆CIP数据核字（2016）第211361号

书　　名	中国质量怎么办	
	ZHONGGUO ZHILIANG ZENMEBAN	
著　　者	程　虹	
出版发行	人 民 出 版 社	
	（北京市东城区隆福寺街99号　邮编：100706）	
邮购电话	（010）65250042　65289539	
经　　销	新华书店	
印　　刷	北京中科印刷有限公司	
版　　次	2016年9月第1版　2016年9月北京第1次印刷	
开　　本	710毫米×1000毫米　1/16	
印　　张	20	
字　　数	253千字	
印　　数	0,001 – 6,000册	
书　　号	ISBN 978 – 7 – 01 – 016682 – 7	
定　　价	69.00元	

前　言

《中国质量怎么办》是《中国质量怎么了》的姊妹篇，也是我关于中国质量问题的第二部经济学随笔集。

《中国质量怎么了》自 2013 年 5 月出版后，在社会上引起了意想不到的强烈反响。这本书在当当网一上架，就连续两周在社科类图书销售榜上排名第一；并上了全国多家实体书店的销售排行榜；作为一本主要谈质量且相对比较小众的专业书籍，多次重印且销量领先于同类书籍；尤其让我欣慰的是，读者们对这本书给予了很多褒奖，其中很多人并不是专门从事与质量有关的工作，仅仅是关心质量问题的普通消费者，但他们却一致认为《中国质量怎么了》为正确看待中国质量问题提供了新的视角和新的知识。

《中国质量怎么办》的出版，完全是来自于读者的鞭策。很多素不相识的读者和我身边的一些同行或朋友，经常向我提出一个问题：你的《中国质量怎么了》虽然很好，但还可以做到更好，因为我们想知道中国质量到底应该怎么办。为此，可以说连这部书的名字也是来自于读者。2013年以来，我研究的内容包括中国经济增长质量、中国经济新常态与转型升级、质量创新与企业家精神、内生增长与人力资本质量等方面。所有这些研究内容，实际上都是为了回答一个问题：中国质量怎么办？

《中国质量怎么办》第一个主要的回答是，看企业家怎么办。这些年来，我研究的最大感悟就是，谈中国质量问题绝对不能离开企业家，正是企业家决定了中国质量的现状，也同样是企业家决定了中国质量的未来。这本书不仅用很多理论分析了为什么是企业家的观念和行为决定了中国质量的一些问题，也用了大量的案例和数据说明，企业家如果真正地实施质量创新发展战略，就可以实现转型升级。

《中国质量怎么办》第二个主要的回答是，要从质量本身的创新做起。要回答中国质量怎么办，最重要的还是要解决质量发展本身的问题，而不是仅仅停留于呼吁质量的重要性。如果质量发展的路径不对，恐怕越重视只会离预期目标越遥远。要解决中国质量问题，就要实现质量创新，通过质量创新从供给侧解决中国经济最大的结构性矛盾，也就是高质量的需求与低质量供给的矛盾。这本书的内容涉及了企业的质量创新，区域经济发展的质量创新，以及国家层面的质量创新，即通过质量创新来推动强国建设。

《中国质量怎么办》第三个主要的回答是，要改革。这句话很简单，但这些年来我深刻体会到，改革真的是知易行难。要解决中国质量问题，在我看来，最重要的就是要改变质量的治理方式，真正地让市场发挥决定性作用。在这本书中，我从很多方面谈到了质量治理改革的问题，包括如何冲破一些利益的约束。

正如我在上一本《中国质量怎么了》中提出的，要做中国质量的建设者。同样，对于《中国质量怎么办》的回答，依然还是要我们人人都做中国质量的建设者。为此，在这本书中，我特别谈到我所在的机构——武汉大学质量发展战略研究院（Institute of Quality Development Strategy 以下简称 IQDS），是如何践行做中国质量建设者的。近十年来，IQDS 的一群人简简单单地做着一件事，即研究中国质量问题和培养中国质量人才。回首十年，我们始终不忘初心，在科学研究上取得了很多原创性的成果，当前的重点主要是在与世界知名大学的专家合作上，我们力争将中国质量问题的研究推向世界主流的学术界，尤其是国际经济学界。当然，在持续推动 IQDS 科学研究和人才培养的水平的道路上，我们还会面临非常多的困难，但好在我和我的同事们已经找到了破解这些难题的最好方法，那就是建立"努力到无能为力，奋斗到感动自己"的价值观。

这本书的风格与上本书一样，将专业的研究成果通过通俗的描述，让普通读者也能看懂。其主要内容是来自于我每两周一次在 IQDS 官方网站上

前　言

发表的专家视点，以及我在《第一财经日报》和 *Global Times*（《环球时报》英文版）的专栏文章，还包括部分我讲课和演讲的内容记录。

　　这本书能够出版，要感谢 IQDS 的同事们，是他们和我在一起每天对中国质量问题的学术讨论，鞭策着我每两周将这些有价值的成果写成经济学随笔，特别要感谢江华丽和刘芸两位同事，对本书内容编辑和整理上的帮助。还要特别感谢人民出版社张伟珍编审的鼓励，正是她的不断鼓励下，才使我下定决心将这些成果最终整理成这部书。

2016 年 8 月于珞珈山樱顶

目 录

目　录

一

企业家决定质量

中国经济的最大隐忧：企业家精神下滑

企业家精神作为一种"创造性破坏"力量，是长期经济增长最重要的动力。无论是创业也好，还是创新也好，以及资源配置也好，都取决于企业家这种最特殊的也是最高级的人力资本。

中国宏观经济自 2012 年以来的下行趋势，进入 2016 年似乎也没有看到底部，看来还将长期呈现 L 型的走势。在中国的国民收入进入中等水平阶段时，"陷阱"似乎正在向我们走来：包括 GDP 进入 6% 的区间、新增劳动力负增长，这就意味着潜在增长率正在滑向 6% 的下方；劳动力以工资增速高于劳动生产率增速近五成的幅度，宣告低劳动力成本的传统经济增长动能完全结束；进出口的负增长、30% 的过剩产能和居高不下的房地产库存，都意味着投资、进出口和消费的三驾马车正在失去前行的动力。

更让人不安的是，宏观经济下行的趋势似乎正在失去控制，传统动能正在消失，而培育新的动能则还在探索之中。

好在宏观政策找对了病症，那就是供给侧有问题，说得再直白一点，也就是微观的企业有问题。这里不得不自我表扬一下，我远在五年前的研究就已经证明，中国宏观经济的问题出在微观上，微观的产品质量上不去，宏观经济增长质量不可能好转。因而 2015 年年底，我们获得了第二个哲学社会科学领域最高等级的科研项目、教育部哲学社会科学研究重大课题——

《宏观经济整体和微观产品服务的质量"双提高"机制研究》。这个课题就是从供给侧来研究如何提高质量，从而促进宏观的经济发展质量。

关于供给侧的问题有很多，但最根本的问题在哪里呢？

这还是要从我们2015年在广东开展的580多家企业调查说起，因为没有调查就没有发言权。在我们团队走遍的这些企业中，的确很多都非常困难，数据统计也证明了这一点。企业的利润在下滑，退出的企业超过两位数，还有很多即使存在，但也只能称为"僵尸企业"。然而，同样的宏观经济环境下，另外一些企业的效益却非常好，而且这些企业就包括电子、服装等传统产业。

在同样的环境和行业中，企业效益却出现如此大的分化，这让我们觉得很有意思了。因而，2015年下半年以来，我和我的同事们，包括几十个研究生，就在做一件事情，那就是试图找到这一现象的原因。

经过半年的努力，我们终于找到了最根本的原因，并且将这个研究成果形成了近40篇的系列论文，2016年第1期的《武汉大学学报》（人文科学版），就以专栏的方式刊载了其中的3篇。其他的也将陆续在国内知名的学术刊物上推出。

原因到底是什么呢？答案就是：企业家精神的不适应。

改革开放初期，一群社会的草根人群开始了中国市场经济的进程，这群人大多数都看到了当时计划经济制度的不合理，于是在传统制度之外进行市场制度的创新，从而获得了制度的红利。经济学家将这些企业家，称之为"制度企业家"，也就是主要通过制度的创新来获得发展。应该说，这个解释是非常有说服力的。但是，正如刚刚逝去的诺贝尔奖获得者诺斯所言，制度具有"路径依赖"效应，也就是说，初始的选择会对未来的发展形成锁定。这群企业家们初始的选择是制度创新，那么其随后的企业行为当然也就会继续依循这条路径。

的确，在改革开放初期，由于计划经济制度太不合理，只要稍微做一些边际上的改进，就能实现企业利润的增长。在那个时代，企业家们只要不断地去推动政府进行制度的放松，就可以获得新的利润空间，这个时候的政企合作，应该说总体上是进步的，企业家和政府官员共同合作不断抛弃原有的制度，使得中国经济越来越走向市场化。

然而，随着中国改革的不断推进，市场经济制度已经从总体上替代了计划经济制度，也就是说，制度改革在边际上的红利是下降的（这里说的不是那些大的制度改革，如要素市场等）。在这样的背景下，企业家如果还是希望通过与政府官员的合作来取得企业利润的增长，实在是非常非常困难。因为，在政府手上，尤其是在基层政府官员手上，已经没有多少制度改革的牌可打了，至多也就是执照办得快一点、审批再提速一点，而这些显然都只是行政效率范畴，已经不是制度改革的问题。企业家要指望这些东西获得利润，显然是不靠谱的。

我们调查的现实情况是怎样的呢？相当一部分企业家，尤其是上世纪五六十年代出生的企业家，还依然把解决当前企业自身的经济困难，寄托在政府身上，要么是希望政府进一步搞刺激，要么就是希望政府多搞一些政策协调或补贴。在我访谈的一部分企业当中，有些企业家谈起自身企业的经营时无精打采，而谈起与"某某长"的关系时却眉飞色舞，甚至指望某某领导给一些政策，来让企业渡过难关。

调查得越多，数据分析得越深入，越让人感到不寒而栗。这种恐惧就是来自于一个简单的问题，企业经营的好坏到底是由谁决定？其实，经济学的研究已经充分证明，企业家精神作为一种"创造性破坏"力量，是长期经济增长最重要的动力。无论是创业也好，还是创新也好，以及资源配置也好，都取决于企业家这种最特殊的、也是最高级的人力资本。

具体而言，企业家精神对长期经济增长的作用主要表现在四个方面：第一，企业家通过包括技术在内的全面创新，寻找新的商业机会；第二，企业家通过资源配置，提高投入产出的效率；第三，企业家通过治理的改

革，降低商业的不确定性；第四，企业家通过对员工的福利激励，提高全要素生产率。企业家就是以这种独特的企业家精神，成为经济发展持续不断的根本动力。

从我们的调查结果来看，目前有相当一部分企业家都缺乏这样的企业家精神，有的长期靠模仿过日子，生产的产品更新周期漫长无比；有的只会依靠低价格的劳动力生存，对企业要素资源的配置就是简单的作坊式；有的只是一味埋怨政府不给力，却不去发现和开拓新的市场空间；有的不知道实现劳动力向人力资本的转型，根本搞不清楚高成本的人力资本实际上对企业的效益具有更大贡献。如果想详细了解这一分析的科学结果，可以在我们网站的"发表论文"栏目中查看《新常态下企业经营绩效的下降：基于企业家精神的解释——来自 2015 年广东制造业企业—员工匹配调查的经验证据》的学术论文。

因而，中国经济的下滑，实际上是企业家精神下滑而导致的，这其中在我国企业家中占主导地位的五六十年代出生的企业家，又起了决定性的作用。这两者之间的因果关系非常显著，两者之间的周期完全是吻合的。

企业家精神的下滑，尤其是企业家精神不适应经济发展的新常态，才是中国经济最大的隐忧所在。

（2016 年 1 月 12 日发表于武大质量院官方网站"专家视点"栏目，2016 年 2 月 24 日《第一财经日报》"虹观质量"专栏转载，2016 年 3 月 3 日 *Global Times* 翻译转载，2016 年 2 月 29 日《报刊文摘》头版摘发）

中国经济的大分化

中国经济已经进入到一个最关键，也是最敏感时期。有的人认为，中国经济正面临着前所未有的寒冬，甚至面临着"硬着陆"的风险；有的人则认为，中国经济正迎来一个全新的机遇期，发展模式和增长方式正在转型升级。究竟中国经济的现实如何？这需要我们迈开双腿，走到真实的中国经济的现实中去。

中国经济已经进入到一个最关键，也是最敏感时期，关于这一点，从不同的人对中国经济的发展有着几乎截然不同的判断就可以看出。有的人认为，中国经济正面临着前所未有的寒冬，甚至面临着"硬着陆"的风险；有的人则认为，中国经济正迎来一个全新的机遇期，发展模式和增长方式正在转型升级。而对经济发展现实的判断，决定着企业的经营决策和政府的宏观政策，判断正确则可能迎来新一轮的机遇，判断失误则将可能带来灾难性的风险，因此我们说，当前正是中国经济最关键、也是最敏感时期。

对经济形势的判断，既需要充满想象力的预测能力，也需要厚实的理论积淀，但最重要的还是来自对复杂经济现实的深入调查。实际上，中国的经济在世界经济史上都具有非常鲜明的独特性，很难找到一个既定的模式来对其进行简单的验证。一方面，中国是一个大国，这一点与美国十分相似，但与美国不同的是，中国不同区域的经济差距非常巨大；另一方面，中国是一个转型的经济体，这个转型既包括从计划到市场的转型，也包括从农业到工业的转型，甚至还包括开始出现的从工业社会向信息和服务社会的转型。面对转型中的发展中大国的中国经济，要对其进行科学的研究和判断，最需要的就是迈开双腿，走到真实的中国经济的现实中去。

于是，我和武大质量院的同事们，与清华大学、香港科技大学和中国社科院的一批专家一起，历经几年的努力完成了"中国企业—劳动力匹配调查"（CEES）。该调查是迄今为止，首个来自发展中大国的企业—劳动力匹配调查，获得了近 6000 份有效样本，反映了企业利润、经营、生产、销售、技术、质量、人力、工资和保障等各方面的状况。应该说，这是我国经济进入新常态下，内容最为全面的企业—劳动力的调查，能科学地反映我国经济发展的真实现状。正因为如此，我国经济学和管理学领域最顶尖的学术刊物——《管理世界》，在 2016 年第 2 期以 2 万多字的篇幅，发表了我院基于这一调查的学术论文《中国企业转型升级的基本状况与路径选择》。该论文随后被 2016 年第 5 期人大报刊复印资料《企业管理研究》全文转载。这篇论文就是研究当前的中国经济形势，特别是以翔实的数据对中国经济形势进行了理性的分析和科学的判断，大家可以登录武汉大学质量院官方网站的"发表论文"栏目查看该论文的详细内容。

我们的这个研究，对当前的中国经济形势究竟作出了什么样的判断呢？

答案就是：大分化。

所谓大分化，就是指构成中国经济最重要的微观主体的企业，出现了两种完全不一样的状况，一种是成为"僵尸"并不断地退出市场，另一种是成为创新者并展现了良好的发展前景。改革开放三十多年来，中国经济发展出现一个非常显著的变化，那就是企业的两极分化。也就是说，不再是以前那种周期性的变化，只要宏观经济形势好，企业的日子都好过，而一旦宏观经济形势不好，则企业的日子都不好混。当前中国虽然面临着同样的宏观经济环境，但却出现了企业的两极分化，一部分继续在发展，而另一部分则在不断沉沦。这种变化也表明，企业不再都是宏观经济周期的被动接受者，有一部分企业已经开始逆周期而行，而这正是中国经济发展的一个根本性变化。

具体来说，中国经济正出现以下五个方面的大分化：

第一，企业绩效的大分化。一部分企业的利润率呈现上升趋势，2014年比2013年上升近0.94%；而另一部分企业却出现整体亏损，有近10%的企业连续两年亏损。在数据统计中，盈利企业和亏损企业的对比十分引人注目，而且两者的差距越来越大，呈现严重的两极化。

第二，企业盈利模式的大分化。企业转型升级的过程中，出现了两种在盈利模式上截然不同的企业，一类是"速度盈利型模式"企业，即高度依赖宏观GDP增速的盈利模式；另一类是"质量盈利型模式"企业，即主要依靠内生能力，尤其是质量提升，而较少依赖宏观经济环境的增长盈利模式。其中，无品牌企业对宏观经济的波动非常敏感，而有品牌的企业则不太受区域GDP增长率等宏观环境的影响。

第三，企业要素资源的大分化。一类企业完全依靠劳动力的成本优势，然而当前劳动力工资增速已经超过劳动生产率的增速，这使得靠低成本的劳动力要素获利的企业已经无法生存；另一类企业则不断加大人力资本的投入，技能型劳动力对非技能型劳动力的替代正在大规模展开，企业全要素生产率的贡献继续提升。

第四，企业进入与退出的大分化。我们根据企业的注册年份、营业状态的指标，统计了所调查企业的退出状况。数据证明，企业的总体退出率为17.6%，其中黑色金属冶炼业等行业的退出率甚至达到40%以上；而食品制造等行业的退出率则仅为1%—2%，甚至有些行业还出现了大规模的进入行为。

第五，企业创新能力的大分化。实际上，前面效益好的企业都是创新

能力强的企业，这些企业无论是研发投入的强度，还是研发人员的比重，乃至生产外包模式的改变等方面，都明显优于那些效益差的企业。虽然研发投入短期内并没有带来绩效的大幅度增长，但是基于学习效益的积累，它对其他创新产出的贡献和带动效益却是非常明显的。

当然，大分化带来的不仅仅是以上五个方面的行为变化，更多的是中国经济增长模式的变化。很明显，企业的自我发展能力决定了中国经济增长的速度，而简单的宏观刺激政策却无法决定企业的盈利状况。微观决定宏观，一个个原子式的企业的发展决定整体经济的发展，这才是中国经济增长质量的基础所在。这种改变才是让市场发挥决定性作用，而不是那种长期处于病态式的依赖政府刺激政策的发展模式。因而，这种大分化实际上是在告别一种落后的不可持续的发展模式，而另一种更可持续的、更高质量的、更加市场化的发展模式也正在酝酿成长之中。

实际上，面对大分化的经济发展现实，并不是只有成功这一种未来，同时也有陷入失败的可能。在现有体制机制下，那些应该退出市场的企业，依然有着强大的体制性保护，还在不断蚕食和消化经济发展的资源。而一些热衷于寻租的力量，也依然在借助某些合法性的制度优势，不断挤出创新的资源。无论是资本市场，还是劳动力市场，资源的错配依然在阻碍创新的生长，低效率的体制也依然有着强大的路径依赖优势。

中国经济是走向充满希望的质量型发展道路，还是沉沦于注定没有出路的速度型发展道路，一切都取决于我们在大分化的经济现实面前的选择。这一选择的检验，就是来自于企业家精神的再造，以及对现有体制的改革。

（2016 年 2 月 25 日发表于武大质量院官方网站"专家视点"栏目，2016 年 3 月 11 日 *Global Times* 翻译转载）

我国有假冒伪劣的传统吗？

正如高品质会形成一种文化一样，假冒伪劣的出现也不是一天就形成的。"假货"规模的壮大，"劣质"种类的推陈出新，也都是有传统的，有历史传承的。

任何科学在本质上都是历史学，指的是任何事物都有其内在发展规律。换言之，我们可以在昨天找到今天的影子。观察一个事物，无非有空间和时间两个视角，而时间视角指的就是历史的观察。今天的中国存在诸多的质量问题，很多人对此带有焦躁情绪，并认为这些质量问题，尤其是产品的假冒伪劣，无论从空间还是时间的角度来看，都是不应该存在的。这些看似很容易得到解决的问题，却长期解决不了，原因无非就是管理部门的不尽责，或者制造者良知的丧失。然而，这种基于道义的指责，不仅没有减少这些问题的出现，反而使人们陷入一种更深的无奈，甚至是带有绝望的情绪之中。那么，既然从道义或文化等层面都无法对这些问题给出有说服力的解释，则问题的出现终归有其存在的原因和内在必然性，我们不禁要问，这个原因到底何在呢？其实这个必然性就在于历史的传承。

也正是基于这一对中国质量问题分析的视角，我才和陈昕洲博士一起，历经 3 年时间，深入研究中国质量问题的发展历史。这一历史分析从秦汉开始，包括唐宋和明清几个重要朝代，并一直延续到当代。对这段历史的研究是非常艰苦的，需要查阅大量与质量有关的典籍，并且对浩繁复杂的质量史料进行系统梳理和甄别。尽管过程十分艰难，但是我们依然要深入到质量历史的故纸堆中去发现中国质量问题的演变规律。最近，这一成果也以《我国古代政府质量管理体制发展历程研究》的论文形式，在《华中师范大学学报》2016年第2期发表。特别值得一提的是，本论文长达31000字，这在学术刊物版面十分稀缺的情况下，可谓是一个十分鲜明的科研质量信号。

这篇论文研究了很多质量历史的问题，其中一个非常有意思的方面就是，我们今天广泛存在的假冒伪劣产品，其实在历史上也同样存在，甚至早在1000年前的宋朝，其假冒伪劣的手法即使在今天看来也令人"叹为观止"。

就拿药品的质量来说，诸如最近一度引起了公众恐慌的疫苗事件，其实早在古代也同样出现过，而且宋代的假药问题甚至一度到了视法律为无物的地步。宋代判牍文书《名公书判清明集》中的"假伪生药"篇就明确记载了当时假药泛滥的史实："唯于药饵而一或作伪焉，小则不足愈疾，甚则必至于杀人，其为害岂不甚大哉！昨日买筚澄茄一两于市，此乃至贱之药，所直能几，六铺供应，各当一钱六分，内李百五所供，不特陈腐细碎，而草梗复居其三之一。于贱药且如此，况贵药乎！供太守者且如此，况百姓乎！"从这段文字记载中，我们看到商家为了牟利，居然在供给太守所用的药中掺入三分之一的陈腐碎屑。可见，商家为了牟利，埋没良心的事情古今皆有。又如宋代出现的"鬼市子"，"每五更点灯博易买卖衣物图画花环领抹之类，至晓即散"，这些带有临时交易功能的集市，所售的字画衣物等货品质量良莠不齐，以假货蒙骗消费者的事情比比皆是。再如，即便在秦汉时期，虽然当时的生产模式主要是以官手工为主导，但市场上的产品质量仍然不如理想中的乌托邦那般美好。《盐铁论·水旱》记载："今县官作铁器，多苦恶，用费不省，卒徒烦而力作不尽。"可见，即便是官方严格控制下的铁器生产，仍旧无法全然摆脱因工匠激励不足而导致的手工产品质量低劣的问题。

看到上面这些和今天十分相似的例子，我们会发现，古人和今人在做假的技术和方法上居然是如此惊人的相似，如果将这些历史的假冒伪劣的朝代背景抹去，估计很多人都会怀疑它就发生在当下。那么，这些历史上的假冒伪劣产生的背后原因又是什么呢？与今天的原因是相同的吗？

第一个原因，当然还是要先回到产品质量的本质。我们说，质量的本质就是信息不对称，说得更直白一点就是，人类在市场经济中都面临着一个永恒的难题，那就是对交易物的衡量。其实，人们永远不可能完全了解被交易物品的质量，这不仅是指买方，也包括卖方。而且相比较而言，古代在对交易物的质量衡量上有着更多不可逾越的技术难关。纵然在今天，我们已经有了各种所谓的质量衡量技术的前提之下，基于衡量成本考虑，我们也依然不可能完全了解产品真正的质量。我们前面提到的关于宋朝假药的例子，就是由于质量衡量所造成的，因为对假药的分辨需要一定的专业辨别能力，并不是一般民众所能普遍掌握的，而这就恰恰造成了对于药品质量的信息不对称。

第二个原因，就是来自于人类致命的自负。这种自负在一方面，是因为人们从道德上自觉认为，假冒伪劣不应该存在；另一个方面，人们想当然的认为，管理者尤其是政府绝对有能力杜绝假冒伪劣的产生。然而，这两个假设实际上都是不存在的。首先，假冒伪劣的存在，是在信息不对称条件下人类投机的天性使然，这不是一个简单的道德问题，而是在利益驱使下人类天然存在的一种动物本能，人们可以抑制它，但绝对不可能从根本上铲除它。其次，相对于广大的社会民众而言，政府的力量其实是非常有限的，即使在秦汉时期国家政府完全控制各种手工业产品的生产和流通的情况下，依然难以彻底消灭工匠们的道德风险，也就是我们常说的"出工不出力，不按正常的要求办"。更不用说在唐宋和明清时期产生的大规模生产与交换，已经远远超越了政府的质量行政管理能力。再回头看前面提到的"鬼市子"之类的临时交易市场的出现，正是源于宋代坊市制度的藩篱被打破，交易行为超出了官方所划定的限定区域，进而导致政府监管成本的急剧上升。

第三个原因，就是制度的激励与约束不相容。质量的交易本来是买卖双方的自由选择，只要不涉及欺诈和安全健康等问题，实际上市场会自动筛选出那些好的产品。尤其在人们为了寻找好的产品而愿意支付相应的搜寻成本时，市场上就一定会有提供质量信号的主体。但是，在质量道德化的背景下（注意质量极易变为民粹主义），人们往往会基于一个崇高的目的出发，由某些所谓超市场的力量，来裁定和解决市场上的假冒伪劣问题。而最后的结果，往往是这些超市场的力量破坏了买卖双方的正常博弈，甚至被买卖双方所收买，那些所谓超市场的力量，不仅没有解决市场上的假冒伪劣问题，反而成为假冒伪劣这一问题本身。如上文提到的汉代官方制造的铁器质量问题，就是由于激励和约束不相容所导致，因为由官方单一供给，造成了市场竞争的缺失，致使民间不惜冒着被惩处的风险，也要进行私下的生产和交易。

历史很残酷，但是历史很真实。回到历史中，我们会发现这些历史上问题存在的原因，在今天依然同样存在。而要真正解决普遍性的假冒伪劣问题，还是要从上面三个原因的成因中去寻找答案。否则，只是情感与道义上的指责，假冒伪劣问题还会与过去千年的历史一样，在未来形成新的假冒伪劣的历史周期。

（2016 年 4 月 15 日发表于武大质量院官方网站"专家视点"栏目，2016 年 4 月 22 日《第一财经日报》"虹观质量"专栏转载，2016 年第 6 期《东方国门》杂志转载）

"僵尸"是自己折腾的结果

"出清"僵尸企业，是我国去产能最重要的手段。促成"僵尸企业"形成有很多原因，但最重要是因为那些愿意"折腾"，能"折腾"的企业家。

近年来，产能过剩作为当前中国最为严重的宏观经济风险之一，已经成为普遍共识。产能过剩最典型的表现之一莫过于诸多"僵尸企业"的存在。

分析人们认为的这些"僵尸企业"之所以存在的原因，主要有两个方面，一个是政府的补贴，另一个则是银行的救助。为此，有人认为去"僵尸"，那就只要政府不补贴，银行也不救助就可以了。然而，真的有这么简单吗？我们知道，政府并非对所有效益不好的企业都进行补贴，而银行更不会对所有效益不好的企业进行救助。无论是政府还是银行，他们只是对其中一部分企业给予补贴政策和资金救助。按常理来理解，那些争取到政府补贴或银行救助的企业，一定并非"等闲之辈"，一定是具有什么特别的能力，才能将政府与银行套住。

基于这一问题我们开展了一项专门的研究，结果发现，僵尸企业之所以会存在，除了与政府补贴与银行救助有关以外，还有一个非常重要的原因，那就是企业自身的微观因素。关于对僵尸企业研究的这篇论文，发表在《宏观质量研究》2016 年第 1 期，中国人民大学报刊复印资料《企业管理研究》2016年第6期全文转载了这篇论文，题目是《"僵尸企业"的存在之谜：基于企业微观因素的实证解释——来自2015年"中国企业—员工匹配调查"（CEES）的经验证据》。

论文指出，并非所有企业都有能力成为"僵尸企业"，需要这些企业具有"相当的本事"，就是企业家们必须要有能忽悠政府和银行的能力。试想一想，如果不是这样，否则哪个政府或银行会被一个效益极差的企业牵着鼻子走呢？难道他们真的就不会根据企业当下的经营状态进行判断吗？根据我们的测算，"僵尸企业"平均享受到的政府补贴，是非僵尸企业的3.57倍，其中，政府补贴既包括技术创新补贴，也包括税收返还。享受了政策红利和资金偏爱的这些"僵尸企业"，又是以怎样的效益来回报社会的呢？根据我们的研究发现，在技术创新能力方面，非僵尸企业的人均研发支出是"僵尸企业"的2.52倍，而"僵尸企业"的数控机器占比与技能型员工占比，分别高出非僵尸企业6.65个百分点与3.59个百分点。这些调查数据再次证明了"僵尸企业"具有非同一般的"忽悠"能力。

在感叹之余，我们也不得不佩服这些"僵尸企业"的企业家的智力和能力。但是，他们把能力用错了地方，不是想着带领企业如何在市场竞争中脱颖而出，而是绞尽脑汁想着通过政府的补贴和银行的救助，来维持企业的生存。我们再试想一下，有这般能力和智力的企业家，如果能将聪明才智转向如何提升企业的生产效率，如何更好地满足消费者需求，相信也一定可以获得比"僵尸企业"更好的结局。所以，从这个层面上来，"僵尸企业"的形成，很大程度上是企业家们自己折腾的结果。

我们的研究还发现，这些企业家们不仅瞎折腾，而且是穷折腾，他们将精力放在如何争取外部资源上，而没有考虑如何从内生能力上来增强自身实力。一般来说，作为企业，最大的能力就是要把产品生产好，也就是要提升产品的质量能力。然而，这些"僵尸企业"的产品质量能力却非常薄弱，无论是从产品的不合格率，还是从国际标准的数量，产品退货的货值占比，抑或是企业拥有的品牌数量等标准来评判，"僵尸企业"在每一个方面都均显著低于非僵尸企业。我们通过研究发现，"僵尸企业"的产品质量能力普遍要低于非僵尸企业 7.2% 至 8.3%。

因此，我们说，产品质量能力低下，是导致"僵尸企业"形成的又一重要原因。长期以来，我国主要依靠大规模的要素投入来驱动经济的增长，大量的企业盲目依靠资本扩张与规模扩大来占据市场，而并非是通过产品质量的提升所形成的差异化市场竞争能力，以及质量溢价来获得市场收益。在经济增长的初期，劳动力资源丰富且社会物质短缺的情况下，这种速度型的增长模式还勉强可以维持。但随着新常态的到来，我国的劳动力红利逐渐消失，企业不可能再以低廉的劳动力成本来实现快速扩张。与此同时，随着我国消费结构的升级，模仿型排浪式的消费阶段基本结束，消费需求的增长越来越依靠产品质量的提升。在这种情况下，供给与需求双方存在极度的不匹配，出现了大量过剩产能，那些缺乏质量竞争力的企业，必然会逐渐丧失其市场份额，进而出现经营亏损，只能逐渐演变为"僵尸企业"。

虽然说"僵尸企业"的出现，在一定程度上是企业家自己折腾的结果，但并不是说一个企业家不需要适当的折腾精神。折腾，可以是对的方面，也可以是错的方面，只要是方向正确的折腾，比如脚踏实地开展质量创新，包括提高质量、从事技术研发等，致力于提升企业的内生能力，其结果定当与僵尸企业截然相反。

我相信，没有哪个企业家希望自己经营一生的企业成为僵尸，要摆脱僵尸企业的命运，企业家就必须清楚自己的使命，不是一味地搞融资套政策、不是类似寻租和跑关系之类等非生产性行为，而是要认认真真地干生产，要具备并实施真正的工匠精神，通过创新来促进企业的经营绩效，实现由量到质的飞跃。

（2016 年 8 月 8 日发表于武大质量院官方网站"专家视点"栏目，2016 年 8 月 25 日《第一财经日报》"虹观质量"专栏转载，2016 年 9 月 5 日《报刊文摘》头版摘发）

被宠坏的企业家

对于企业家的管理，既不能管得太死，更不能宠得太多，我们唯一要做的，就是为企业家提供一个公平竞争的政策环境，引导企业通过创新来实现未来发展。

我们说，一个企业当然不只是靠企业家一个人就能做强做大，否则那些国际知名的大型企业根本犯不着请上成千上万名员工。当然，很多时候，企业家是一个企业的精神领袖和核心灵魂，一个企业的发展在很大程度上与该企业的企业家能力有关。也正是因为如此，我国经济发展取决于企业家的能力。

我们通过研究发现，很多企业家似乎很少在企业内部待着，他们的主要工作时间都花在企业之外，干什么呢？通俗地来说，就是跑关系。这些企业家认为，企业本身经营得如何并不是最重要的，最重要的应该是要看这个企业家能在企业之外搞定多少关系。导致这种非常怪异的经营乱象的原因有很多，我们当然可以责怪这些企业家不务正业，没有将精力全部放在如何搞好企业经营的目标上，但我们说，这些企业家都是一个个理性的经济人，他们之所以如此煞费苦心地出去跑关系，并以此来推动企业的艰难发展，那也一定有它的道理。

这个道理就在于，我们的政府可能在某些方面的确有对企业的经营存在管得太多、管得不正确的地方，但在另外一些方面，我们的政府又对企业可谓是爱护得太多、宠得太多。我们都知道，溺爱之下是很难出人才的，对于企业的管理也是一样的道理，一个被政府宠爱有加的企业，很难成为一个具有很强市场竞争力的企业。我们试想一下，那些常常被补贴、被退税和被优惠政策宠爱得无以复加的企业家，哪里还有心思去认真做好经营呢？

我们政府给予企业，特别是国有企业，以家长式的照顾，这是我们在计划经济时期就保留下来的传统。近些年来，由于中央政府推出了若干举措，以加强和推动企业的创新行为，很多地方政府有较为强烈的动机，来为当地企业提供更多的家长式照顾，比如创新补贴、税收减免等等。虽然，在一定程度上，这种做法无疑是对提升企业绩效、刺激企业家创新精神的一种激励，但从理论上来看，政府对企业的这种过度保护所带来的问题，同样也是非常明显的。

基于国家与企业的这种关系，哈佛大学经济学教授科尔内·亚诺什提出了"软预算约束"的概念，并将这种关系称为"父爱主义"，他认为，国家对企业的保护和企业对国家的依赖是造成软预算约束的重要原因。因为，政府对国有企业的预算没有一个定额，经常根据企业的需要而作出调整，这就使得国有企业可以从国家源源不断地获得新的财政支持，但经济收益却没有硬的约束，对那些达不到生产目标的企业，政府财政也就听之任之。

可能有人提出疑问，国有企业和政府的关系很近，但是那些私营企业具有相对硬的预算约束，政府的父爱主义关怀对他们会产生同样的影响吗？我们通过研究发现，政府的父爱主义对这类企业家同样会产生负向影响，由于企业对制度的依赖性不断增强，在一定程度也成为导致这些私营企业的创新能力低下的重要原因。

基于以上的分析，我们可以得出一个基本结论，那就是我们的政府当下最应该做的，就是逐渐终止对企业的一系列父爱主义式的关怀，诸如创新补贴等等。当然，这也并不意味着政府要与企业划清界限，不再产生任何关系，而是要求我们的企业家要将注意力回归到企业内部，集中放在如何提升自身的创新能力上，而不是一味依赖制度来实现创新。

对于企业家的管理，我们既不能管得太死，也不能宠的太多。政府唯一要做的就是提供一个公平竞争的良好环境与政策，而不是执行所谓的一企一策，为某一部分企业提供相对其他企业不公平的政策优惠。实际上，这不是政府在鼓励企业发展，而是在误导企业家作出错误的行为。试想一下，一个只能靠政府的优惠政策求生存的企业，他还会形成一个强有力的企业家精神吗？如果我们的政府再对企业这么一味的宠下去，那么，即使当下还具有那么一点点能力的企业家，恐怕长此以往也将被"跑关系、跑优惠政策"的思想所套牢。实际上，提供一个公平的竞争环境，才能激励企业家精神，才能培育企业家的能力，也才是一个国家经济发展长期的重要动力。

（2016 年 9 月 15 日发表于武大质量院官方网站"专家视点"栏目）

十 年 之 痒

十年，是企业发展的一个重要转折周期，企业唯有一天不停顿地发展、创新，才能真正地提高劳动生产率，成功跨越这个转折期，实现持续发展。

做企业不容易，时间太短了没有积累，太长了又容易形成路径依赖。那么，作为一个企业家来说，应该怎样理性地认识企业的年龄呢？其实，企业和人一样，也有它自身的成长周期和衰落周期，如何正确把握企业发展的年龄，是企业家把握企业经营和创新战略的一个重要基础。

对企业家而言，要提高企业的劳动生产率，就必须要有相应的投入，然而这些投入并不能立竿见影，需要一个不可逾越的周期。这个周期不仅来自于投资回报的时间限制，也来自于知识的积累和经验的加强。与此同时，企业要提高劳动生产率还必须考虑各种资源要素的有形或无形损耗。因为，企业所投入的各种有形要素也会随着时间而损耗折旧，而且这些有形投入要素的使用效率主要由使用劳动者能力高低所影响。因此，提高企业劳动生产率的关键，除了必要的要素投入之外，还必须依靠劳动者自身所掌握的技能。

我们知道，人力资本结构的优化和质量的提高、劳动力要素配置质量的改善等，都可以从根本上改善资源的投入产出效率，这也已经成为推动企业实现长期可持续发展的动力要素之一。但凡是有发展愿景的企业，在初期应该都会十分重视各类优秀人才的培养，因为人力资源的质量，对于企业能否获得最大的经济效益发挥了非常重要的作用。为此，作为企业而言，为提高人力资源的质量，常常通过优化技能培训的资源配置，组织一系列有利于提高企业生产率的培训，促进劳动力的红利要素逐步向人力资本要素转变。而随着企业年龄的增长，企业的人力资本也得到越来越系统的培养，劳动力的技能水平会在学习实践过程中得到不断提高，增强了人力资本的专用性，进而有利于企业劳动生产率的进一步提升。

然而，我们说干中学的边际效益是递减的，人力资本的积累速度与企业年龄之间呈现一种负相关的关系。也就是说，人力资本的积累速度会随着时间的递增而递减，在干中学的初期，人力资本成长速度较快，而到了后期，增长速度就会逐步放慢。

与此同时，随着技术更新速度的不断加快，以及技术本身越来越复杂，劳动者在适应掌握新技能上所花费的时间也相应越来越多。30 年前，一个工人可能只用花费一个星期就可以基本掌握焊接技术的要领，但 30 年后的今天，当技术都实现智能化和精细化时，他可能要花费 1 个月的时间才能较好掌握。因为这不再是一项单纯的技术练习，还需要工人学习与技术本身相关的电脑、设计等其他专业知识。

最近，我和宁璐在 2016 年第 4 期《产经评论》上发表了一篇论文，题目叫《劳动生产率与企业年龄效应之研究》。这篇论文是基于 2015 年"中国制造业企—员工匹配调查"的数据分析，实证检验了企业年龄与企业劳动生产率的关系。通过研究发现，制造业企业的企业年龄对于劳动生产率，呈现出先上升后下降的倒 U 型非线性关系。通过对具体拐点的计算，论文得出企业劳动生产率发生重大变化的时间段为十年。这个十年，既是一个企业劳动生产率提高的黄金期，也可能是劳动生产率下降的关键期。对于大多数企业而言，在最初发展的十年内，劳动生产率总体是个向上提高的过程，然而经过了十年这个拐点，劳动生产率极有可能逐渐走下坡路。

随着企业年龄的增长，企业很可能会陷入路径依赖，即因为之前的获利和经验，企业在面对新问题时，常常会采用原有的办法和路径来应对和解决。企业一旦进入了某一个相对固定的发展轨道，其组织的学习效应以及由过去某些问题所派生的主观主义模型，就会使企业难以快速有效地应对新环境下所面临的新问题。这也就是因为，企业对已有路径的依赖，阻碍了其生产活动的进一步发展，致使劳动生产率呈现下降趋势。

十年就是企业发展的一个重要转折周期，所谓"十年之痒"就是一个形象的描述。这对企业家来说是一个非常重要的判断，首先要耐得住寂寞，不可能一天吃成一个大胖子。同时，即使劳动生产率达到一个很高的水平，也要注意倒 U 型关系的存在，正所谓高峰就是低谷的起点。企业家只有每天不停顿地发展，才能真正地提高企业的劳动生产率。所以，企业家其实是一个最辛苦的职业，当然也是中国最稀缺的人才，原因就在于，"十年之痒"的分析告诉我们，作为一个企业家，创新是每天都不能停止的。

（2016 年 8 月 23 日发表于武大质量院官方网站"专家视点"栏目）

企业重视质量吗？
——一谈"质量时代"

"质量时代"的到来，我们需要创造一个与之相符的质量管理制度。在这个时代，企业是否真正地重视质量，要看他们能否真正地做得到质量自觉。

在我国经济增长从"速度时代"转向"质量时代"的论文中，我明确提出：我国现有的质量体制阻碍了向"质量时代"的转变，要进入"质量时代"，就必须改革，"没有改革，就没有质量时代的到来"。

作出这样明确的判断，理论逻辑就在于，"质量时代"在本质上就是要创造一个与"质量时代"相符合的质量管理制度，没有对现在制度的改革，"质量时代"就缺乏根本的制度载体。我最怕的就是将"质量时代"庸俗化，似乎"质量时代"就等于质量的世纪，质量成了压倒一切的主题，好像不将质量提高到战略的高度，质量就得不到发展，质量管理部门就得不到应有的重视。事实上，"质量时代"的提法并不是说质量有多么重要，这个重要性在质量发展纲要以及相关的文件和领导人的讲话中，都已经得到确认。这些重要得不能再重要的提法，为何总是离我们的预期甚远？一定是这背后有影响这个重视难以落实的原因。

在这里，首先有必要搞清楚质量被重视的内涵到底是什么？这个内涵就在于，企业能够真正地将质量作为最重要的发展战略，能够主动地去提升质量，具有创新质量的内生动力。质量成为企业和消费者的自觉，是内生的自愿性选择，而不是外来的强制性压力。所谓重视质量，就是要检验质量的主体是否真正地履行质量主体责任，这个主体主要就是企业，当然也包括消费者的质量素质和质量行为选择。最怕的是，将质量的重视停留在政府的层面，甚至停留在政府发文件、作号召的形式层面。"质量时代"是否能真正的到来，只有一个标准，那就是市场的主体是否有质量自觉和规范的质量行为。

用这个内涵来衡量质量是否被重视，我们就会有一个清晰的分析框架，那就是首先判断企业是否真正做到了质量自觉？然后分析影响质量自觉的因素是什么？找到了这个因素，实际上我们就解决了质量没有被真正重视的原因，也才能寻找到进入"质量时代"的路径。

企业是否真正做到了质量自觉？质量自觉的含义，首先，反映在企业的普遍战略上，即看大多数企业是否真正将质量视为企业最重要的战略。分析发现，我国现在大部分企业，都是将规模、速度、营销放在战略框的首选，质量最多也就是一个理念之一，甚至沦为泛泛的口号。其次，质量自觉就是企业全体员工都有主动追求质量的行为范式，在每一个细节上都追求完美，但是这还只是一个遥远的梦想。最后，质量自觉就是要使企业不断追求质量创新，生产出远高于国家标准和同行业的高品质，不断满足消费者的质量需求。而市场上大量的同质化产品告诉我们，这个要求对大部分企业来说还是太奢侈。结论就是，至少从企业角度来分析，企业的质量自觉还差得很远。

这实际上给我们提出了一个重要的问题，作为一个理性的企业，为何不能普遍地将质量自觉建立起来？这其中的原因到底是什么？不解决这个问题，重视质量注定是句空话，而进入"质量时代"的路径也将变得异常艰难。

要解答这一问题，在本文的开头实际上就给出了思考的思路，而具体的分析，且听下回分解。

（2014年11月14日发表于武大质量院官方网站"专家视点"栏目）

企业为何理性地不重视质量？
——二谈"质量时代"

在现有的质量和标准制度条件下，企业不重视质量，可能不是因为他们不理性，而是因为他们认为这恐怕是合乎当前市场状态的理性选择。要改变这一选择的办法，只有一种途径：改革。

在上一篇的分析可以看到，我国当前大部分企业根本上是不重视质量的。这就产生了一个悖论：作为理性经济人的企业，怎么会不明白质量是自己的"生命"呢？而去选择价格竞争、规模竞争，说到底就是低质竞争。如果企业普遍选择了这种低质低价的模式，那一定是它整体上反映了企业的"理性选择"，也就是说，这种低质低价的模式更符合企业利益的最大化，是企业在竞争结构下的最优选择。下面，我们就分析一下，企业为什么要选择低质低价的模式。

我们先分析企业在整体上能做到的"优质优价"吗？答案是：做不到。

所谓质量对消费者来说，是抽象而专业的，除了在感知上能够说出对产品的质量评价外，要真正地分析和评价质量，实际上只能依靠一个显性指标，那就是企业的产品用了什么"标准"。标准是客观而可以比较衡量不同产品质量水平的依据，一般来说，产品用了什么"标准"，消费者对质量就会有什么样的评价。进一步的分析是，标准对消费者都过于专业，市场还有一种更简单的办法让消费者判断产品质量的标准，那就是看这个产品做了什么样的"认证"。认证在本质上就是基于某种标准对产品所做的评价，所以市场上的认证公司都一定会有自己的标准，或采用某种被社会广泛认同的标准。这样市场经济所存在的质量信息不对称的程度就会大大下降，因为市场通过质量评价和认证机构对基于标准的产品认证信号，引导消费者如何基于标准的认证，来选择产品并给出相应的价格，这就是市场经济能实现"优质优价"的制度原因。

通过以上理论分析可以很清楚地证明，我国为什么很难在市场交易中实现普遍的"优质优价"，原因非常简单，我国的标准制度出了问题。我国实际上只有一类标准，那就是政府标准，无论是国家标准，还是行业和地方标准，本质上都是政府标准。而所谓的企业标准，从标准的本质含义来说，都不能称之为真正的标准，因为标准一定是两个以上的主体所共同愿意遵守的一种规则，更重要在于，企业标准就是企业的自我规则，而这种规则是不能成为消费者购买的依据，除非是像美国高通公司一样，其企业的标准已经成为行业的普遍性规则或交易的依据。在这样的政府单一标准体制下，无论是市场交易，还是政府采购，特别是消费者的购买依据，都只能看这个产品是否符合政府标准。如果不符合，产品既不能上市，也不能被交易。

问题如果仅在这里，那实际上是正常的，因为政府的标准一般意义上就是市场准入的最低门槛，产品不符合这个标准不能上市或不能被交易，那是很正常的。问题的要害就在于，如果所有的企业生产的产品都只能符合政府的标准，而政府的标准又是一致的，那么后果会很严重，也就是出现所有的产品都是同质化。显然，一个同质化的产品是没办法展开竞争的，也只能制定同一个价格。

正常的市场经济条件下，并不是没有政府用标准设立的市场准入门槛，只不过这种标准（在国外更多的是技术法规或指令），只是企业生产一种产品的最低依据，企业绝对不会只停留在满足政府的最低标准上，那注定是让自己因为低水平或同质化而自我淘汰出局。企业会选择被市场所广泛认可的标准，并通过认证的方式来证明自己达到了远高于政府规定的更高标准，这样的方式不仅满足了达到政府规定的进入市场门槛，而且也清晰无误地告诉了消费者，企业自己产品的标准水平，并可以基于这种更高标准的产品，获得来自于消费者支付的更高价格，从而实现"优质优价"。

我国目前的标准制度设计，显然没有办法让企业选择更高的市场所公认的标准，而只能在产品上标注所达到的政府标准。理性的企业显然不甘于这一点，一定要突破这种同质化的限制。

怎么办？

少数有实力的企业一个最直接的办法，就是寻找差异化，而最好的差异化就是：打品牌、做广告。通过广告的影响力以及品牌的差异化，来告诉消费者本企业的产品质量高于同类的其他产品。这就是中国的企业家为何特别热衷于搞市场营销，特别热衷于做广告的制度原因，因为品牌和广告显然是本企业的差异化的资源，不会被政府干预成一致性的资源，通过这种自己可以控制的差异化资源，获得消费者不同的支付价格。

企业另一个更普遍的做法，就是在同样的质量条件下，制定更低的价格。既然消费者、交易商或政府在采购中都只能依靠某种同一质量标准作为依据，那么，交易达成的最重要条件，一定是在同样的质量条件下谁的价格更低。这就是企业选择打"价格战"的原因，同样的质量只有靠更低的价格才能竞争过同行。

于是，我们看到看似不理性的企业"低质低价"模式，实际上是完全合乎理性的选择，除了极少数企业选择品牌和广告的差异化外，大部分企业最理性的选择就是"低质低价"。

企业为何不重视质量？答案就是：在现有的质量和标准制度条件下，企业不重视质量是合乎市场状态的理性选择。

显然，这种"理性"不是市场经济的内在规律，也不是企业、消费者和政府所愿意的选择，而要改变这一选择，只有一条道路：改革。我在这里的分析，仅仅只是从标准制度这一个视角，其实影响企业不重视质量行为的制度还有很多。

不改革，企业只能被迫理性地选择对市场和社会完全"不理性"的"低质低价"模式。要改变企业不重视质量的行为，只能从改革决定这一行为的制度开始。

（2014 年 11 月 27 日发表于武大质量院官方网站"专家视点"栏目）

有价值观才能有价值

是什么让《疯狂动物城》这部动画片创下了近乎"疯狂"的
市场价值，并在全球再次刮起一阵"追梦"之风？价值观！

2016 年 3 月 4 日在北美和中国同步公映的迪士尼动画《疯狂动物城》，让国人为之"疯狂"。截至 2016 年 3 月 27 日，该影片在中国市场取得了12.98 亿票房的佳绩，一举成为国内首部票房超过 10 亿元的动画片。除了"疯狂"的票房，它还赢得了各类观众群体近乎"疯狂"的口碑奇迹，就连一向"挑剔"的豆瓣影评也对其评出了 9.5 的高分。

这样一个看似已经熟悉得不能再熟悉的追梦故事，却在整个公映期保持了近乎 100% 的新鲜热度，我们在惊叹它逆天的表现之余，不禁要问：是什么让这部动画片创下了如此"疯狂"的市场价值，在全球再次刮起一阵"追梦"之风？难道就仅仅因为编剧将笑点和萌点天衣无缝地融入到剧情中，编出了一个符合人类情感的好故事，使人们茶余饭后多了一些趣味谈资？抑或是因为制作这部影片所花费的巨额投资，以及迪士尼公司在动画制作上丰富的经验和实力？当然不是。我认为其根本原因就在于这个故事背后所隐藏的，能引起世人共鸣的深刻价值观。

关于价值观的含义，很多人已经给出过非常多的解释，但《疯狂动物城》这部影片所反映出来的价值观，是具体的、生动的和明确的，给我们带来了一些深刻启示。

启示之一：价值观就是要有将事情做到最好的执着追求。《疯狂动物城》之所以收获了如此大的成功，其背后是所有迪士尼人长期坚持"做出最好的经典电影"这一价值观的终极体现和必然结果。正是基于这个价值观的坚守，编剧们在编写剧本之前，进行了大量的实地考察和研究分析，花费了18个月专门学习动物学，并专程奔赴肯尼亚现场观察该剧中涉及的动物角色的生活习性；为将影片角色塑造的更加逼真和形象，实现极致效果，他们还拜访了大量全球顶尖研究文化和群体行为方面的研究专家，甚至还走访了数位动物园管理员。最终，编剧们以2年时间，17稿颠覆式的剧本修改；动画师们从19万张分镜头中精心挑选了其中的20%，为观众呈现了一个如此经典的好故事。

启示之二：价值观就是要生产反映人类普遍认同的价值和情感共鸣的产品。《疯狂动物城》的成功在于它呈现的不仅仅是动物之间的故事，而是回答一个人类一直困惑也一直在寻找答案的终极哲学问题，那就是：这个世界到底是什么样的？

剧组在研究动物世界时发现了一个有趣的事实：动物界由90%的被捕食者和10%的捕食者构成，其中不乏强大的肉食动物和弱小的草食动物，他们之间存在着多样而复杂的关系。更有意思的是，人类社会一样，动物之间也存在着难以避免的偏见与歧视，然而无论是体型弱小的动物，还是体型强大的动物，他们都有着自由追求梦想、追求美好事物的权利，而这也是我们人类的共同追求。《疯狂动物城》所体现出来的消除歧视和尊重多元的朴素价值观，以主人公的真情实感生动地诠释了人们对包容、理解和平等的无限追求，在情感上打动了数以亿计的观众，也为影片带来了看似出乎意料却又在情理之中的高票房和高口碑。

启示之三：价值观就是要满足观众和产品使用者的体验感。极致的体验是什么？是对需求的极致满足，是叩击人们心底的终极服务。《疯狂动物城》

被誉为是迄今为止最复杂的一部动画片，工作人员尽力将每一帧镜头、每个角色和每个表情都做到极度逼真动人，109 分钟的时长，却出现了 64 种不同的动物，设定了 80 多万个不同角色。从实现上来说，仅仅将这些角色逐一呈现出来已属不易，而且迪士尼还给它们赋予了生命、情节和故事，甚至在细节的考究上达到吹"毛"求疵的地步，在动物角色的呈现上，更是细致到了每根毛发和每片树叶。据数据显示，一只小老鼠的毛发超过 40 万根，而长颈鹿的毛发则高达 920 万根，一棵树超过 3 万片叶子，而剧组人员为了给观众带来一个观感上的极致体验，他们力求对每一根毛发进行动力学模拟和光照模拟，即使只是那些观众可能不会注意的背景画面，迪士尼也专门开发软件对其中的每一个细节进行单独设定，让画面中那些原本可以静止的树叶顿时"活"了起来。

一部电影撼动观众的法宝，在于它所呈现的观感和所带来的心灵震撼，《疯狂动物城》的成功，就在于它唤起了观众心中的强烈共鸣，让观众在追随兔子朱迪梦想旅程的过程中，找到各自心中最初的梦想。一个产品打动消费者的法宝，则在于它能让产品使用者获得最佳的体验感，进而通过产品的体验获得更高层次的心灵满足，而这一切实现的背后最大的支撑就是：价值观。因为只有企业具备了要将产品做到极致、要最大限度满足使用者体验的价值观，才有可能生产出真正满足使用者需求的产品。所以，无论是企业还是组织，如果想要获得最大的市场利润，首先要有一个坚定、执着和无限追求的价值观。迪士尼团队的价值观，让他们收获了影片的巨大成功，并实现大大超越预期的利润回报。

相比《疯狂动物城》的成功，目前国内的电影市场却只能望洋兴叹。是我们的电影缺少市场投资？还是我们找不到一个像朱迪追梦这样的好故事？抑或是我们没有诸如 Maya 和 3dsmax 等公司的先进软件？都不是。真正的原因在于我们的团队缺少像迪士尼团队的那种执着追求细节和用户体验感的价值观。国内企业要想获得市场价值，首先请问一问你们自己有没有像迪士尼团队一样的价值观。如果我们国内的电影制作团队能树立与"疯狂"剧组同样的价值观，将更多地把精力用在影片如何给观众带来愉悦的观影体验上，而不因为追求一时的市场利益而去拍摄一些无论是画面还是故事情节都显生硬和粗糙的劣质作品，相信国内影片实现类似"疯狂"市场前景也将指日可待。

中国的经济发展是由数以万计的企业发展组成，中国的经济要实现稳定持续的发展，需要每一个企业的共同努力，而实现努力的最好办法就是树立一种执着追求极致的价值观，坚守将产品努力做到最好的工匠精神。只有这样，我们的企业才能获得丰厚的市场利润，我们的经济发展趋势才能跳出经济下行的阴影。

有价值观才能有价值，是《疯狂动物城》带给我们最大启示，而要实现价值，首先就要敢于尝试一切，敢于追梦，就像影片的主题曲 Try Everything 歌词所写的那样：I won't leave I wanna try everything。

（2016 年 3 月 31 日发表于武大质量院官方网站"专家视点"栏目）

二

质量供给侧的关键是

必须改变的经济盈利模式

要想继续保持"中国奇迹"，我们要从"速度型盈利模式"走向"质量型盈利模式"，通过供给侧改革，在提升微观企业的内生能力的基础上，推动宏观经济的持续发展。

中国经济在过去三十余年取得了巨大成就，被誉为"中国奇迹"。支撑奇迹的是靠大规模的投资和劳动力的红利。应该说，在一个农业化占绝对比重的国家，依靠投资拉动发展是非常合理的。也正是在这样的背景下，中国经济的盈利模式可以用两个字来概括：速度，即依靠大规模的投资驱动高速度的发展。那么，既然有了高速度的 GDP 增长，市场上也自然会产生越来越旺盛的需求，我们的企业正是依靠着这些旺盛的市场需求，实现了自身的发展和盈利。这正是中国经济的盈利模式，即"速度型盈利模式"。

但是，自 2013 年之后，这种模式就开始遇到极大的困难和挑战。因为，投资的边际收益是不断递减的，我们不可能通过不断地投资，来获得永远高速度的增长。此外，投资本身也是有成本的，很多的投资来源都是加杠杆的产物，也就是说，它们是依靠高额的负债来支撑。因而，靠投资实现增长显然是不可持续的，这也是为什么近几年来中国经济出现不断下滑的原因所在。

就在宏观经济不断下滑，我国的 GDP 增长速度也几乎一年下一个台阶的背景下，那些依靠宏观经济增长实现获利的企业，也开始进入了增长的艰难期，没有了宏观需求的刺激，这些企业所提供的产品和服务，自然也就没有了购买者。

最近我们在《南方经济》2016 年第 6 期上发表了一篇论文，题目就叫《速度型盈利模式与质量型盈利模式——对企业经营绩效异质性的实证解释》。我们分析得出，在同样的宏观经济下行压力下，即当同一个区域面临同样的 GDP 增速，即使是同一个行业不同的企业，效益却可能是天壤之别。那些完全依靠宏观经济增长速度的企业，也就是"速度型盈利模式"企业的效益将持续下滑，主要表现在投入—产出效率的增长速度，不仅明显低于该宏观地区的 GDP 增速，甚至在销售利润率、全要素生产率等指标方面，这些企业也同样呈现出较大程度的下滑。通过测算我们发现，"速度型盈利模式"企业的工业总产值增速、销售利润率增速和全要素生产率增速分别为 2.29%、−12.45% 和 −1.96%，明显低于企业抽样所在地高达 7.8% 的 GDP 宏观增速水平。这些"速度型盈利模式"企业效益下滑的原因在于，其生产的产品具有较高的消费替代弹性，当宏观经济下行和外部需求发生波动情况下，企业的市场销售、经营利润更容易受到冲击，甚至还可能由于无法对冲宏观经济下行风险而产生"负增长"。

在同样的经济环境下，与"速度型盈利模式"企业不同的另外一些企业的效益却非常好。这篇论文也对这类企业进行了详尽的分析。通过对比分析，我们发现，这类企业经营绩效比"速度型盈利模式"企业普遍高出 10.5%—12.0%，其工业总产值增速、销售利润率增速和全要素生产率增速分别达到 10.29%、23.31% 和 10.88%，均全面高于作为对照组的"速度型盈利模式"企业，甚至还显著高于企业抽样所在地 GDP 的宏观增速水平（7.8%）。这类企业是靠什么实现逆势增长的呢？论文是这样分析的，这类企业有可能通过自身的质量能力，来对市场需求产生锁定效应，从而较大程度地对冲宏观经济增速下行的不利影响，致使企业经营绩效增长率与宏观经济增速波动的相关性较弱，进而能充分抵御宏观经济下行风险，实现"逆势上扬"。而且，这类企业的质量能力、人力资本、R&D 投入等多项指标均对企业经营绩效产生了较为显著的影响，实现了企业经营绩效的快速增长显著超过该地区 GDP 增长率水平的"新奇迹"。通过更进一步的实证检验发现，质量能力的差异决定了企业经营绩效的不同，具有更高的质量能力，是造成这类企业比"速度型盈利模式"企业具有更高经营绩效的重要原因。于是，我们将该类型企业称为"质量型盈利模式"，也就是说，靠内生的质量能力，完全可以对冲宏观经济增长速度下滑，实现企业可持续的增长和盈利。这也很好地解释了为何美国经济增长率为 2%—3%、日本经济增长率为 1% 或零增长的时候，多数企业依然能够持续盈利。

分析至此，我们可以看出，中国经济要实现长期可持续的增长，就必须抛弃原有的"速度型盈利模式"，走向"质量型盈利模式"。因为，"质量型盈利模式"是供给侧的改革，是建立在微观主体基础上的宏观经济发展，是以企业内生的能力来获得增长速度和盈利的发展方式，更是一种可推动企业实现可持续增长的新发展模式。

国民产品：中国经济发展的重大机遇

中国的消费者基于产品质量和性价比来决定购买行为的现象背后，实际上反映了他们对中国产品质量的迫切要求，也就是对"国民产品"的迫切需求。

中国经济的问题简单来说就是两个字："量"与"质"。

中国经济的数量已经足够庞大，在多个产品领域占据了全球第一的位置，甚至在某些领域还出现了严重的数量过剩；相比之下，中国产品的质量却远远无法满足市场对质量的要求。

因而，解决当前中国经济发展中存在的问题，特别是解决经济结构性问题，关键就是要处理好高质量的有效需求与低质量无效供给之间的矛盾。

有人说中国消费者崇洋媚外，但凡产品被冠上了洋品牌，消费者就会趋之若鹜。但真的只是因为这些产品被冠上了洋名这么简单吗？如果仅因为这样，作为中国品牌的华为，所生产的智能手机又为何会越来越受到国人的青睐？

实际上，中国的消费者并不崇洋媚外。他们之所以购买国外的产品，仅仅是因为国外产品的总体质量和性价比优于国内产品。同样，中国消费者购买华为、海尔和格力等国内品牌，也只是因为这些产品的质量和性价比要优于国外同类产品。

分析至此，我们可以发现一个明显的趋势性变化，那就是中国的消费者越来越理性，已经跨越了通过国外品牌进行炫耀性消费的不成熟阶段，不单纯拘泥于品牌的产出地，而是更加理性地从产品自身的质量与性价比来决定他们的购买行为。这对中国的产品意味着什么？那就是，只要中国的产品具备好的质量与性价比，就不会因为"Made in China"而处于竞争下风。在这个背景下，中国的产品其实正面临着一个千载难逢的发展机遇。

中国的消费者基于产品质量和性价比来决定购买行为的现象背后，实际上反映了他们对中国产品质量的迫切要求，也就是对"国民产品"的迫切需求。

何谓"国民产品"？其实就是一个国家生产的拥有强大市场竞争优势、高质量水平和高性价比的产品，能够为本国的居民所广泛购买，在与国外产品的对比中足以代表本国大多数国民消费意愿，并且具有不断迭代和可持续市场生命力的产品。

举例来说，丰田佳美和本田雅阁是日本在汽车领域的"国民产品"，人们只要一提起日本汽车，自然而然就会想起这两款产品；现代汽车是韩国在汽车领域的"国民产品"；苹果手机则是美国电子产品领域中的"国民产品"，自 2007 年上市以来，产品已从 1.0 版迭代至即将发布的 7.0 版，累计在全球售出超过 2 亿部；双立人是德国刀具行业中的"国民产品"；而雀巢，是瑞士食品制造业的"国民产品"，它不仅产品品种丰富，是世界上最大的食品制造商，而且其销售额的 98% 来自国外，被称为"最国际化的跨国集团"。

与国外的"国民产品"相比，中国其实也已经开始出现了自己的"国民产品"，前面所说的华为、海尔和格力便可谓是中国的"国民手机""国民冰箱"和"国民空调"。

不要说中国经济没有新的市场机会，也不要将互联网当成中国经济创新的全部，"国民产品"其实也是中国经济发展的全新机遇，也是中国产业真正的创新所在。

中国的创新绝不能仅局限于互联网领域，更何况电子商务等互联网领域要获得发展的基础，仍然来自于销售产品自身的质量保障。因而，在中国消费者已经变得越来越理性的背景下，"国民产品"的打造恰恰正是中国企业发展的大好机会。在此重要的是，我们的企业家是否已经意识到了这个机会？

之所以说"国民产品"是中国经济发展的重大机遇，最主要的原因在于这些产品将会带来的庞大市场需求。因为，无论在哪个领域，一旦生产出"国民产品"，就意味着将成为众多消费者的共同选择，成为同类产品中的"明星"。与此同时，消费者之所以选择"国民产品"，还在于它们的品质已经得到社会的共同认可，带来消费总量的持续增加和扩张。

更重要的是，"国民产品"一经形成，消费者自然会对其产生消费依赖，也就是说一旦该产品推出新的产品版本，消费者就有意愿去淘汰先前的版本，而选择更新的版本。再者，随着中国产品影响力的不断扩大，中国产品势必将更多地走向世界。因此中国的"国民产品"也将是世界的，好的质量和性价比必然会引起其他国家消费者的强烈购买意愿。

改革开放三十多年来，中国经济的发展奇迹震撼了世界。而今，在中国经济奇迹的故事中，以速度发展为标志的 1.0 版本虽然已经结束，但以"国民产品"为标志的中国经济 2.0 版本才刚刚开始。企业家只要专心致志去塑造高性价比、高质量的产品，就可以获得比前三十年仅靠规模和速度还要大得多的发展机遇。

为了验证在目前经济下行的大背景下，"国民产品"是不是中国经济发展的一个重大机遇，是不是拥有巨大的消费市场，最近我带领我的同事到了几个企业开展深入调查。

王力集团坚持以产品的固有特性来满足消费需求，通过专业研发团队打造堪称安保性能最强的锁芯，将锁芯的使用寿命从之前的 5 万次提升至

26 万次，并将指纹、面部识别等新兴科技与传统锁具相结合，在极大提升了产品的使用性能的同时，满足了门锁这一传统产品的美观需求，正在打造出既有安全又有温度的"国民门锁"。在众泰汽车公司，这个看起来不怎么起眼的中国本土产品同样在向中国"国民汽车"的目标奋进。

一路走来，都一再证明了"国民产品"正是中国经济的一个新的、更大的发展机遇，抓住打造中国"国民产品"的机会，就能抓住中国崛起的机会，就可以在新常态下逆势而上。

（2016 年 3 月 16 日发表于武大质量院官方网站"专家视点"栏目，2016 年 3 月 29 日《第一财经日报》"虹观质量"专栏转载，2016 年 4 月 1 日 Global Times 翻译转载，2016 年第 5 期《东方国门》杂志转载）

最大的结构性问题

要解决当前我国低质量供给与高质量需求之间的结构性矛盾，释放和满足潜在的消费需求，我们唯有不断提高供给侧的质量水平，以质量创新来满足消费者带的用户体验。

我们经常说，一个国家的经济困难可能是因为国内的需求不足所导致，但现实真的是如此吗？无论是从中国消费者在国外爆买的情景，还是国内消费者贡献的大量海淘和海购交易中，我们丝毫不会觉得中国存在需求不足的问题。

实际上，无论从各大银行的居民储蓄来看，还是从数量已经过亿的中产阶层的人群来看，中国都存在着大量的潜在消费需求。这些需求之所以在国内得不到释放，是因为找不到好的供给，也就是说，消费者有钱却买不到满意的产品。基于此，我们说，当前中国经济最重要的是提供高质量的产品和服务，以满足消费者对质量的需求。

中国经济中最大的结构性问题，是低质量的供给与高质量的需求之间的结构性矛盾。我们只有提高质量，才能真正地满足和释放新的需求，也才能更好地解决这一结构性问题。

消费者之所以产生源源不断的新需求，离不开质量创新为消费者带来的新的产品体验。以乔布斯为代表的互联网时代的企业家，他们追求良好的工业设计和产品的外观使用设计，追求将产品的细节、工艺和美感做到极致，从而为消费者带来超乎预期的产品体验。这种基于消费者体验的质量创新，不断地超越消费者预期，进而带来更加快速的产品升级，引发了一轮又一轮的消费需求爆发与增长。我们强调的消费升级，实际上就是广大消费者对高质量产品和服务的需求升级。

无论是我国以智能手机为代表的新兴消费领域，还是以服装为代表的传统消费领域，它们近年来扩大的消费需求，基本上都是通过不断升级的质量来刺激新的消费需求，以不断增强用户的产品体验为支撑。

由质量创新所带来的消费总需求的增长，是典型的供给侧创新，它并不会由于要素价格的上升而影响国内外的市场波动，也不会因为技术创新的周期性而导致市场需求陷入持续性低迷。由质量驱动的供给侧创新，相对于基于政府刺激的需求管理而言，有助于实现更为稳定的经济增长。

我们说，消费者除了会为更新更好的用户体验买单，他们还愿意为产品之外的增值服务买单。由服务质量所带来的消费增值，不仅基于供给侧的质量创新，而且也是内生于市场本身的内在需求。我国的服务产业增加值占 GDP 比重逐年提高，服务业的比重更是自 2012 开始便超过了第二产业。由此可见，产品的服务化已成为一种趋势，它不仅刺激释放了传统行业中的新需求，推动传统产品领域的效益提升，而且也实现了现代智能产品的持续增长，让消费者获得了越来越好的质量体验。

除此以外，质量创新还具有一大功能，那就是为消费者带来更为可信的质量信息。实际上，我国的消费需求得不到有效释放，很大程度上不是企业的产品质量固有特性不好，而是因为质量信息的不对称。我国的消费者之所以大量购买国外的产品，不完全是因为认为国外产品质量高于国产产品，而是出于对这些国家产品质量的整体信任。因此，质量创新的重要内容，还应包括不断改进质量信号传递的有效性，进而降低市场上质量信息的不对称性。具体而言，就是从简单地依赖政府宏观发布以安全性为主的质量信号，转为更多依赖市场主体竞争性提供的基于安全性之上的个性化、多样化质量信号。消费者只有获得了更多更可信任的产品质量信号，才能够更加放心大胆地购买产品和服务，释放那些一直以来被抑制的消费需求。

所以，解决中国经济的转型升级问题，特别是解决结构性问题，最重要的是要解决高质量的需求与低质量的供给之间的矛盾，而要解决这一结构性问题，我们唯有通过老老实实地提高供给侧的质量水平来实现。

解决宏观与微观相背离的问题

以质量创新为基础的供给侧改革，是解决宏观与微观相背离这一问题的良方，将宏观经济增长质量建立在微观产品服务质量的基础之上，才能实现两者的双增长、双提高。

我国宏观经济增长质量不高，这已经是一个不容争辩的事实。从上世纪 90 年代中期开始，国家便提出了要提高经济增长质量，但却一直没有得到很好的解决。原因就在于，我们多半只是停留在宏观管理层面，认为依靠政府的经济政策，包括靠政府的结构调整，就可以解决宏观经济增长质量的问题。然而，宏观的基础是微观，如果宏观出了问题，我们必须从微观上来寻找原因。因而，对于宏观的经济增长质量水平不高这个问题，必须从提高微观的产品和服务质量上来想解决办法，要实现宏观经济的增长，就必须先改善构成宏观经济的微观产品服务。

经济长期稳定的增长，不是建立在短期性的需求管理基础上，而是建立在以微观产品服务质量不断提高为支撑的供给管理基础之上。美国、德国等发达国家的历史已经表明，持续不断地质量创新，既能刺激国内有效消费需求的不断增长，也将带来更多的国外消费需求，进而促进国家净出口的持续增长，而且由质量创新拉动的消费需求，还能不断带来国内投资的良性扩大。

由于企业通过质量创新，提供了优质的产品服务质量，在市场上形成其他产品不可替代的消费需求，企业的产能才得以不断扩大，效益才得以提升，进而具备了抵御因市场需求下滑带来的负面影响的实力。由无数企业的产品需求提升带来的微观基础，支撑了国家宏观经济总需求的不断扩大，最终带来了稳定可持续的经济增长速度。

当然，要解决宏观经济发展的难题，我们还必须通过微观的产品服务质量创新，来促进投入产出效率提升和经济结构的优化。企业之所以生产出能满足需求的高质量产品和服务，内在动机就在于高质量能为企业带来更高的市场收益。消费者愿意为那些更能满足消费需求的产品支付更高价格。从这个层面来说，质量作为一种投入的要素，相较于其他投入要素而言，能为企业带来更高的收益。市场上那些更能满足消费者需求的优质产品加总起来，也将逐步带来了宏观的投入产出效率的提高。

我们说，经济结构的优化其实就是要实现资源的优化配置。因此，无论是宏观上的产业结构，还是微观上的产品结构，都必须要实现供给与需求的均衡，减少社会资源的闲置或浪费。而那些有真实需求的优质产品与服务质量的供给，恰恰通过市场的消化，既可以消除有效需求不足的问题，也可以减少企业的产能过剩，实现供给和需求的均衡。

此外，要实现促进宏观经济增长，还必须通过微观产品服务的质量创新，实现更好的社会福利。我们说，社会福利的改善，最基本的就是要改善社会分配的公平性，提高劳动者报酬在国民收入分配中的比例。当企业依靠质量创新实现发展时，自然会对高素质的、具有专业技能的劳动者产生大量需求，而有效的需求将通过支付这些劳动者更高的工资水平来体现。当大多数劳动者获得的报酬，在国民收入分配中的比重得到了有效提升时，社会收入分配则更趋于合理。

从经济社会与环境协调发展的角度来看，只有提供更高的产品服务质量，才能有效降低社会的能源消耗，实现国家的绿色制造和可持续发展。我们的政府要实现更高的财政收入，说到底也必须以大多数企业有稳定提高的产品服务质量所创造的收益为基础。当然，除了企业之外，社会为居民提供更好的生活质量，更好的教育医疗卫生和社会保障质量，也是提高微观的产品和服务质量的一个重要方面，在这里就不展开来阐述。

基于以上分析，我们可以看出，质量创新从供给侧的角度，能很好地促进宏观与微观相背离的冲突，而从供给侧的微观角度，则可以通过提高具体的产品和服务质量，最终拉动宏观经济增长质量的提高。根据当前的发展趋势，我们可以预期，随着我国供给侧改革的不断深入，微观产品服务质量与宏观经济增长质量，一定会越来越协调，而将宏观的经济增长质量建立在微观产品服务质量的基础上，最终必将实现两者的双增长、双提高。

我国经济增长迎来提高质量的良机
——一谈经济下行怎么办

让市场发挥决定性作用，出清"僵尸"企业、淘汰落后产能、去房地产的泡沫化，这是我国实现新一轮发展的绝佳良机。质量，只有严苛的竞争才会有内生的动力，而经济下行恰恰就是竞争最激烈的时候。

最近，我们去了江苏、浙江和新疆等几个省、自治区，调查了目前这些区域的经济发展情况，至少从 2015 年第一季度的情况来看，它们的经济形势不是太妙。从微观上来看，这些区域的企业普遍反映发展很困难，包括已经开始出现一些系统性的金融风险，由于企业之间互为担保，以至于出现了连锁性的企业财产和账户被保全，无法进行正常经营；还有一些企业的出口大幅度下滑，甚至出现了几十个百分点的坠落。从宏观上来看，不仅投资同比大幅下滑，而且有些已经建成的项目也无法开工，甚至还有些县的工业总产值比去年同期下滑了一半以上。如此来看，无论是东部的发达地区，还是西部的欠发达地区，都出现了共同的经济下行趋势。自改革开放以来，我国曾经出现过多次经济下行，但这次的情况非常不一样，因为它并不是周期性的暂时的经济下行，而是一个远没有探到底部的根本性的经济发展趋势变化。

就我所到之处，各地政府都在针对经济下滑问题开展紧张的对策研究，并且采取了一些应急性的措施。比如，减免各种税费，尤其是政府收费；在房地产上也是不遗余力，各种政策利好尽出，有些地区的公积金首付贷款甚至已经降到两成；在投资上更是希望大干快上，通过尽可能减少程序来刺激项目开工。这些套路并不新鲜，在历次经济下行的周期中，都采取了这些类似的政策与举措，而且似乎每次都能够达到制止经济下滑，实现经济反转的目的。但这一次，情况正在起变化，至少从房地产来看需求并没有太大起色，企业新开工项目和投资更是迟迟不动，市场销售预期依然下行。即便是现在十分火爆的股市，也看不出基本面有什么变化，更多的还是一种"政策市"。

为什么会这样？答案就是：这次的经济下行并不是周期性的，而是结构性的变化。也就是说，我国的经济已经进入到新常态，再依靠投资刺激经济增长，回旋的空间已经非常小，不仅流动性泛滥，即使只是想去投资其高企的负债也是一个很高的门槛。另外，产能的三分之一都过剩，在此情况下，企业投资的欲望不可能上去。就目前来看，房地产的历史已经被改写，以目前的价格总体来看，根本不可能刺激居民的投资欲望，加上人口红利的消失和老龄化的快速到来，房价短期内不显著下跌已经是谢天谢地了。因而，再想依靠这些传统政策来解决现有的发展问题，实在如老革命遇到了新问题。这些老的管理套路失灵了，其效用甚至连大妈都不可能被刺激了，正因为如此致使这些大妈们纷纷跑到股市里去搏击风险，当然很有可能这些大妈最后会成为股市风险的兜底人。

其实在我看来，目前的经济形势不仅不糟，反而很好，包括经济下行的指标实际上也是一个很好的预兆，它在告诉我们，中国经济再不能依靠投资来驱动发展。实际上，房地产的下滑和高库存，本身就意味着房地产已经过剩了，再往下走就是泡沫，现在这个泡沫用这种比较平稳的方式慢慢破灭，总比发生由房地产引起全局性的经济风险好得多。而且，企业投资的下滑，本来就说明已经出现过剩，我们为什么还要制造过剩产能呢？至于那些因为互相担保而出现系统性倒闭风险的企业，其背后的实质，并不是因为担保带来的，而是因为这些企业本身就没有存在的价值，既生产同质化的过剩产品，又浪费各种资源。这些企业的倒闭，也恰恰说明了市场在发挥优胜劣汰的决定性作用。但最为可怕的是，地方政府为了表面的数据，还在想尽一切办法保护这些企业继续活下去，甚至不惜让他们成为"僵尸"企业。看起来这些企业还存在，也貌似解决了一些就业问题，但是让这些"僵尸"企业彻底地淘汰出局，将补贴他们的钱转而直接补贴给那些失业工人，无论是对社会资源，还是对企业资源，都是更公平和更有效率的选择。

之所以说，目前的经济形势很好，是因为我们国家正在迎来一次让市场发挥决定性作用的良机，让市场出清这些"僵尸"企业、淘汰落后产能、去房地产的泡沫化，正是我国提高经济增长质量长期以来想做而没有做到的事情，这次通过发挥市场的作用来实现，不正是一个千载难逢的良机吗？

实际上，经济发展的过程也已经清楚证明，高质量的经济和高水平的企业会在什么状况下出现。它不是在经济形势很好的时候，因为好的时候，即使差的企业也可以混下去；而恰恰是在经济形势不好的时候，也就是经济增长下行的时候。因为只有在经济形势不好的时候，才能看出到底谁才是真正优秀的企业，而那些没有价值的企业才会被淘汰。也只有在竞争激烈的情况下，企业才有真正的压力和动力，去提高自己的产品质量。说一句资本市场上最通俗的话，只在海水退潮的时候，才知道谁在裸泳。

我相信，只要政府不去人为地干预市场，扭曲市场的信号，经过这一轮的经济下行，中国的经济增长质量和中国的产品质量都会浴火重生。我们很多年来通过宏观调控实现不了的将经济增长建立在提高质量和效益基础上的目标，在这一轮经济下行的压力下，也一定会走上实现这一目标的正确路径。

质量，只有严苛的竞争才会有内生的动力，而经济下行就是竞争最激烈的时候。

（2015年4月27日发表于武大质量院官方网站"专家视点"栏目）

没有痛苦指数哪有幸福指数
——二谈经济下行怎么办

要应对经济下行，就要敢于面对已经到来的经济痛苦期，不能人为过多地干预市场，要让市场的竞争带我们走进质量发展的幸福期。

我们已经习惯于这样说：中国经济截至 2012 年，已经保持 30 年平均 9.8% 的增长；2000 年后，政府的财政收入更是持续保持了近二十年两位数以上的增长；加入世贸组织之后，中国的外贸出口连续多年也都是以几十个百分点的速度在增长……

没有必要再列举下去了，类似这样的指标还可以列出一大串。总而言之一句话，中国人在过去的三十多年，尤其是 1992 年之后，相较于过去的中国，包括其他国家而言，恐怕应该是世界各个国家中幸福指数增加速度最快的了（虽然也有贫富差距等非幸福因素）。

以至于很多人都认为，中国的幸福指数能一直这般快速增长下去，即使遇到类似 2008 年那样全球性的金融危机，我们也可以幸福地说，中国是世界上率先走出危机而快速复苏的国家。这样的表达，自豪感和幸福之情真是溢于言表啊！

但是，且慢，正所谓祸兮福之所倚，福兮祸之所伏一样，世界上没有永恒的幸福。如果自负到认为自己无所不能，可以永远地幸福下去，那实在是一种幼稚的幻想。经济和人一样，甚至万事万物都是一样，都具有两面性，幸福的背后一定有痛苦，或者说，痛苦是幸福的前奏。

经济发展没有永恒的增长，翻开世界近代经济史，可以发现没有一个国家能够永远保持高速增长。第二次世界大战以后，日本、韩国等国家，包括我国的台湾与香港地区，都是在持续了近三十年高速增长之后，回落到中速增长，其中有些年份甚至进入低速增长，日本还陷入了经济停滞的20年。这就是经济增长规律，所有国家和地区都一概不能例外，中国当然也不可能例外。

最要命的莫过于，明明知道这是规律，却不去顺应，而非要与规律抗争，人为地去逆势而为。其实，在这个阶段，市场该出清的就得出清，企业该退出的就得退出，政府该过紧日子的就得过紧日子。只有这样，我们才能在痛苦之后迎来真正的幸福。

实际上，我们用不着对市场太过于操心，过度地操心，带来的只能是更大的痛苦。上世纪80年代中期，我曾在农村基层工作了两年，那可谓是一段激情燃烧的岁月。当时，国家对农村并没有怎么操心，唯一做的就是让农民自己去操心，结果农民不仅自己为国家解决了粮食问题，而且还创造了中国真正的奇迹之———乡镇企业的大发展。那时候的乡镇企业产生了巨大的改革外部正效应，直接刺激了城市的国企改革，今天有很多知名企业，如汽车零配件企业——万向集团就是当时的乡镇企业发展而来。当时的农村金融也非常活跃，不仅农村信用社真正做到了民办，还鼓励农民自己成立金融合作平台，为农村企业的发展注入了大量的投资。也正是在那个时候，中国农村的贫困率快速下降，农民依靠自己的努力解决了贫困问题。

那段时间，我曾远赴黑龙江佳木斯市下属的靠近乌苏里江边的一个小镇，看望乡政府所属的一家建筑公司的项目人员，该建筑公司是属于农民自己创办，但挂靠于政府，每年须向政府上缴管理费。当时的场景至今还时刻刺激着我，因为它告诉我一个真理，也是一个常识，那就是，只要政府放开手，即使是一个一无所有的农民，也会还你一个奇迹。如果是乡政府创办企业的职工，一群在长江边生活的南方人，怎么会远赴遥远的乌苏里江边，在零下几十度的天气里去做建筑工程呢？而这恰恰就是民间的活力！

上世纪90年代中期以后，出现了"农民真苦、农村真穷、农业真危险"的险境，在我看来，这就是因为农村的政策出现了逆转。首先，农民的土地被全面管制，至今都不能按市场价值进行自由交易；其次，农村金融全面国有化，农业和农村根本不可能从国家的金融机构获得投资类的贷款；再次，农民的身份被全面地固化，农民被锁定在只能成为简单的低附加值劳动力。这就是中国农村问题的症结所在，包括贫困问题，也都是由于市场被抑制所导致。

因而，如何应对经济下行，我们要敢于面对已经到来的经济痛苦期，不要去人为地扭曲市场，要让市场的竞争带我们走进质量发展的幸福期。

（2015年5月7日发表于武大质量院官方网站"专家视点"栏目）

"分享"与"独占"
——三谈经济下行怎么办

要解决租车的问题，我们应该打破市场上那些独占型的利益集团，推动必要的改革，让全体人民成为创新创业的主体，让所有创新创业的人都能分享发展的红利。

最近，喜欢上了一件事情，那就是坐 Uber（优步）专车。Uber 给了我一种前所未有的乘车体验，让我感受到坐专车真的很爽。有别于那种坐公车的感觉，乘坐 Uber 专车完全是基于我的自由选择，只需在 App 中下单，一般 2—3 分钟专车就会到达我所指定的地点，即便在上下班高峰期也不过 5 分钟左右。这些司机真的很像职业专车司机，为乘客提供的优质服务完全是发自内心的，车上所提供的矿泉水和充电器更是标配。最好的自由，就是我用钱购买了超过了心理预期的服务，尤其是时间的准时和找到车辆的确定性，而这些正是 Uber 为我带来的乘车体验。实际上，据我所知，不仅 Uber 提供如此优质的服务，滴滴专车、神州专车和 1 号专车也都是如此。

想起来真是觉得很有意思，因为城市出租车的服务质量不好，尤其是上下班高峰期打不到车，几乎已经成了各个城市都存在的老毛病，而这些城市的主管部门也十分肯定地告诉市民，出租车的这些问题是全人类共同的挑战，并用很多数据证明这个问题几乎是无解的。但是，这些看起来无解的出租车难题，却被市场轻松地化解了，而且解决得让我们这些乘客如此满意，所耗费的社会成本是如此之低。

出租车最大的难题，无非就是信息不对称，也就是"人找不到车，车找不到人"，所以，出租车只能在街道上瞎逛，几乎只有靠碰运气去找到乘客。但是，互联网尤其是移动互联网，包括实时的定位技术，却使这种无谓的瞎逛几乎绝迹，司机和乘客不用付出更多的搜索成本，就能找到彼此。实际上，政府之所以要对出租车进行管制，包括要求出租车采用特定的顶灯和颜色标识，无非是帮助乘客与车辆之间更方便找到彼此。而互联网技术彻底颠覆了这一管制制度的前提，实现了乘客与车辆几乎零成本的相互匹配。政府要管制出租车的第二个理由，包括要求司机向那些出租车公司交份子钱的理由，都是因为司机可能存在欺骗乘客，不向乘客提供规定的质量服务。由此，政府要成立专门的机构去监督那些游动的出租车司机，一旦政府监督不过来就不得不让出租车公司去帮助管理司机。但是，互联网技术，包括电子支付，却使得出租车司机的这种信息优势发生逆转，因为乘客会通过网络对司机的服务进行评价，而且所支付的现金也不是直接交给司机，司机的最后实际获得收入，要靠每周乘客的网络评价来加以确定，如此一来司机不得不通过提供优质的服务来获得自己的收入，而且乘客给出的评价越高，司机所得的报酬也越高。政府管制出租车的第三个理由，就是出租车不可能无限制增加，因为这种增加要么导致司机收入下降，要么导致城市拥堵，为了合理分配这些有限额的出租车指标，当然只能采取拍卖的方式，也就意味着要获得一辆出租车的营运资格就必须给政府交纳一定的租金，由此形成出租车营运资格的市场交易价格，这一价格在很多大城市都超过了百万以上。以至于有些人仅靠这个指标就能得到一大笔财富，而那些花了大价钱才得到这些指标的司机，当然要么就像杨白劳一样拼命付出自己的身体，以收回已经付出的成本，要么就通过欺诈乘客，成为所谓真正的"黑车"。而互联网又改变了这一切，它让所有获得国家授予的驾驶执照的人，都有机会提供别人所需要的乘车服务。哪怕你是在上下班的路上，都可能有人约上你的车，让你以顺风车的方式满足乘客的需要。这样的匹配方式，既让驾车者减少了车辆的使用成本，又让在上下班高峰期打不到车的乘客得到了服务，完全就是市场所带来的"两情相悦"。现在，在有些城市的 CBD 区域，公司的老板都将自己的私车注册为专车服务，员工有时就是通过 App 让自己老板的车成为了他的专车。不仅是我，包括我的一些朋友，大家聊起来时，都非常愿意把自己的车注册为专车服务。

但是，就是这样看起来很完美的一项创新，却被很多城市的出租车管理部门，联合其他包括公安部门一起查封。理由很简单，因为这些私车违反了出租车的管理条例，冲击了现有出租车的市场，损害了这些司机们的收入。当然，还有更高大上的理由，说是因为这些私车司机没有受过专业训练，可能会给乘客带来很大的生命风险，虽然我们到目前为止也没有见过由于专车服务导致的一起乘客死亡的报道，也没看到专车服务的事故高于一般出租车的风险统计。

其实，这些理由在我看来没有一条是能成立的。政府管制出租车的目的到底是什么？简单地说，就是要让那些愿意出钱找车的人能够真正地找到车，而现有的专车服务不就正是实现了政府梦寐以求的这个目的吗？所以，我们现在应该干的不是查封专车服务，而是要改变这种不合理的政府对出租车的专营制度。那些为原有的出租车所支付的专营费用，也完全可以按照年限折价，政府将其收取的费用退给出租车司机，然后让这些出租车和专车一起，平等地为市场提供服务。至于政府所关心的车辆服务质量问题，市场其实早就给出了答案，根本用不着政府操心，乘客的评价和结算的延迟支付，都会让专车司机不敢稍有懈怠地去提供高质量的服务。

解决这一问题的实质就在于，我们的市场经济到底是"分享型"的，还是"独占型"的？如果是"分享型"的，那么政府最重要的职责就是创造一个公平的环境，让所有愿意提供租车服务的人都能公平地参与进来，都能获得自己诚实劳动所应得到的收益；如果是"独占型"的，那么就意味着政府依靠行政的强制力，人为设定租金，并与市场主体争利，而且人为地去保护某个团体获得高额的垄断租金，从而让整个社会的福利受到损害。

如果解决了这样一个基本面的问题，那么应该如何处理"专车"，答案就非常简单了，那就是要全力地鼓励和发展专车服务，让一切愿意提供专车服务的人，都能自由地去为别人提供自己的服务并获得收益。

我们可以简单地算一笔账，如果现有 1.05 亿辆私家车中有 10% 参与到专车服务，那么每天至少可以提供 2000 万人的出行需求，创造 4 个亿的服务性消费，一年就是 1460 亿的消费需求，这还不算减少的汽车拥堵所带来的其他社会和经济价值。

再回到经济下行这个问题中来，解决的最好办法就是要打破那些独占型的利益集团，因为这种类型的利益集团有百害而无一利，只会让经济陷入僵滞状态；进而要推动政府的改革，而改革的目标就是要让全体人民成为创新创业的主体，让所有创新创业的人都能分享发展的红利。这样，中国的经济一定能走出低质量的陷阱，进入以全民分享为主要特征的高质量发展新阶段。

（2015 年 5 月 26 日首次发表于武大质量院官方网站"专家视点"栏目，2015 年 6 月 10 日《第一财经日报》转载）

换一种思路
——四谈经济下行怎么办

换一种思路，将质量作为我国经济新常态下的新动力，不仅能够对冲我国经济短期下行的压力，也能成为我国经济发展的长期动力。正所谓，思路一换，满盘皆活。

新常态下，我国经济发展亟待找到更多的新动力。近三年以来，我院连续在全国开展消费者和企业转型升级的专项调查，获得了 240 多万条质量和经济增长的关联数据，并进行了国际专题比较研究。特别是针对 2015 年一季度以来，经济下行压力持续加大趋势，重点调查了五十余家代表性企业。研究结果表明，除了改革、创新和结构调整等因素外，质量也是新常态下推动我国经济稳定增长的重要新动力。

我们已经到了换一种思路，来寻找中国经济增长新动力的十字路口。

首先，质量作为新常态下新动力的科学性和现实性。之所以得出这个结论，主要是基于以下三个方面的分析。

第一，产品质量信号的有效传递，能显著拉动消费需求。发达国家市场经济较我国更为成熟的一个突出特点，就是拥有大量的为消费者服务的质量信息专业提供商。如美国的《消费者报告》每期发行 800 万份，德国的 *TEST*《检测》每期发行近 50 万份，皆为所在国发行量最大的刊物，远超过《财富》等知名刊物的发行量，专门登载涉及具体产品的质量信息。市场经济最基本的问题之一，就是质量信息的不对称，消费者所掌握的质量信息与市场需求成正比，掌握的信息量越多、专业性越高，其对经济的总需求拉动就越大。2015年一季度，我国的婴儿推车出口同比下滑21.3%，而江苏昆山好孩子集团，海外销售收入却逆势增长64%。一个很重要的原因就在于面向海外消费者传递优良的产品质量信号。如将国外消费者最关心的儿童推车的质量标志，也就是动态耐久可靠性指标提高至14.4万次防撞击，高于欧盟7.2万次标准一倍；并且与国际最顶级的质量信号的服务机构（SGS、TUV）联合成立质量检测实验室，使这一产品的标准信号获得了美国CPSC（消费品安全委员会）和德国TEST等权威机构的认可，从而直接影响了消费者的购买选择。

第二，质量是提升全要素生产率的关键因素。我们说，全要素生产率作为要素投入不变时产出增加的部分，这一增量的来源在很大程度上取决于质量能力。我国的全要素生产率之所以仅为美国的17.5%、德国的21.6%、日本的25.4%和瑞士的16.9%，很重要的原因是我国的制造业质量竞争力水平，仅相当于美国的35.8%、德国的36.6%、日本的32.5%和瑞士的28.2%。因而，提高我国全要素生产率的重要途径之一，就是质量能力的提升。以浙江民营汽车企业众泰集团为例，在我国近几年汽车销售增速放缓、销售利润下滑的背景下，着力提升消费者最关注的汽车动力质量，使1.5T发动机加速性能达到百公里9.76秒，位列国内同类车型第一，同时在汽车内饰质量上向奥迪车标准看齐。作为全要素生产率的重要衡量指标，该企业的单车利润2015年一季度高出国内同类产品1.73倍，实际订单需求超出产能89.5%。

第三，质量创新是"大众创业、万众创新"的重要实现路径。"大众创业、万众创新"有效推动了我国市场主体的增加，质量创新能够更好地促进市场主体可持续发展。质量创新，主要表现为用户体验的改善、使用细节的改进和服务的优化，这是任何一个市场主体都可以做到的"微创新"。2015

年一季度，我国防盗门销售整体下降 30%，而浙江的王力门业集团却实现了 15% 的增长。原因就在于，王力仿照冰箱门的工艺进行无缝化处理，降低了关门的噪音，从而改善了用户体验；使门锁可由用户选择为遥控、密码、IC 卡和指纹等多种开门方式，特别方便了老人和小孩的使用，从而改进了使用细节，为家庭提供 24 小时的全天候服务，从而优化了服务质量。即使是在门业制造这样的传统产业，只要致力于质量创新，也一样能够得到市场的认可，这对大众创业和万众创新具有非常现实的借鉴作用。

其次，我们再来具体看一看形成质量新动力的政策设计。它主要包括质量信息、质量标准和质量创新主体等三个方面的设计。

在质量信息上，我们要通过扩大质量信息的供给刺激消费需求。第一，质量信息应定位为提供消费指南，我们要通过扩大质量信息的供给刺激消费需求。我国质量信息应从当前一般性、监管性和安全性的定位，调整为具体性、消费性和满意性的定位，从提供负面恐慌性信息转为提供正面引导性信息。主要立足于为消费者提供购买决策的质量信息指南，具体包括同类不同品牌产品的标准、性能、性价比和排序等比较性质量信息，直接刺激消费者的购买决策，并引导境外消费回流。

第二，要大力发展质量信息服务。市场产品质量信息费用，是消费者购买商品必不可少的搜寻成本，因而专业化的市场主体，具有为消费者提供质量信息的内在激励。建议大力推动计量、标准化、认证认可和检验检测等各类质量机构建设，鼓励专业公司、行业协会、科研院所和新闻机构，面向消费者提供专业化、个性化和多样化的产品质量信息。

第三，要加快推动国有质量技术机构的转型发展。根据《关于整合检验检测认证机构实施意见的通知》（国办发〔2014〕8 号）要求，加快国有质量技术机构的转型发展，除极少数保留为公益性机构外，其他应转型为主要向消费者提供质量技术和信息服务的市场主体，使存量资源能得到更有效利用。加快建设具有国际竞争力的国家级质量技术服务集团，为开拓出口市场提供具有国际话语权的质量信息服务。如能将现有的质量技术机构的定位转型为主要为消费者提供质量技术和信息服务，可以刺激我国国内社会消费品零售总额提高 1.34 个百分点，即在 2014 年 26.23 万亿元基础上拉动 3515 亿元的消费需求。

在质量标准上，要以质量标准的升级提高我国的全要素生产率。第一，要加快推动标准化体制改革。《国务院关于印发深化标准化工作改革方案的通知》（国发〔2015〕13 号），提出"培育发展团体标准"的要求。鉴于团体标准已经是在我国企业联盟中，广泛推行并被证明是成功的一种标准形式，建议立即着手全面实施团体标准，鼓励企业进行标准自我声明和公开，激发企业等市场主体自主创新标准升级的内在动力。

第二，要构建我国市场经济中的"标准秩序"。市场经济不仅需要法治秩序和竞争秩序，更需要标准秩序，用以解决市场对交易物的质量衡量。政府应积极利用标准对市场进行约束和规范，提高政府规制的灵活性与及时性；鼓励企业采用不同的竞争性标准，从而以标准为基础实现优质优价；允许企业在满足国家强制性标准的基础上，在其产品上标注所使用的竞争性标准，为消费者提供直观的产品标准信号。

第三，要积极主导 WTO/TBT-SPS 推动"优进优出"。从以被动应对 WTO/TBT-SPS 为主，加快转变为我国主动设置 WTO/TBT-SPS，利用国际贸易规则推动我国出口的转型升级；在装备制造、信息技术和核电等领域，以我为主研制一批高端国际标准，促进中国装备、中国服务和中国品牌走出去；利用检验检疫等调控手段，约束外资企业实现内外销产品标准的一致性。基于德国标准经济学家克鲁特·布林德成果测算，如我国质量标准达到德国等国家的水平，可使全要素生产率在现有基础上提升 6.47%。

在质量创新方面，要通过质量创新来激活市场主体的可持续发展能力。第一，要改革高等教育结构着力培养技能型人才。劳动者是生产力中最活跃的因素，职业技能是质量提升的基础，职业技能人才不足是制约现阶段我国质量能力提升的主要因素。建议调整我国高等教育的现有结构，主要应该以培养高级职业技能人才为基础，将大部分高等教育的公共财政投入倾斜给职业技能人才的培养。

第二，要重点打造面向中小微企业的质量公共服务平台。产品供应链的质量协同能力，尤其是中小微企业质量能力，决定了我国产品质量的基本面。建议加快公共检测技术平台建设，真正为中小微企业提供公共性的产品质量技术服务；将政府所属的标准院转型为面向企业服务的标准馆，为企业免费提供国内外各类质量标准的文献服务；通过政府采购，为中小微企业提供质量方法和人才培训服务。

第三，要打造工匠精神弘扬传统质量技艺。随着个性化、多样化消费渐成主流，传统质量技艺具有更高的品牌溢价能力。建议充分挖掘传统质量技艺资源，如手工制作的陶瓷、刺绣和玉器等领域，加快培育一批具有高超质量技艺的工匠，建立以同行评价为主的工匠评级体系。基于世界银行的数据测算，我国职业技能型人才比重提高 1 倍，能够使我国工业增加值提高 10% 以上。

综上所述，质量作为我国经济新常态下的新动力，在科学上具有规律性，在政策上具有可行性。质量作为新动力，不仅能够对冲我国经济短期下行的压力，也能成为我国经济发展的长期动力。

思路一换，满盘皆活。

（2015 年 6 月 16 日发表于武大质量院官方网站"专家视点"栏目）

股市暴跌背后的国民性
——五谈经济下行怎么办

从投机到投资心态的改变，既是中国股市的未来，也是中国经济增长质量的未来。

2015 年 6 月的那一轮牛市的暴涨在上证综指 5100 点后，就如蹦极一般垂直下落，到 2015 年 6 月 30 日上午，上证综指已经跌穿 3900 点。创业板指数更是跌至 2500 点之下，在 2015 年 6 月 29 日几乎全部临近跌停，很多前期神一般的股票，如东方财富都被腰斩。相信很多参与股市狂欢的人，此刻正陷入深度套牢或个人临近破产的境地。尤其是很多股民，包括一些年轻的股民，将自己的身家性命作为质押放大几倍去炒股的，恐怕都要用未来多少年的努力才能填补今天的亏空。更极端的，当然就如长沙的某位股民以跳楼来解套一样。

实际上，这次股票的暴跌，正如从 2015 年开始的暴涨一样，都属于"无厘头"现象。一个简单的证明就是，同样一个企业的股票在大陆的价格远高于在香港的价格，完全背离了同股同价的常识。同样简单的常识是，宏观经济并没有根本性的变化，这些上市的企业在短期内也没有出现实质性的向好或向坏变化，即使是对场外配资或对场内融资融券的监管，也没有改变现金流充裕的环境，甚至就在 2015 年 6 月 28 日，央妈还同时推出了降息降准的利好。但在这样的背景下，创业板仅这两天就几乎跌去了 15%。

如何解释这样一种近乎"妖异"的现象？还是从这一轮股票为什么会暴涨开始说起。从严格的科学理论来分析，股票的价格一定是围绕企业的价值来波动的，一个企业有好的利润，再加上一些好的预期，这只股票就会获得正常的上涨，也就是合理的市盈率，而且这个市盈率，也就是股票的投资回报率，会和市场的一般投资回报率相当。但是，这样的科学理论用来解释中国的股票市场，至少这二十多年来都是不能被证实的。原因是什么？因为中国的股票市场，历来就不是一个正常的资本投资市场，如吴敬琏先生说的一样更接近于"赌市"。什么是"赌市"？那就是一个人的赢必然建立在另外一个人输的基础上，也就是所谓的零和博弈。这一轮股市开初，恰恰就与中国整个经济的下滑相背离，完全来自于前些年发行过多钞票所带来的流动性泛滥，加之房地产市场的见顶，所以大量资金如洪水一般冲进股市。本来一个正常的资本市场，即使有太多的资金进入也没什么关系，因为大量的资金必然吸引大量的企业进入资本市场，通过发行股票让整个股市的价格不会出现离开基本面的暴涨。但是，我国的证券市场是一个审批制的市场，必然导致股票供应的不足。于是，在过多的资金需求与过于短缺的股票供应之间，就出现资本市场不正常的离谱上涨。当然，这里面还要引入一段生动的故事，让人们更加坚信芝麻开门，比如互联网将彻底改变经济的形态，将使商业和市场的边界变得让人无法想象，于是无数的股民都会欲火焚身，奋力扑进互联网的美丽传说中，这样一轮牛市的暴涨就变成了现实！然而，故事总不能当饭吃，当人们发现创业板的市值已经高达 130 多倍时，心里的恐慌就开始蔓延。这个时候只要一点风吹草动，诸如对配资的正常清理，人们就会完全没有理性的落荒而逃，而不管市场是否真的发生了什么实质性的变化，这就是这样一场看似"妖异"现象背后的实质。

实际上，目前股市的变化，还是由人心驱动的，也就是独特的国民性使然。中国人现在普遍存在"速度依赖症"，从宏观上来讲，经济增长速度只要一下来，就马上用财政和货币政策加以刺激，而实际上这些政策都是短期性的，积习成瘾已经忘记了还有长期动力的存在。从微观上来讲，老百姓个人也有"速度依赖症"，那就是普遍希望一夜暴富，而且已经忘记了富裕的目的，财富的多少已经成了生活的目标，而不知道财富只是生活的手段。

这种投机心态浓厚的国民性，是中国当前最大的敌人之一。无论是产品质量也好，还是经济增长质量也好，之所以上不去的重要原因，就是投机心态盛行。要把一个产品搞好，就需要一点一滴的努力，这不是短期就能见效的，而很多企业根本就没有这个耐性，于是质量没上去，企业的利润和销售当然也上不去。要把经济增长质量搞上去，也同样需要以微观产品和服务质量提高为基础，这都不是一日之功。同样很多官员也耐不住寂寞，只知道用短期的投资手段发展经济，于是经济的质量长期得不到根本性的改变。从这里可以看出，想要速度吗？那就必须把质量做好，因为质量是数量的基础，只有质量好，经济增长才能保持更高的速度。

而要把质量搞上去，要抵御经济下行的压力，需要改变我们的国民性，从投机的心态提升为投资的心态，而且是长期投资的心态。

这一轮股市的下跌，实际上是一件对股民进行投资教育的生动实践，那就是要摒弃投机的浮躁，回到企业价值分析的投资理性上来。无论从哪个角度分析，中国股市上扬的势头都没有改变，因为中国企业的基本面，也就是用创新来提升质量从而获得消费者需求的经营方式，正在被大部分企业家所接受，而这就是中国股市价值的基本面。只是这种价值，不是炒作和故事，而是来自于中国企业经营方式的根本性改变。

从投机到投资心态的改变，既是中国股市的未来，也是中国经济增长质量的未来。

（2015年6月30日发表于武大质量院官方网站"专家视点"栏目）

三

质量的本质是创新

质量创新由用户说了算

质量创新，就是要最大限度地、永无止境地满足用户的多层次、个性化需求。只有满足了需求的质量，才具有创新价值。

很多人对于一些通过了各种质量管理体系认证的企业，最后却以破产收场的现象感到费解。还有人对于一些企业明明采用了非常先进的标准，最后生产的产品质量，还不如那些使用更低标准的企业好卖的现象颇感疑惑。原因到底在哪儿呢？这就涉及目前质量领域存在的一个非常要命的问题，那就是很多人将质量和质量管理简单地等同起来。他们认为，一个企业或者一个地区要抓质量，就是要抓质量管理，而抓质量管理，就等同于引进这样或那样的管理体系。

实际上，质量管理和质量是两个不同的概念。质量管理，只是实现质量的一种手段，而绝不等于质量本身。质量的固有特性是满足要求，只有满足需求的质量，才是真正的质量。至于如何满足要求，则有各种不同的方法，可能是通过某种质量管理体系，也可能是靠其他的管理办法，甚至是通过多年的管理经验去实现它。与之相反，如果企业提供的质量无法满足真正的需求，那么，即使通过了全世界所有的质量管理体系，恐怕结果也不是好的质量。

对于标准的使用也同样是如此，企业当然可以把采用的标准设置得无限高，但这也需要以相应无限高的成本为代价，相应的也必然是一个高得吓人的市场价格。一般来说，高价格的产品其销量必然不会太大，因为消费者的购买能力有限，而且高价格必然带来高期待，一旦消费者认为价格如此之高的产品，其品质并不如预期中的好，很有可能会随之带来市场的萎缩。所以说，企业采用的高标准，并不一定就等于企业能同时拥有高利润。

从以上分析可以得出一个结论，那就是企业要提升质量，就必须牢牢把握住质量创新的内涵，即满足用户的需求。只有满足了用户的需求，质量的目标才能实现，相应的质量管理才有价值。质量的创新，是通过技术、管理和文化等多种方法，实现固有特性持续不断地改进和提高，从而更好满足消费者和使用方的需求，最终实现更高的效益。质量之所以能够创新，就在于需求本身不是一成不变的，也不是唯一的，所以需要不断地满足差异化的、个性化的需求。

既然质量的目标就是要满足消费者和用户的需求，那么，我们可以说质量的创新也就是由用户说了算。具体来说，主要表现在以下三个方面。

质量创新由用户说了算，表现为质量创新是要不断地满足消费者的多层次需求。不同消费者的收入有着不同的差异，而且每个人对产品的偏好也各不相同，加之接受的质量信息也不完全一样，必然导致消费者对质量的需求会呈现多个不同的层次。比如，高收入的消费阶层更倾向于购买高品质的产品，中等收入阶层更倾向于购买大众化的精品，而低收入阶层则更倾向于购买满足基本功能的必需品。其实，从质量创新角度来说，以上三种需求都是等价的，它们在质量水平上并没有什么高低之分。因为，更高品质的产品甚至包括奢侈品，也不见得就比品质一般的产品拥有更高的质量收益，它是由购买人群的数量、市场利润和交易成交量来决定的。我们会发现，那些质量标准相对较低的产品却更能迎合市场需求，也为企业带来更多的质量收益。比如，我们国家生产的很多加工贸易产品，看起来可能质量没有国外生产的某些产品好，但却被大规模销往美国、日本和欧盟等这些高品质国家和地区，原因就在于，这些低价的产品更能满足大部分消费者的需要。因而，我们说质量水平并不是越高越好，而是要看其是否能更好地满足不同层次的消费需求。

质量创新由用户说了算，还表现在质量创新要最大化地满足消费者的个性化需求。人们之所以愿意对同一性能的产品支付不一样的价格，原因在于这些性能相同、价格不同的产品满足了对不同款式、色彩和型号的需求。随着人们收入水平的提高，人们的消费在很大程度上已经摆脱了对某一具体功能的单一需求，而越来越具有某一种社会身份和人群划分的意义，那些追求个性化的消费者，更关注产品的符号意义、文化精神特性和形象价值。与此同时，科技创新带来了信息化和智能化的迅猛发展，为企业更好地满足消费者的个性化需求提供了技术支撑。

质量创新由用户说了算，还表现在质量创新必须持续改进、永无止境。质量不能由生产者自己来定义，而是由消费者来定义。我们说，消费者的需求是时刻在变的，今天是这种需求，明天可能就是另外一种需求，也正是这种不断变化的需求，才成为质量不断创新的源动力。比如，美国苹果公司在手机这个传统并且过剩的行业领域，通过质量创新创造了需求爆发式增长的神话，2015 全财年营收为 2337.15 亿美元，全财年净利润则为 533.94 亿美元。据 Canaccord Genuity Research 分析，苹果公司手机利润占全球智能手机行业九成以上，相比之下，我们国家也有很多手机的制造商，但我们所有智能手机企业利润加总却为负值。苹果公司之所以能获得每年营业收入和利润不断增长的重要原因，就在于他们每年持续推出产品的升级版本，而这种版本的升级，实质上就是通过产品质量的改进，来满足持续变化的需求，从而不断地获得新的营业利润和收入。

因此，中国要想把质量抓上去，唯一的办法就是回到质量创新上来，即不断地满足多层次的、个性化的和持续变化的需求，尽管需求是一个最难满足的东西，但这也恰恰是需要我们不断进行质量创新的原因所在。

不赚钱的质量有意义吗？

能让企业获取利润、赚钱的质量，才是有价值的质量；那些不赚钱的质量投入，只是在增加生产的成本，而不会带来收益的提升。

有些企业常常对一个问题感到非常苦恼，认为自己的产品质量已经很好了，但到头来就是不赚钱。我不大赞同这种说法，因为如果产品质量真的好，能真正地满足消费者和用户的需求，那一定会赚钱。这些企业自认为提供的质量已经很好了，但结果却不赚钱，这只能是因为他们在质量的认识上存在偏差。企业进行质量创新，说到底为的就是利润，如果没有利润，那质量的价值就是零。

从经济学的意义上来说，质量永远不可能免费。那么，既然质量是一种有成本的投入，就要求它必须有能超过成本的相应收益，而且只有收益越大，质量的价值才会越大。对于企业来说，质量的本身并不是目的，通过质量投入而获得更大的收益才是目的。从消费者角度来说，质量体现为用支付的货币价格，消费者越认同质量，愿意支付的价格就会越高，而质量供给者回收的利润也就越高。

从投入产出的角度来看，质量只能用利润率来衡量，一定产品的市场价格所达到的利润率越高，代表着企业的质量创新能力越强。因此，质量创新的衡量标准，说到底就是效益。质量之所以能够实现创新，就在于它始终在为消费者和用户创造价值的同时，实现了投入产出的最大化。企业作为质量的提供者，如果提供的质量性能，与其他产品没有任何区别，更无创新，那实际上它只能成为一个同质化的产品，也只能获得市场上同质化产品的定价。从市场竞争角度来看，提供同质化产品的结果，就是企业利润最后将趋近于零，甚至亏损，这也是为何我国很多企业"热衷"于打价格战的原因。所以说，一个企业的产品，要想获得更高的定价，实现更高的利润，就必须生产出具有异质性的产品。我国经济之所以要建立在提高质量的基础上，也就是因为只有提高质量，才能提高效益。

有很多人误把质量创新过程中的管理手段，当成了质量创新的目的。实际上，质量创新的实现，固然需要质量管理过程的控制，包括不同质量管理体系的应用，以及质量管理中不可或缺的标准认证和检验检测等手段，但是，这些管理体系和控制方法的应用，只是服务于质量创新的具体手段，世界上根本没有完全脱离效益这一目标的质量管理。我国的产品和服务质量之所以长期得不到真正的提升，其中非常重要的原因就是，我们的质量陷入了具体的管理过程中，并出现了严重的为管理而管理，偏离了以创新来实现质量效益的根本目标。所以，那些即使各项质量控制指标都非常优秀的产品，但因为没有市场需求而沉淀为一堆库存，它的质量评价只能是为零甚至为负数，并不能成为真正意义上的质量产品。

除此之外，我们说质量创新能否成功、能否创造效益，还有一个重要的因素，那就是消费者在购买产品或服务之后的满意度评价。质量的供给方对质量进行的检验和控制，实际上只是出于对质量的主观和自我评价。消费者通过购买，并对这些质量作出真实的评价，才是相对客观的。质量创新关注的焦点，是能否吸引消费者的购买欲望并产生购买行为，以及愿意为产品所支付的价格，因为只有消费者的认可和购买，甚至产生进一步消费行为，才能促使这些从事质量创新的企业继续完善质量，最终实现质量效益的可持续增长。

我国的质量之所以缺乏创新，从根本上说，就在于我们用过程取代了目标，常常满足于过程的质量管理，习惯性地认为质量管理好了，质量也就好了。实际上，质量应该是由目标决定过程，也就是由赚钱决定投入，那些不赚钱的质量投入，就是成本，而不会转变为收益。所以，质量要创新，简单来说，就是质量要获取利润、要赚钱。

为何可以万众创新？

创新不仅可以驱动中国经济发展，而且它不是高不可攀的，是每一个创业者都能通过努力做到的。通过有效的创新实现创业，是中国经济发展的"新引擎"。

时下，中国经济已经进入由要素驱动向创新驱动转换的关键期，国家提出"大众创业、万众创新"这一重要发展战略，并认为这是中国经济发展"新引擎"。一时间，"创新、创业"观念深入人心，然而，对于很多普通的创业者而言，如何通过有效的创新实现创业，仍是当前面临的最大困惑，且亟待解决的难题。

我们说，一方面，科技创新模式对于大多数普通的创业者来说，近乎是一个不可能完成的任务。因为无论是突破性的科学创新，还是应用型的技术创新，都需要技术、资金和人才等方面的强大支撑，而这显然不是一个普通创业者所能承载和提供的。另一方面，商业创新模式，包括新产品开发，以及对现有资源要素的重新配置，这其中需要的资源支撑远比科技创新更多、更加"高大上"，因为除了外在的资源支撑，还需要创业者自身具备优秀的资源配置能力。比如，像马云、马化腾这样有着独特资源配置能力的人，实际上是非常稀缺的，并非人人都可以轻而易举地创造出第二个"淘宝"和"QQ"。而像他们创造的互联网"奇迹"，也根本不适合作为普通大众创新的普遍追求。

我们知道，鼓励大众创业并不难，因为很多有梦想的人都怀揣着"梦想还是要有的，万一实现了呢"的愿望，但是要真正实现万众创新却并非易事，正如前面所分析的那样。我们似乎陷入了一个悖论：大众创业不难，实现万众创新却很难。难道要将两者分开吗？当然不是。实际上，创业与创新是密不可分的，在今天这样一个充分竞争的市场环境，如果不创新，创业也就毫无意义。

那么，我们不禁要问，适合普通创业者生存和发展的路径到底是什么？我们又该如何处理创业与创新的关系呢？

为回答这个问题，最近我和许伟博士写了一篇论文《质量创新："十三五"发展质量提高的重要基础》，发表于《宏观质量研究》，并被我国重要的学术类文摘期刊《新华文摘》2016年第8期全文转载。

本论文的研究对大众创业给出了很重要的启示，即每一个人，即便没有傲人的学识和过硬的技术为基础，只要你创业就可以创新，而这个创新，就是我们人人都能够做到的"质量创新"。这篇论文研究的是一个纯学术问题，对于部分读者来说有些深奥。但是，任何高大上的论文都是为了解决现实问题，都是为了给人们提供解决问题的方法。这篇论文正是通过对质量创新的内涵与实现路径的研究分析，对普通大众如何实现创新提供了新的思路与方法。

那么，这个研究结论可行吗？让每一个创业者都实现创新真的可行吗？在回答这个问题之前，我们先来看一看质量创新的内涵。只有了解了什么是质量创新，我们才能有的放矢地开展，进而判断出什么样的质量创新才能助推创业者成功。

质量创新，实际上就是通过技术、管理和文化等多种方法，实现固有特性持续不断地改进和提高，从而更好地满足消费者和使用方的需求，并最终实现更高的效益。其主要内涵有三：

内涵之一，质量创新是满足多层次和多样化的消费需求。说得通俗一点，任何收入的差异性、消费者偏好的多样化，乃至质量信息传递的多元性，都会导致人们对质量的需求出现多层次性。既然质量是满足消费者多层次和多样化的需求，就意味着任何一个普通的创业者，即便是一个刚从农村到城市的农民工，仅通过提供诸如擦皮鞋之类的便民服务，也同样可以实现质量创新。因为，每双鞋的种类不同，消费者所需享受的服务程度也不同，农民工如果根据这些需求提供了相应的擦鞋服务，进而通过制定不同的服务套餐来满足不同的消费者，这就是创新。

内涵之二，质量创新是要满足个性化的需求。做一个成功的生意人，绝不是人云亦云，而是懂得追求个性化，善于在激烈的市场竞争中找准自己的定位。消费者之所以愿意对同一性能的产品支付不一样的价格，原因就在于这件产品满足了他们对不同款式、色彩和型号的需求。当我们抵达任何一座城市，只要亲身体验过当地的民情，"特色小吃"都不会被人们所忽略。因为，这些传承了百年甚至千年的特色小吃，在某种程度上就代表了这座城市的个性，成为区别于其他城市的标签与名片。对于一个将美食文化几乎进行到极致的民族而言，消费者的挑剔程度可见一斑，能保留传承至今的小吃都是历经人们苛刻的挑选而胜出，味道自然差不了。很多人认为，在这个以保留传统口味而受欢迎的小吃行业没有必要进行创新。但真的是这样吗？当然不是。通过质量创新，将这些传统美味小吃结合个性化服务，不仅不会削弱消费者的喜爱程度，而且还能更好地满足不同消费群体的需求。就拿武汉热干面来说，虽然都是热干面，但它们的味道却各有千秋，不同的味道受不同消费者的欢迎。那些以独特味道著称的老字号店铺，门前每天都集聚了众多消费者排长队购买，丝毫没有因为其通过创新质量，提供了"个性化口味"而影响销售量，反而成为各商家傲立市场的"独门秘方"。

内涵之三，质量创新是满足消费者持续变化的需求。我们说，随着消费者收入、偏好和信息来源的变化，质量需求也呈现出一个动态的且不断变化的过程。说得通俗一点就是，需求永远在，关键就看你能不能创造需求。实际上，质量需求的本身不是固定不变的，也不具有唯一性，因为只有这样才有消费者需求的升级。我们暂且不说那些"高大上"的电子产品，就看一看很多女性每天都要面对的发型。发型对于很多女性来说，不仅是装饰、门脸和品味，更是她们心情的体现。心情好时梳一个发型，心情不好时可能换成了另外一个发型，更不用说在不同场合，女人们为搭配不同款式的衣服而梳着不同的发型。就是这样一个小的行业领域，却蕴含着日新月异的消费需求，如果从业者能根据女性的这些需求，进行适时的质量创新，更好地做好理发服务，谁说不是一种新的创造？谁说不会形成新一轮的创业潮呢？

前面我们已经了解了质量创新的内涵，但是我们说，"是什么"并非最终目的，"如何实现"才是我们追求的关键。那么，作为普通创业者而言，应该如何实现质量创新呢？对于这一问题，该论文给出了以下三个方面的启示：

启示之一，要为消费者带来新的产品体验。以乔布斯为代表的互联网时代的企业家，通过追求良好的工业设计和外观使用设计，追求将产品的细节、工艺和美感做到极致，进而为消费者带来超乎预期的产品体验，引发了一场互联网产品体验的"创新革命"。

产品体验说起来很难，其实只要创业者用心观察，并真正站在消费者角度去思考，就可以发现其实是非常容易做到的。就拿我们前面所提到的特色小吃案例来说，有些城市小吃店门前之所以常年"人潮汹涌"，就是因为商家在最短的时间内满足了消费者不同层面的需求。试想一下，即使那些慕名而来的游人，如果为吃到一碗正宗的云南米线、北京烤鸭，需要苦守几个小时，那还有可能继续保持对小吃的渴望程度吗？在这种情况下，从业者尽可能在最短时间内，将产品送达消费者手上，就是对产品体验的创新和改进。

启示之二，要善于利用"羊毛出在猪身上"的模式，为消费者提供增值服务。从现实生活中我们发现，产品的服务化已经成为一种时下的明显趋势，尤其是通过产品与服务的结合，更是让消费者获得越来越好的质量体验。

近年来，湘式辣条"一辣出名"，无论是在本省，还是在国内，甚至远在美国、澳大利亚等国家的超市都能看到"辣条"的身影，更是很多80后和90后海外游子心心念念的经典零食之一。据统计，我国每年产值上百亿元的"辣条"，其中主要产自湖南。看似小小的一包辣条，主要原料就是豆油皮和辣椒，却撬动了一个如此大的产业，其独特的风味当然是主要原因，然而它的真空包装，易于打开，便于购买，甚至在很多城市还提供送货上门的销售服务，不得不说为消费者带来了一种快乐的消费体验。

启示之三，要善于应用并提供可信的质量信号。如果有些创业者认为以上两点不容易做到，那么你至少可以做到质量创新的另外一点，即提供可信的质量信号。作为生意人而言，最难的不是没钱赚，而是消费者不信任你，我们常说任何生意都是"熬"出来的，所谓"剩"者为王，其实就是这个道理。这其中"熬"的就是消费者的信任度。

做生意靠"守"，需要细水长流，只有尽可能长期保持产品的良好品质，才能不断积累顾客的良好口碑。"攒口碑"实际上就是提供质量信用。质量信用真实反映了企业产品的质量状况，以及企业是否较好地满足了用户的需要，它是质量承诺行为的总称。我们可以看到几乎每个城市都有一些小里弄，如武汉户部巷、成都锦里、南京大排档、长沙火宫殿等，这些地方的生意多少年如一日的火爆，常年都需要提前预订才能消费。口碑绝非一日之功，而是一点一滴，通过水滴石穿的韧劲积累起来良好口碑。

当前，中国经济已经到一个非常关键的发展期，过去靠需求拉动，投什么赚什么的时代已经结束了，我们必须走以创新驱动发展的新模式。我们的研究也一再证明，创新可以驱动中国经济发展，并且不是高不可攀，而是每一个创业者通过努力都能做到的。实际上，创新能力提升，必然带来创业者供给能力的升级，催生新的消费需求，进而实现创业者最初的创业目标。

（2016年5月3日发表于武大质量院官方网站"专家视点"栏目，2016年5月23日《第一财经日报》"虹观质量"专栏转载）

高工资的正效应

> 劳动力工资的上涨既是一种必然，也是一件大好事。中国质量要走向高水平，就必须要有高激励。然而，高工资并不等于养懒人，也绝对不是没有产出的单向投入。

当前经济下滑，社会一个普遍的指责就是，中国劳动力红利的消失是重要的原因。更简单地说，劳动力工资涨了，所以企业就没法赚钱。这样的分析如果按传统的经济模式理解完全是正确的。

过去30年来，我国经济高速发展的一个重要原因，就是得益于低成本劳动力几乎无限的供给。此一时彼一时，劳动力工资能永远低下去吗？以至于老板们只要圈一片地，进几台设备，再加上工资极其低廉的劳动力，就可以开办企业赚钱了。这种日子已经过去，中国劳动力工资的上涨早在2002年后就开始了，这是由劳动力的供求关系所决定的。我国现在每年劳动力下降300万左右，而户均家庭的出生率也长期只在1.5左右，在这种供求关系的基础上，劳动力的工资必然上涨。所以，如果企业家还想着继续依靠劳动力红利来办企业，那还是趁早关门为上策。

现在我们要讨论的问题是：工资上涨到底是好事，还是坏事？当下似乎主流的观点认为这当然是一件坏事，因为没有了低工资，就没有了产品的竞争优势。我们可以看看这个世界，无论是强大的国家，还是有竞争力的企业，一个普遍的现象就是：劳动力的工资高。可见，工资的上涨既是一种必然，也是一件大好事。如此下判断是为什么呢？为什么越是工资高的企业越有竞争力呢？

我和张诚最近发表了一篇论文《企业内部工资差距对产品质量的影响》，论文用的数据是 2015 年中国企业—员工匹配调查的成果，基于对不同企业的详细数据计量分析，证明企业内部的工资差距对产品质量有明显的正向影响。

当企业不同岗位的人员工资差距在 8 倍左右时，这类企业的产品质量更好（当然工资差距超过 8 倍以后，质量则呈现下降趋势）。产生这一现象的原因很容易解释，即产品质量主要还是靠人做出来的。大家都说工匠非常重要，但要知道，"工匠"是要靠长期的人力资本投资才能炼成的。如果一个工匠的工资非常低，他能够把技能真正地发挥出来吗？一旦没有好的技能，又怎么会有好的产品质量？因而，企业要想得到好的质量，就需要给工匠们以高工资激励，进而作出好的产品。

从另一个角度来说，工匠拿的工资高，也会对那些技能低的非工匠们形成示范效应，激励这些人竞相提高自己的技能，从而获得工匠的高工资。如此一来，工资就形成了一种良好的激励，促使劳动者不断提高自己的技能水平，并进而生产出高质量的产品。

实际上，这篇论文解释了上面所提到的国际上普遍存在的现象，一些国家的劳动力拿着高工资，他们有能力投资人力资本，而高水平的人力资本又有助于生产高质量的产品，最终通过高质量的产品获得高额的利润，这就是发达国家之所以发达的基于工资角度的解释，也是这些国家为何会有高质量产品的原因所在。

如果从工资的角度来看中国的产品质量，我们就会有一个全新的认识。中国的产品质量水平目前整体上比较低的一个重要的原因，就是劳动力的工资水平低。与此同时，我们也可以预期中国产品质量未来的整体水平一定会加快提高，重要的原因也就是来自于劳动力工资的提高。如果你将劳动力工资当作成本来看，那一定会对目前劳动力工资的上涨惊慌失措；如果你将劳动力的高工资当成人力资本的投资来看，则会对工资的上涨欣然接受。因为，工资是对劳动力的最好激励，有了高工资，劳动者不仅仅是能投资自己的人力资本，而且还会有更好的内在自觉去生产更好的产品质量。

实际上，老福特在上世纪初就掌握了工资这一奥秘，虽然当时福特汽车雇佣工人的工资高于同行业的1—2倍，而福特汽车的劳动生产率却也是同行业中最高的。其诀窍就在于老福特给出的高工资，让工人非常珍惜所在的岗位，如此就减少了企业管理工人的成本，同时也让工人拥有了更高的生产积极性。

分析至此，我们可以得出一个结论：中国质量缺乏有效的激励。

从供给侧来说，作为生产要素的工人工资低，就不可能有能力投资自身的人力资本，就没有好的劳动力技能来生产更高质量的产品。同时，工资太低也可能导致巨大的道德风险，也就是在工作中的偷懒，从而增加企业的监督成本，甚至形成一种负激励的恶性循环。

从需求侧来说，消费者给的价格太低，也使企业不能实现优质优价，高质量的供给总是被买方将价格压得和低质量的产品一样，逼得企业只好放弃生产高质量产品而去生产劣质产品。市场中大量的劣币驱逐良币，引导企业只好走低质低价的商业模式。

当然，高工资并不是绝对的，一是取决于市场的供求关系；二是取决于高工资的投入产出。高工资并不等于养懒人，也绝对不是没有产出的单向投入。

中国质量要走向高水平，就必须要有高激励，而这其中重要的激励手段之一就是劳动力工资的提高。因而，中国目前进入到劳动力工资持续上涨的通道，只是低质量的原有经济增长方式被抛弃，而高质量的经济增长时代正在到来。

（2016年6月21日发表于武大质量院官方网站"专家视点"栏目，2016年7月28日《第一财经日报》"虹观质量"专栏转载）

创新的"显示终端"是质量

企业要降低创新的风险，就必须瞄准消费者的质量需求，并将其作为一个终端显示界面，而所有创新的要素投入，则是实现这个界面的操作系统或中间件。

总的来说，创新是一件令人纠结的事情，很多人形象地描述"不创新等死，创新找死"。原因就在于，创新是一件非常不确定的事情，谁也没有绝对的胜算，即使有再好的创新理念，也不保证就能百分百成功。到底要对创新投入多少才能获得最大收益，这也是我们无法回答的，因为创新是一个持续的发展过程，只要市场有需求，就可以无限延续下去。那么，我们应该用什么来衡量和显示创新的效果呢？那就是质量创新。

一个企业之所以创新，是要获得消费者的认可。对于消费者而言，关心的不是生产厂家对每项创新给予的投入，而是对这个厂家生产的产品到底喜不喜欢，产品的体验感究竟爽不爽，这就是我们所说的质量。

我们说，满足消费者需求的方式有很多，但最本质的就是"质量"。在当下这个消费时代，一个毫无新意的产品很难引起消费者的购买欲望，我们可以看到，即使是那些以百年品质作为保障的老字号，为了摆脱被市场和消费者淘汰的困境，也在不断地推出符合消费者需求的一系列新产品。当然，企业进行创新的方式有很多，包括技术创新、理念创新、人力资源创新等，但这些实现创新的方法中，最容易显成效、也最容易实现的还是质量创新。质量，可谓是一切创新的"显示终端"。

为什么质量是一切创新的"显示终端"呢？要回答这个问题，我们首先要搞清楚质量创新的本质内涵。

从理论上说，质量创新是通过技术、管理和文化等多种方法，实现固有性能持续不断地改变和提高，从而更好地满足消费者和使用方的需求，并最终实现更高的效益。质量创新的本质是满足需求，是消费者和使用方通过以更高的价格所表现出来的满意度。

我们都知道，广大消费者对产品和服务的需求，除了安全、健康、环保和通用规范等这些一般性共性要求之外，很难给出一个完全统一的标准化概念。因为，不同的消费者对产品的需求也不同，即使是同一个人，在他不同的生活阶段也可能对同一类产品产生不同的需求。比如，很多人年轻的时候，为之奋斗的可能是一套能安身立命的房子，是一辆能代步的汽车，抑或是其他能与我们身份相称的其他商品，但等到我们退休时，所有这些外在的物质已经基本得到满足，我们最需要的可能就是那些能带给我们精神上满足的另一类产品和服务。

由于质量的本质是不断满足需求，与之相应，质量创新的目标也只能是满足多层次和多样化需求。比如，我们国家生产的一些加工贸易产品，虽然看起来似乎质量并不高，但却大规模地远销到美国、日本和欧盟等这些高品质国家和地区，其原因就在于这些低价的产品，能满足这些发达国家中大部分消费者的真实需要。

我们搞清楚了创新的本质，再来看看创新的投入。我们知道企业作为一个追求最大化利益的市场主体，之所以进行创新的最终目的还是为了获取最大的利益。对于创新的投入到底有没有价值，同样可以用质量创新作为衡量标准。因为，无论企业拥有多少科技人才，多庞大的资金投入，以及获得了多少专利，这些都只是属于创新的投入范畴，而不会被列为创新的产出。

要想评判这些创新投入的产出效果如何，有一个直截了当的方法，那就是看它们能不能最终带来好的质量创新。只有以质量创新为目标的创新投入，才有利于创新目的的实现。如果我们将这些看起来纷繁复杂的创新要素，都统一在质量创新的目标下来执行，可以大大降低企业的创新投入风险，进而减少那些因创新带来的不确定性。

作为提供各类产品和服务的企业，之所以心甘情愿地通过各种方式来开展质量创新，就是为了获得更大的市场效益。市场的实践已经充分证明，同质化的产品只可能拥有同质化的价格，企业要想在提供同质化产品的基础上来获取价格竞争优势几乎是不可能的。企业要想通过产品价格来获得更高的利润，唯一的办法就是生产出异质性的产品，以此来更好地满足甚至超越消费者的预期，获得他们的认可和好评，进而支撑企业质量效益的可持续增长。

至此，不难看到，企业要降低创新的风险，就必须瞄准消费者的质量需求，要通过质量创新来配置创新的各种要素投入。换句话说，就是企业要将那些消费者有购买欲望的商品的质量创新，作为一个终端的显示界面，并将所有创新的要素投入，作为实现这个终端界面的操作系统或中间件。

质量创新要靠大数据

从消费者的层次角度来看，中国甚至拥有了比发达国家更大的比较优势，因为我们拥有正在迅速成长的、更大规模的且更多元化的广大消费者，用他们的需求汇聚而成的质量大数据，将推动企业作出更大更多更先进的质量创新。

质量创新固然离不开技术的创新，只有新技术的应用才能带来质量性能上的突破。质量创新也离不开管理的创新，因为管理的过程控制不仅能够降低成本，还能实现质量创新所需要的各项标准规范。质量创新更离不开服务的创新，随着智能化和个性化的增长，质量的"硬创新"越来越离不开服务的软创新，服务的创新可能带来质量整体上的创新。但是，无论是技术创新、管理创新，还是服务创新，都无法自动地带来质量创新，只有当以上这些创新真正地适应了消费者需求并促成消费者购买时，才能说实现了质量创新。促成这些创新真正能转化为需求的关键就是大数据的应用，因为大数据的关联分析技术和需求评价技术，能够评估出这些需求是否为消费者所需要，并进而根据评估结果优化资源配置。

前面我们已经分析了，质量创新的本质是要满足需求，这些需求不是由企业自身说了算，而是由千千万万的消费者和顾客来定义。当然，不同的消费者可能会有不同的需求，要满足所有这些需求，几乎是难以实现的。尽管如此，依然有很多企业成功地实现了满足需求的质量创新，所采用的方法就是真正的把握和分析来自于顾客和消费者的需求数据。

所谓"大数据"，根据舍恩伯格的定义，就是需要处理的信息过大，已经超出了一般计算机的处理能力。具体到质量创新的大数据，即为来自消费者的需求大数据。有了这些大数据，再加上智能化的分析工具，我们就可以挖掘和分析出目标消费者群体的需求变化，甚至包括一些非常个性化的需求。21世纪互联网时代的不断发展，数据已经成为比石油和人才还重要的资源，企业要实现质量创新，最好的方法就是应用大数据。

在我国进入消费时代的背景下，企业如果仅仅依靠管理体系，只能在一定程度上降低企业的成本和损耗，但并不能真正的满足消费者需求。质量创新的前提，是要及时地识别和发现需求，而大数据就是实现这个前提的最好方法。因为，当大数据渗透到质量价值链的各个环节，各不同主体之间可以通过网络来协同分享这些数据，实现以价值链为导向，以信息链为纽带，以质量链为依托，共同驱动企业来实现质量价值的再造，完成质量创新。

大数据不仅会带来质量数据总量的急剧增长，而且还将带来质量数据思维的变革。质量创新是满足多层次、个性化和持续变化的消费需求，而这些需求不是完全抽象且不可捉摸的概念，它们可以通过数据化的行为偏好、价格、数量和调查结果转化而来。这些需求的具体形式，可能是文本，也可能是音频或视频，甚至是其他的性能指标。企业要实现质量创新，就必须尽可能多的获取这些能反映消费者需求的大数据。只有拥有的实时大数据越多，企业对数据的解释力才会越强，也才能越快地在质量性能上作出反应，以更好地满足这些多样化、多层次的消费需求。所以，大数据实际上是企业或组织获得新需求、创造新价值的质量创新源泉，只有建立大数据思维，我们才能更好地应用数据来激发创造出新的产品与新的服务。

那么，大数据到底是通过什么方式来实现质量创新的呢？实际上，质量大数据最重要、最核心的功能，就是它能显著地降低质量信息不对称现象。我们说，由于生产者和消费者的质量信息不对称，可能会带来正常交易行为的减少，甚至可能会导致某个市场的消失。企业进行质量创新，不仅要满足消费者的需求，更应该要让消费者掌握尽可能充分的质量信息，减少因质量信息的不对称带来的负面效应，减少了因信息误导而产生的质量损失，进而实现企业和消费者的双赢。

质量大数据又是如何实现资源的优化配置呢？在互联网时代，数据是一个企业和组织的核心资源，当资本、人力、管理、技术和服务等这些传统要素，需要依托数据资源进行优化配置时，大数据就成为了决定质量创新能力的关键性因素。

基于以上分析，我们说实现质量创新的最好途径就是大数据。在质量创新上，中国与世界发达国家实际上是站在同一个起跑线上，因为大数据是随着互联网、智能化生产而发展的新的质量要素，它是一个开放而相对公平的元素，不会仅仅局限在某个国家或区域，各国都可以通过互联网来获取这些相关数据。在消费者的层次角度来看，中国甚至拥有了比这些发达国家更大的比较优势，因为我们拥有了正在迅速成长的、更大规模的且更多元化的消费者，其需求将促进我们的企业作出更大更多更先进的质量创新。

质量创新由谁发动?

质量创新,不是一味地引进和模仿,也不是对某种成熟路径的依赖,而只能让市场来发挥决定性作用,由企业、消费者和质量服务中介组织等三大市场主体来发动。

我国这些年的质量发展,基本上走的是一条模仿和引进的道路,而且这种模仿和引进从上世纪 80 年代开始几乎就一直没变过,也就是国外有什么流行的体系,我们就采取拿来主义;国外有什么时髦的方法,我们也全盘接收。在中国,我们可以看到世界三大经济体,包括美国、日本和欧盟各种质量体系、方法与监管手段。应该说,这样的引进为我国质量的快速提升起到了重要作用,也促进了我国产品与国际市场的接轨。但是,问题在于这种引进也存在非常严重的不足:首先,各种不同的方法和体系之间存在内在的矛盾与冲突,因为管理的假设和解决问题的思路都有很大差异,同一个企业同时用几种方法和体系,看起来挺时髦,但实际上却不能使这些方法和体系相容;其次,这些国外的舶来品,都是与这些国家的文化相关联的,这些硬的体系好引进,但是支撑这些硬体系背后的文化却不可能引进,这就导致表面上是在用这些体系,而往往成了一种形式;最后,最要命的是,中国虽然已是世界最大的制造业大国,但迄今为止,却没有一套与大国地位相称的质量体系。

产生这一问题的原因，从根本上讲，就是我们在质量上缺乏创新意识，只是一味地引进和模仿，而且现在已经习惯于这种路径依赖，更可怕的是还把这种方式沾沾自喜地当成与国际惯例接轨。

要解决这一问题，最根本的是要走质量创新的道路，而这条道路要走下去，却不像想象中那样简单。

因为，质量创新就必须寻找创新的主体，这一主体既要有动力，还要有能力，并且还要可持续。在我看来，这个主体只能是市场中的企业。但是问题恰恰出在这里，企业为什么要去创新呢？产品使用的标准都只能标明国家统一的规定，那创新不是没有收益吗？加之，政府又有那么多的质量管制规定，而且众多的企业，只要想去通过就都能实现，企业又何必要去创新呢？看来，要让企业成为创新的主体，首要的是政府要放权，除了基本安全之外，其他的有关质量的管制，统统都应该让市场去约束，让社会去治理，而不是错位到让政府成为创新的主体。

企业天生就有创新的欲望吗？也未必，一个企业熟悉了已有的质量性能，又能通过它去赚一份稳定的钱，他又何必去冒险地创新呢？实际上，企业的创新在本质上都是被迫的，这种被迫的来源就是消费者需求的变化。质量是固有特性满足需要的能力，这里的满足需要就是对消费者需求的实现。消费者的需求是变化的，尤其是在互联网时代，需求的变化更是实时的，加之需求的差异化，就使得企业的固有特性不可能一成不变，甚至如果需求变了，而固有特性的管理即使再好，都会离正确的目标愈行愈远。这样的例子非常多，即使是摩托罗拉这样获得美国总统质量奖的企业，也同样会被市场抛弃。所以，要质量创新，最重要的前提是要保护好消费者的质量需求，让消费者的质量需求能够充分的、自由的迸发。

消费者确实是企业质量创新的前提，但非常残酷的是，消费者既是一个个的个体，并不能表达对质量的统一需求，又是对产品不专业的人员，不可能直接推动企业质量的创新轨迹。在企业和消费者之间，看来需要引进一个专业的主体，来告诉企业消费者希望产品的固有特性达到什么样的需求，这就是质量技术机构的作用。然而问题又来了，这些质量技术机构为什么要干这些活呢？答案还是利益，这些机构能因为这些服务获得收入，才有动力去提供。因而，技术机构的竞争和市场化，就成为质量创新的必然需求。如果技术机构都是行政机关的附属，他怎么可能有内在的动力去提供这些质量创新的需求呢？

问了这么多问题，答案实际上就是：质量创新由市场主体发动，市场主体有三类：企业、消费者和质量服务中介组织。

最后的结论就是：要想质量创新，就让市场去发挥决定性的作用。

（2014年3月31日发表于武大质量院官方网站"专家视点"栏目）

坚持传统就是质量创新
——来自德国与瑞士的启示

只有坚持传统才能真正驱动质量创新，而只有坚持质量创新，才能提升传统微观产品质量，最终推动宏观经济增长质量的提高。

2015 年世界经济增速放缓，全球经济复苏乏力，就在一些"欧猪国家"仍在等待其他国家救援的时候，德国经济却已经实现了稳健增长，GDP 增长率由 2009 年的 −5.0% 提升到 1.7%。

从欧洲国家经济发展历史来看，德国一直是"欧洲经济的火车头"，其经济增长质量十分卓著，人类发展指数（HDI）位于世界第六，OECD 国家的生活质量指数亦是名列前茅。

从驱动经济发展的因素中来看，德国的经济增长质量既不是单纯依靠政府的宏观调控，也不是完全依赖于高精尖技术，就连德国的大学教育亦称不上十分突出，世界排名前列的大学中鲜有来自德国的高校。到底是什么长期支撑起德国的经济增长质量呢？答案就是一流的产品质量。

几年前，我和课题组成员来到德国柏林调研考察，在与德国经济研究所的负责人交流时探讨了关于德国经济增长原因的问题。他告诉我，德国的经济增长并没有什么惊天大秘密，只是因为"德国制造"在 2700 个行业中，有 1130 个行业都是全球第一，这使德国几乎不会受市场有效需求的影响，而德国产品的价格也很少受到市场波动的影响。

长期以来，"学徒制"为德国培养了大批技术过硬的专业人才，并铸就了德国极具特色的"隐形冠军"，但是我们发现，这些处于冠军地位的行业，很少是高端技术行业，而更多的是来自于传统行业。德国明确规定，拥有初中及以下学历的人，必须在进行了为期 2—3 年的职业教育培训之后方可参加社会工作，这种传统的"学徒制"从源头上保证了劳动力的专业技能水平，为"德国制造"成为全世界消费者刚性需求奠定了坚实基础。

德国制造业企业中，小企业占到了 99.7%，而德国盛产的"隐形冠军"企业中，有 70% 左右属于家族企业经过代代传承，拥有了上百年的信誉积累。作为和家族名誉捆绑在一起的企业，更加重视顾客需求和产品质量，因为一旦产品出现问题，毁掉的不只是企业，而是家族数百年的荣誉积淀。也正是因为如此，他们才能长此以往地保住他们的冠军地位，也成为默默支撑德国经济增长的重要根基。

此外，德国推行的"比较实验"制度，同样也是借鉴国际通行的传统方法。"比较实验"是以消费者为核心，技术检测机构通过消费者的体验来检测产品，判定产品的质量是否合格。而这些以消费者为核心的评价标准往往比政府制定的标准要高，最后被产品质量提供方的企业所广泛应用，进而推动了德国产品质量的持续创新。

我们再来分析另一个与德国相似的发达国家——瑞士，看看这个国家的经济增长质量状况如何？又是什么支撑他成为全球经济关注的另一个亮点？

瑞士虽然国土面积不大，人口不多，但是其人均 GDP 达到 8.14 万美元，位于全球第三，人类发展指数（HDI）方面亦位于全球第三。与德国一样，瑞士的支柱产业也鲜有所谓"高大上"的高科技产业，而是集中在机械、钟表、化学、冶金、纺织和食品工业等较为传统的产业领域。

　　我们说，瑞士产品之所以能够长期占据世界市场，并保持经济稳定健康发展，最主要的原因就是其可靠的品质创造了稳定的市场需求和高附加值。以手表为例，瑞士的钟表产品占到了世界同类产品市场份额的65%，这个高市场份额的背后就是瑞士手表业工匠们精益求精的质量精神。瑞士培养一位手表制造工匠，通常要耗费10—15年的时间，这对于当前强调速度和时效的物欲社会来说，是一个非常高昂的培养成本。"工匠精神"的坚持给了瑞士很好的市场回报，即使在当今廉价电子表的巨大冲击之下，坚持走手工制作道路的瑞士手表产业，依然获得全球消费者的广泛青睐，甚至常常出现供不应求的情况。

　　德国和瑞士注重产品质量的发展经验证明，世界上没有什么"传统产业"，只有质量落后的产业，即便是最为传统的食品产业，只要质量好、质量安全能得到保障，同样可以得到比那些看似"高大上"却不注重缔造产品质量的现代产业更好的发展。所以，只有坚持传统才能真正驱动质量创新，而只有坚持质量创新，才能提升传统微观产品质量，最终推动宏观经济增长质量的提高。

　　（2015年10月20日发表于武大质量院官方网站"专家视点"栏目）

这些企业为何要垄断不要创新？

解决垄断利润的最好办法，是要形成反垄断的治理理念和法治方法，要么解除行政保护，要么肢解垄断的恐龙型企业，要么将其中的公共部分剥离出来。

最近，对"魏则西事件"的解读沸沸扬扬，成为了一个公共话题。说某网络搜索企业的商业道德有问题，说莆田系有问题。在我看来，这些解读都没有找到问题的根本。

近期，某知名电商企业被国际反假联盟停止会籍，甚至引起国际各类投行的关注。解读无非是两个极端，一类认为该企业旗下的网站充斥着假货，另一类认为该企业为打假付出了巨大代价，甚至非常委屈地说这个企业也是假货的受害者。在我看来，这些解读也是老生常谈似的"鸡同鸭讲"。

为什么说以上两个事件的解释都没有找到问题的根本？原因在于，这些解释都是用现象解释现象，在用结果证明结果。真正的答案到底在哪里呢？

从我们最近发表的一篇论文《企业技术创新投入对产品质量的影响》说起。论文研究了一个非常有意思的现象：技术创新的投入对产品质量的影响，大企业不显著，而小企业则非常显著。这个现象怎么解释？当然有技术投资边际收益递减、小企业较少技术官僚主义、小企业技术投资的沉没成本更低等原因。但在我们的研究看来，以上这些都不是最主要的原因，最主要的原因在于：垄断。

实际上，在我们调查的这些企业中，大型企业往往都有较大的市场势力，这些市场势力有些是来自于国企的某种由行政权力带来的垄断，有些是由民营企业经过多年的扩张而在某一领域形成的较明显的市场控制力，也就是具有垄断性的市场份额。一个企业要想盈利，最好的方法就是获得垄断。因为垄断所带来的利润，不仅风险很低，而且通过市场势力可以获得很大的价格加成。

于是，我们会看到，任何一个在市场上生存或能赚取较高利润的企业，一定有垄断的因素。比如说，即使在同质化的大米市场中，打上"五常大米"的品牌就会获得由品牌带来的垄断收益；再比如说，一瓶普通的啤酒，如果在一个城市拥有主要餐饮市场的渠道，就会由于渠道的垄断而带来更高的价格；再比如，在建筑工程市场中，如果一家企业是大型国企，那么在地方地铁等大型的工程项目招标中，就会因为更少的寻租或腐败的嫌疑所带来的交易上的信用信号，而更有机会得到项目的中标。

因而，垄断在某种程度上就是企业创新的结果，企业所有的追求都是通过创新来获取一定的垄断收益。政府之所以要实施知识产权制度，包括一定时间保护，都是为了通过政府的权力实施对创新人的垄断收益的保障。

但这种垄断都不具有绝对的控制力，它一方面是来自于同类的竞争，会在动态上替代以上所说的诸如品牌、渠道和所有制所带来的垄断收益；另一方面是由于时间的推移，受保护的技术逐渐过时，最终被新的技术所取代。因而，垄断竞争就是对市场结构最接近真实的描述，每个企业都想在竞争中获得一定的垄断性，而所有已经获得的垄断性则都将被竞争所替代。这才是一个理想的市场经济，既鼓励创新所带来的垄断，又为每一个垄断设置了因为创新而被替代的可能。

那么，为什么大企业对技术创新的贡献反而不及小企业呢？那就是，大企业的垄断已经超越了以上所分析的垄断竞争，而不断在寻找绝对的垄断，也就是排斥和消灭竞争的垄断。

这主要有三种形态：第一种是最为传统的行政垄断，也就是通过行政授权或特许形成的垄断，比如只容许"两桶油"挖油和卖油。第二种就是通过竞争或资本市场的购并与勾结所形成的垄断，这种垄断看似由市场所带来，但由于形成了相当程度的市场控制力，从而形成一种事实上的垄断，可以称作为市场势力或市场份额的控制所带来的垄断。这就是反垄断法的重要性，即使同行业中两大巨头完全基于自愿要合并，政府也要进行审查，审查的依据就是合并不能导致市场份额的控制。第三种是由互联网带来的网络型垄断，这种垄断或由于控制网络入口，或由于控制网络平台，再或者由于控制网民的人数而形成垄断。网络型垄断一旦形成，与以上所说的两种垄断没有任何区别，即通过垄断来形成市场势力、阻碍潜在的竞争者。

美国电话电报公司通过技术和市场的创新，形成了美国最大的电话市场的供应商，但却被美国政府"肢解"，其原因就在于，这种网络垄断拒绝了任何潜在竞争者的进入，致使消费者没有自由选择的权利。

大型的企业往往可以归为以上三种垄断的形态，基于这种垄断所带来的收益，远远大于基于技术创新所带来的收益。就技术创新而言，一则其本身具有巨大风险，二则其自身不具有完全的垄断性导致被替代的可能性较大。依赖以上三种垄断所形成的收益，风险既小又具有极低的被替代性，如此一来，也让大企业逐渐缺乏技术创新的真正动力。与此同时，小企业由于没有这种垄断，只能是放手一搏开展技术创新，因为无论生死这都是它们发展的必经之路。

我们再回到本文前面分析的两个事件，其背后的真正原因就是：具有市场控制力的垄断。

魏则西事件的原因，就是网络搜索的垄断。恐怕每一个人在使用搜索引擎时，都以为它是一个开放的搜索结果，排名在前的自然是大家共同认可的公正结果，而很少有人会想到它们是广告竞价的市场结果。实际上，莆田系只是利用了这个垄断的信息搜索，如果没有这种貌似公正的信息搜索的结果，别说是莆田系，任何系都很难欺骗消费者。

导致网络售假问题的原因，则是电子商务网络平台的垄断。一个控制了中国电子商务市场的企业还不是事实上的垄断吗？更要命的是垄断的收益来源又是面向网店的各种收费，一个商业模式的收费主要是来自于卖家，那么你认为这个平台商会真正去保护买家吗？这恰恰是为何网络售假屡禁不绝的真正原因。由此可见，互联网也是市场经济的一部分，也具有市场经济的缺陷，它并不具有法律上的任何豁免权，通过它所形成的垄断，和市场垄断本质上是没有任何差别的。

实际上，无论是什么原因，包括行政的、市场的或网络的，只要形成具有控制力的垄断，就一定会阻碍创新、出现各种所谓的道德风险、产生利用市场缺陷而博取超额的垄断利润。解决它们的最好办法，就是有坚决反垄断的治理理念和法治方法，要么解除行政保护，要么肢解垄断的恐龙型企业，要么将其中的公共部分剥离出来。只有这样，才能通过垄断的解除促进市场的创新。

（2016 年 6 月 2 日发表于武大质量院官方网站"专家视点"栏目，2016 年 6 月 27 日《第一财经日报》"虹观质量"栏目转载）

四

没有质量创新战略
就没有企业的未来

企业最根本的发展战略
——质量创新

企业的质量战略，作为企业战略的核心和基础，决定了企业其他战略的选择，其本质就是要实现企业的质量创新。

企业的战略有很多，包括差异化战略、价格战略、技术创新战略和品牌战略等等，这些战略在不同企业也都有着不同程度的体现。但是，有没有一个基本的战略，能统领并决定企业其他战略的选择呢？也就是说，无论对哪种企业，也无论企业属于哪类行业，抑或企业处在哪个规模化的发展阶段，这种最基本的发展战略都能适用。

实际上，做企业和搞科学研究没太大区别。但凡科学研究做得好的人，一定要么是他把握了科学发展的基本规律，要么是他发现了更具普遍性的科学原理。而做企业也一样，那些所谓的好企业与差企业的区别，从根本上来讲，就在于理念的区别和方法论的区别，在于对最根本的发展战略把握上的区别。

要谈企业战略，我们首先要搞清楚企业的本质。企业是干什么？从本质上来讲，企业要提供能满足消费者和用户需求的高质量的产品和服务，这是企业唯一存在的价值和根本目标。生产出在市场上有竞争力的优质产品和服务，是企业战略中最本质的、永不可变的一个基本战略。因为，一个正常的市场经济最根本的原理就是优胜劣汰，一个企业的"优"，最终是由他所提供的产品和服务的优秀品质来体现。

企业的质量战略，作为企业战略的核心本质，决定了企业其他战略的选择。我们说，一个企业在市场竞争中固然需要品牌战略，但企业的品牌之所以能够立足的基础是其产品的优秀品质；企业固然也需要技术创新战略，但技术创新的目的也只是为支撑更好的质量，只有让消费者和顾客满意的技术，才是真正有效的技术创新，而这个"满意"就是消费者对产品质量的评价；企业当然还需要差异化或价格领先战略，但是这种差异，核心是指企业的产品和服务与其他企业存在质量差异，而价格领先优势的实现，则要建立在质量领先的基础之上；至于资本战略、人才战略和文化战略等，它们都必须以质量为基础。

谈到这里，我们还必须要澄清一个关键问题，那就是质量与质量管理的关系。有些企业家常常对这两者的关系产生误解，认为有了好的质量管理，就等于有了好的质量。然而，一些看上去拥有了很好的质量管理的企业，纵使获得了当下所有时髦而流行的质量管理体系认证、ISO 质量体系，也在企业内部使用了六西格玛、精益生产，甚至卓越绩效管理也开展得如火如荼，但这些企业的效益却依然不一定都好，甚至有一些获得这些所谓质量体系资质的企业，最后却被迫进入了破产行列。

导致这个问题的原因在哪里呢？答案就是，质量不等于质量管理，质量战略更不等于质量管理。如果我们把质量管理搞好，通过了各种所谓时髦的质量管理体系，就能成为一个卓越企业的话，那么，这个世界上大概就没有所谓的卓越企业了。很多质量管理体系，都是一些公开的文本和公开的标准体系，即使企业按这些要求全部都做到位了，也最多只能是一个与其他企业一样的同质化企业，而并不能因此就成为一个真正卓越的企业。我们说，这些质量管理体系决定的只是一些规范的行为和管理问题，并不能自动地为企业带来市场效益。决定企业效益或者卓越的关键因素，不是其他，只能是创新。

我们这里所讲的质量或者质量战略，绝不是简单的质量管理体系问题。质量管理体系，可以是由企业的某一个具体部门决定执行，顶多是由各部门协同来制定或执行，这些都是企业运营层面的问题。而企业的发展战略，绝不仅仅是运营层面就能解决的事情，它是企业的哲学观和价值观，是企业最顶级层面的战略目标设计，它的实现不可能单纯地依靠某一个体系或管理的运行。因此，质量战略和质量管理并不是一个层面的问题，而是质量战略决定了质量管理，质量管理对质量战略的实施起到了支撑作用。

我们最后再来回答，到底什么是质量战略？简单一句话，那就是实现企业的质量创新。质量创新的根本是要满足消费者和顾客的需求，企业也只有通过不断地质量创新，才能更好地满足消费者和顾客的需求。

（武汉大学第 212 期企业质量战略创新研修班（新乡）课程《创新质量新供给释放质量新需求》部分内容）

质量创新战略的框架体系

如果说企业最根本的发展战略是质量创新，而质量创新的根本，则是满足需求。围绕这个问题，我们还必须明确，质量创新战略是由什么基本要素构成？是否彼此作用、互相联系，构成一个完整的框架体系？

前面我们已经分析了企业最根本的发展战略，就是要质量创新，而质量创新的根本，则是满足需求。围绕这个基本面问题，我们再来看一看，质量创新战略的具体内容是什么，它们能否构成一个完整的战略框架体系呢？

任何一个战略的起点，都来自于对环境的识别，因为环境决定战略，而不是战略决定环境。所以，质量创新战略的第一个主要内容，自然就是要识别当前中国企业发展面临的环境到底是什么。质量创新战略之所以重要，就是因为中国企业赖以生存的大环境已经发生了根本性改变，我们已经从"速度时代"转向了"质量时代"。这两个时代对企业发展的要求是有本质差异的，企业只有把握了"质量时代"的根本特征，才能生存，才有机会获得发展。这是企业质量创新战略框架中的第一个组成部分，也是战略环境的第一个方面。

但是，由于质量安全问题，在市场交易，特别是国际贸易中，技术性贸易壁垒主要是针对质量标准而设，为此也导致企业的质量创新战略环境还应有一个重要的组成部分，就是政府各种类型的质量治理政策，这是企业质量创新发展的制度环境。识别和了解这些质量治理政策，可以说是企业推进质量创新战略的起点，通过对这些公共质量政策的合理利用，可以形成企业质量创新战略的竞争优势。这是企业质量创新战略框架中的第二个组成部分，也是战略环境的第二个方面。

在识别了环境之后，企业战略还需要进一步确定发展目标。要实现质量创新战略这个目标，企业就必须满足消费者和顾客对更高质量产品服务的需求。之所以说企业家是质量创新战略的唯一引领者，原因就在于，质量创新的目标是要满足需求，而对这些需求的识别和判断，只能是由企业家来完成。质量需求不同于其他需求，包括对价格的判断、对质量的消费人群定位和对质量体验的设计等。这就是我们说的企业质量创新战略框架的第三个组成部分。

那么，质量创新战略到底要通过哪种手段来实现这一目标呢？既然质量创新的关键是要满足消费者需求，那么，把握顾客和消费者需求的质量大数据，自然也就成为了其中最为关键的手段。企业的核心资产，就是来自于对顾客日积月累形成的大数据，有了这些大数据，企业才能准确识别顾客的需求，也才能更好地组合企业内部的各种资源要素，以实现最终产品和服务质量的创新。可以说，未来企业的一切发展都取决于大数据，大数据将使企业平台化，而平台化则是当下配置资源的最佳方法。这是企业质量创新战略框架中的第四个组成部分，也是战略实现的手段之一。

在很大程度上，企业的技术能力是满足消费者和顾客需要的基础性保障。这种技术既有基于产品本身的研发，也有保障质量精度和可靠性的技术投入，包括计量设备和检测设备等具体的质量技术设施。特别是随着消费者对质量的体验越来越"苛刻"，包括工业设计的技术、材料和工艺等要素，已经成为实现企业质量创新战略目标的重要技术支撑。这是企业质量创新战略框架中的第五个组成部分，也是战略实现的手段之二。

　　企业要想获得质量的规模收益，无论是对内部的质量管理，还是对外部的质量竞争，都离不开标准化的支撑。从企业内部来说，专利也好，研发也罢，最终都反映在产品和技术的标准上，技术标准化可以说是企业专利实施的最好方法。而在企业内部管理和运营过程中使用的流程，其实质也就是标准化的过程。从企业外部来说，市场识别企业质量创新能力的一个显著标志，就是企业的标准水平，它在很大程度上，来自于内置那些专利技术的标准授权，也就是企业的标准能力。这是企业质量创新战略框架中的第六个组成部分，也是战略实现的手段之三。

　　尽管有了以上这些实现手段作为基础，质量创新还需要实现战略的对外拓展，也就是获得市场的认同，提升企业竞争力。质量信用，则是企业质量战略实现这一拓展目标的最好显示，因为有了市场认同的质量信用，企业的质量战略就可以实现差异化的竞争优势。一个企业要对外塑造独特的企业形象，最重要的就是要形成市场和消费者所认同的质量信用。然而，质量信用的评价，除了来自于市场的积累之外，还取决于那些专业第三方机构的客观评价。这是企业质量创新战略框架的第七个组成部分。

　　说到底，质量创新战略是一种文化、一种价值观。如果没有形成一种质量文化和质量价值观的引领和约束，那么，企业很难自觉地有组织地去满足消费者需求。因而，质量创新战略最重要的内核，就是质量文化的形成，质量文化是粘合和协同以上质量创新战略各要素的关键。这是企业质量创新战略框架的第八个组成部分。

　　综合以上分析，我们可以简单构建一个企业质量创新战略框架模型，详见下图。

　　这个框架模型具体给出了企业质量创新战略中各要素相互之间的关系。首先，企业应明白我国当前企业战略环境发生了革命性的改变，在新常态经济发展的大背景下，我国经济正从"速度时代"转向"质量时代"，需要进

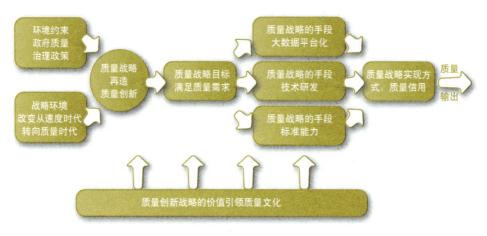

图1　企业质量发展战略框架体系

行以质量创新为主导的质量战略再造。企业要分析政府质量政策环境，认清形势，并通过质量文化的价值愿景来形成质量战略协同。企业要以质量需求为导向，以要素为支撑，实现质量创新。企业在互联网时代，要将大数据作为质量发展的重要支撑，实现平台化发展。企业应通过制定标准建立质量战略的核心能力，通过第三方的检测认证机构来传播和塑造质量信用，得到用户和市场的接纳和认可。

虽然，企业质量创新战略体系涉及的内容较多，但在具体实现上，我们可以通过一些有效的具体方法和评价体系来加以完成，这也是我们院长期以来一直在研究的学术成果，在这里就不具体展开来讲。

（武汉大学第190期企业质量战略创新研修班（山东）课程《企业战略环境的革命性转变——中国经济从"速度时代"转向"质量时代"》部分内容）

质 量 时 代

——企业质量创新战略的环境识别

> 企业如果一味地纠缠于过去，再多的付出终将成为助推衰落
> 的沉没成本。在"质量时代"，企业家们应该放下思想包袱，去
> 尽情展现时代所亟须的企业家精神。

我认为，企业家最突出的本领可谓是其审时度势的能力，能准确识别出企业所处的战略环境，而这恰恰就是质量创新战略的基础。

为什么说企业家必须转型升级？原因就在于，企业家过去 30 年所熟知的环境已经发生了改变，如果还继续依赖于过去环境和遵循在以往环境基础上形成的企业行为，那这个企业可能不仅没有未来，甚至终将连基本的生存都无法维持。

当下，有些企业家对企业的经营感到焦虑，也不乏诸多埋怨。但其实这些焦虑也好，抱怨也罢，都只是来自于他们对环境的错觉。他们习惯性地认为，自己在过去 30 年所形成的经验和行为没错，但在经济进入新常态的背景下，这些在以往正确的经验，今天看来可能就成了错误的经验。比如，过去是短缺时代，只要企业能生产出东西就有消费者购买。而现在呢？我们处于过剩时代，企业生产出来的产品只有质量比其他企业好，才有消费者愿意购买。再比如，过去企业如果拥有价格优势，就意味着企业可能实现更

大的利润，但随着劳动力成本的不断提高，企业若还想依靠打价格战来获得竞争优势，恐怕已经很难实现了。面对这样的环境变化现状，企业唯一的出路就只有转型。

对于质量创新战略来说，企业最大的环境就是中国经济从"速度时代"转向"质量时代"。在过去，中国经济处于以"数量"为主要特征的经济发展阶段，也就是"速度时代"，然而这种增长模式已经陷入了困境。随着资金、土地、劳动力等要素成本不断上升，企业和企业之间竞争已经日趋同质化和白热化。尽管我们的投入越来越多，相反可获得的收益却被日益激烈的同质化竞争而不断摊薄。因此，无论是中国经济，还是深嵌其中的千千万万个企业，都必须摆脱"速度时代"发展模式，继而开启适应以质量为特征的"质量时代"的发展新模式。企业要追求"质量时代"的发展模式，就不能再依靠传统的大规模要素数量投入和要素成本红利，而是通过产品服务的质量来改善要素的投入产出效率，从而实现具有内生动力并且稳定持续增长。

当下，中国老百姓对于消费更高质量的产品服务的需求增加了，过去"新三年，旧三年，缝缝补补再三年"的消费模式和消费心理，已经逐渐淡出了历史舞台，追求低价格的时代已经成为过去。而那些更符合自己个性化需求的质量，高于平均水平之上的质量，甚至与国际领先水平同步的质量，越来越成为老百姓目前，乃至未来很长一段时间追求的目标。与此同时，随着信息网络的覆盖和电子商务的兴旺发达，这种追求也不再限于经济较为发达的地区，其他地区的消费者同样可以通过网购、海淘的方式，享受与发达国家和地区一样质量水平的产品和服务。

然而，在企业面对消费者质量诉求不断转型升级的同时，所处行业的生态环境却面临着产品服务质量"同质化"的突出问题。也就是说，很多企业生产的产品不仅质量趋同，而且价格也相差无几，这就导致企业的利润因为同质化而日渐趋薄。过去，企业通过规模化能够降低成本增加利润，而现在，企业却面临着产能过剩、库存积压严重、生产成本逐渐提升的困境；过去，企业依靠引进吸收外部先进技术，可以实现市场优势，现在，企业之间在技术学习和吸收方面已经没多大差异，即使对外来技术的吸收模仿也可以在短期内迅速完成，产品质量无法通过差异化的细分，来适应目标客户群体的差异化需求。

要解决以上这些企业在"质量时代"所面临的环境困难，唯有实施企业质量创新战略。这既是我国从"速度时代"向"质量时代"的环境变化所提出的要求，也是企业当前解决生存发展的头等大事。

实施企业质量创新战略，对于企业而言，可谓是一件短期和长期都十分有利的事情。因为，质量创新一方面可以改善产品性能、提高可用性或改善经济性，从而刺激新消费热点的产生，降低产品库存量，使得企业在短期内实现效益提升；另一方面，质量创新也可以从根本上改善资源的投入产出效率，降低资源消耗程度，成为企业长期发展的可靠动力。在"质量时代"，随着低要素成本优势的消失和技术差距的缩小，企业将产品质量差异化作为企业竞争力的核心要素，而企业的竞争战略也由同质性产品的价格战略，转向异质性产品的质量战略。唯有如此，企业才能从低价竞争的泥潭中摆脱出来，迎来更高收益更高利润的新篇章。

基于以上分析，我们可以看出，"速度时代"已经成为过去，企业应该抛弃那些曾经适应"速度时代"的经营模式和发展战略。如果企业还一味地纠缠于过去，那你们的努力终将成为助推企业衰落的沉没成本。我们与其埋怨，不如面向未来，"质量时代"的到来，是中国经济转型的必然，企业家们应该放下思想包袱，去拥抱这个未来，在这个时代尽情展现属于你们，也属于社会亟须的企业家精神。

（武汉大学第 201 期企业质量战略创新研修班（咸阳）课程《企业战略环境的革命性转变——中国经济从"速度时代"转向"质量时代"》部分内容）

质 量 政 策
——企业质量创新战略的环境约束

> 企业质量创新战略的环境约束，是政府为保障区域或全国整体性的质量安全、促进国家质量发展、实现经济社会发展质量的提升而设立，也是企业应当达到的治理目标、完成的明确任务、实行的工作方式，更是企业必须采取的基本步骤和具体措施。

通过观察一些企业的发展和衰落过程，我们会发现一个很有意思的现象，那些衰落甚至破产的企业，很多都是因为产品或服务质量出现了大问题。深入分析致使这些企业破产背后的原因，我们又不免为这些企业的经历感到惋惜，因为之所以出现质量问题，很大程度上不是因为能力不足，而是因为这些企业家不了解质量的相关政策。

基于质量安全出发，世界上没有哪一个国家的政府，是不通过法律和相关政策等手段，来对质量相关问题进行管理。这些法律和政策手段，就构成了质量政策的环境。如果企业不了解它们，或者只是无心之过而触犯了它们的底线，结果都将会被清除出市场。从这个层面上说，由政府制定的各种不同类型的质量政策，不仅是企业质量创新战略的一个重要环境，也是企业必须遵守的底线。

那么，这些政府的质量政策，也就是企业实施质量创新战略的环境约

束，到底是什么呢？那就是政府为保障区域或全国整体性的质量安全、促进国家质量发展、实现经济社会发展质量的提升而设立，是企业应当达到的治理目标、完成的明确任务、实行的工作方式，更是企业必须采取的基本步骤和具体措施。具体来说，质量政策分为标准政策、信息规制政策、经济诱导型政策、质量信号政策。

标准政策是质量政策的第一类。人们常说，"一流企业做标准，二流企业做品牌，三流企业做产品。"标准对企业的重要性可见一斑。2015 年以来，国务院在标准领域出台了一系列政策来推进标准化体制改革。首先是国务院常务会议上，克强总理专门提出，推动中国经济迈向中高端水平，提高产品和服务标准是关键。一是完善标准化法规制度，开展标准实施效果评价，强化监督检查和行政执法，严肃查处违法违规行为，让标准成为对质量的"硬约束"。二是全面清理和修订现行国家、行业、地方标准，整合现行各级强制性标准，在涉及公众利益的健康、安全、环保等领域建立统一的强制性国家标准，逐步缩减推荐性标准，推动向公益类标准过渡。三是鼓励学会、协会、商会和产业技术联盟等制定发布满足市场和创新需要的团体标准，选择部分领域开展试点。允许企业自主制定实施产品和服务标准，建立企业标准自我声明公开制度。四是提高标准国际化水平。进一步放宽外资企业参与中国标准制定工作，以有效的市场竞争促进标准上水平。努力使我国标准在国际上立得住、有权威、有信誉，为中国制造走出去提供"通行证"。此后，国务院发布的《深化标准化工作改革方案》，更是提出要坚持简政放权、放管结合、国际接轨、统筹推进的原则，明确了六个方面的改革措施，突出要"培育发展团体标准"。

第二类质量政策是信息规制类政策，主要包括以下类型：第一，强制信息披露，即要求生产者向消费者披露产品质量的信息；第二，控制错误或误导性信息，即对虚假或者误导的产品质量信息行为进行处罚；第三，通过信息的规制，即对产品的质量状况予以公告，例如抽检结果的公告。"德国制造"这一标签，就是典型的质量治理政策产物，后面还将继续会为大家做深入分析。

第三类是经济诱导型质量治理政策，主要有积极诱导型和消极诱导型。前者包括大家非常熟悉的减税、免税、退税和补助金制度等，后者包括环境排污收费制度等。这一类政策主要的特点，就是政府不强制要求企业做什么或不做什么，而是通过一些经济性杠杆来影响企业的行为选择，从而实现对质量治理的目标。

此外，值得企业家重点关注的质量治理政策还有一类，那就是关于质量信号的重要提供主体——检验检测认证机构改革方面的政策。我相信，所有的企业都是想把自己的产品以更好的价格卖给消费者，但决定消费者购买行为的是产品的价格和质量。由于质量具有严重的信息不对称，企业生产的产品质量不一定能全然被消费者所知晓，因为自己说自己的质量好，难免有"王婆卖瓜，自卖自夸"之嫌，如何解决这个问题呢？那就是找一个大家相信的人或机构，来告诉大家你的产品质量好。那么，什么人或机构说的话会让广大消费者觉得可信呢？研究证明，国际上知名的专业第三方检验检测机构，就是可信的第三方。所以，企业证明自己产品质量的最好办法，就是主动邀请国际知名检验检测机构对产品进行检测与认证，通过了这些机构的检测认证，便能反映出企业的产品质量可靠。

我认为，真正的企业家，在相当程度上也具备了政治家的某些特质，其中最直接的体现，就是对政策环境变化的把握。质量规制的政策在不断发生变化和强化，这已经是一个世界性的趋势，因为，随着消费者对质量的要求越来越苛刻，政府出于维护广大民众正常生活需求，当然必须满足这些质量领域的民意要求。企业家正确把握质量政策环境的变化和动向，不仅满足了法律规制的要求，还可以通过把握质量需求变化的趋势，强化企业竞争力，进而获取更大的市场利润。

（武汉大学第206期企业质量战略创新研修班（安徽）课程《企业质量战略环境的机遇与挑战——政府质量治理政策的分析》部分内容）

质 量 需 求
——企业质量创新战略的目标

在这个看似危机四伏的时代，也同样为身处困境中的企业提供一个千载难逢的发展契机，因为诸多的"国民产品"亟待打造，中国企业的"黄金岁月"才刚刚开始。

如果质量不能满足需求，那么，质量创新就根本无从谈起。企业家之所以不能将质量假手于人，最根本的就在于，质量是要满足需求，这也是一个企业之所以存在的根本价值。特别是我国经济进入"质量时代"，对需求的准确把握，是一个企业家所必须掌握的基本功。

"质量时代"的最大需求是什么？那就是打造国民产品。我们在前面讲过，国民产品是中国经济发展的最大机遇，现在我们再从需求的角度，从质量创新战略的高度，继续讨论一下国民产品。

当前，宏观经济下行压力增大，企业的生存与发展面临着诸多困难，有一部分企业甚至已经到了生死存亡的危急时刻。实际上，这种危机与困境的存在就是因为质量需求发生了变化，是由消费者日益增长的产品质量需求与制造业长期低质与同质化供给之间矛盾深化所导致的。

我们应该如何填补供给与需求之间的鸿沟呢？消费者的需求有了，但企业的有效供给跟不上，企业一旦能从同质化产品生产的泥潭中挣脱出来，就意味着他将在市场竞争中赢得一席之地，这就是新常态背景带给企业的最大机遇。

质量需求是当前中国企业面临的最大机遇，基于这一点，我们可以从最终的需求端——消费者的变化中找到印证。我国中产或中间阶层消费者正在不断壮大，根据麦肯锡调查显示，2015 年，月收入超过 2100 美元（约人民币 13500 元）的中国城市家庭的比例增至 54%；马云也在浙商大会演讲中提到"中国将有 2 亿中产阶层"；波士顿咨询公司预测，到 2020 年中国中产以上的家庭将达到 3.2 亿个，约占全球中产阶层家庭总数的三分之一，跃升为全世界之最。不论是哪一种判断标准，都可以清晰看到，我国的中产或中间阶层正在不断壮大，并且已经达到相当规模。

我国中产阶层的消费发生了什么变化？实际上，他们有欲望消费而且正在消费"质量型需求的产品"。与此同时，中国民众的质量消费意识也正在觉醒之中，不再一味相信物美价廉，而更加认同"优质优价"的消费理念。据相关统计，2015 年我国游客境外消费猛增 53%，高达 1.5 万亿元的消费中，有 8000 多亿元属于直接的购物消费。有人据此认为，中国民众喜欢崇洋媚外，其实不然。这些消费者在境外的购物，除了对高端奢侈品牌的需求之外，更多的是对一些高质量、高性价比的日用消费品的需求，比如风靡一时的日本马桶盖、电饭锅等。选择境外购物很更大程度上是因为，国外的商品不仅满足了消费者个性化、差异化的质量需求，也满足了他们对更多品种、更好质量、更为安全、更为舒适的购物环境需求。

我国中产阶层的壮大与消费意识的觉醒，为中国企业提供了广泛的需求市场，这也是中国企业所面临的最大的市场机遇。抓住这个机遇，就需要打造"国民产品"，即一个能被民众广泛认可并持续购买的产品。当下质量需求满足的空档，实质上就是"国民产品"的短缺，目前很多细分的产品领域，都普遍存在"国民产品"的缺位，即缺乏能让广大消费者需求得到有效满足的"国民产品"。

　　判断"国民产品"是否缺位，有一个非常简单而直观的方法。比如，如果你想购买一台冰箱，下意识会想到哪家公司的产品？如果答案是海尔，那么海尔就是该领域的国民品牌；如果很多人在回答这个问题时，第一反应很难在国内产品中找到答案，那就说明这个领域缺少能很好满足消费者需求的国民产品。也恰恰是这些缺位，为我们企业带来巨大的发展机遇。

　　日益壮大的中产阶层或者说中间阶层，需要购买的那些"质量好、性价比高"的"国民产品"。尽管这部分消费者在国民数量中的比重不具优势，但他已经是当下消费国民产品的主力军，而且从长远来看，这部分人群还将越来越多。

　　实际上，消费模式的变化，实质就是对"国民产品"需求的迫切呼吁。然而，"国民产品"的形成不是一蹴而就的，更不可能一劳永逸，它必须通过时刻改进，不断满足日益更新、日益变化的消费者的需求来实现。比如，上世纪 80 年代流行的永久自行车、双星运动鞋等，可谓是当时的"国民产品"，但是它们留存的时间都不长，当下我们已经很难在市场上再找到它们的身影。消费模式的变化，可能会导致许多先前的大众品牌被替换、后来产品主导市场的情况，但这对于企业来说，立足于各自细分的产品领域，打造出后来居上的"国民产品"，却将是一个千载难逢的机遇。

　　因此，这个看似危机四伏的时代，也同样为身处困境中的企业提供一个千载难逢的发展契机，即打造"国民产品"。要做到这一点，企业就要从价格上寻找最大类型的消费者，要从产品和服务的最终消费上，满足了这类消费人群的最大需求，将质量的落脚点放在消费者体验感上，让消费者用起来有爽的感觉。从"国民产品"的打造上来说，中国企业的"黄金岁月"才刚刚开始，这也就是企业推进质量创新战略的价值所在。

　　（武汉大学·江苏常州企业质量战略创新研修班课程《质量需求实现——国民产品的打造》部分内容）

大数据平台化
——企业质量创新战略的手段之一

中国的企业要实行质量创新发展战略，要实现以质量创新驱动发展，就必须开始工业2.0，也就是流程化制造，同时又要开始工业4.0，也就是智能化制造。

从发展的角度来看，质量的发展必须面向未来，然而，质量最大的未来是什么呢？我认为，质量最大的未来就是大数据。因为，随着网络信息技术和人工智能的突飞猛进，未来的一切几乎都可以用数据来加以记载、分析和表达。企业要实现对消费者需求的满足，最重要的就是从各个不同角度来储存、分析和利用庞大的消费者数据。企业只有积累了那些来自消费者的大数据，才有可能成功地实现质量创新。

我们说，大数据并不是完全独立的散在各处，也不是仅仅通过简单的收集就能完整获取。企业要想获得消费者的大数据，意味着企业的所有行为，都必须围绕这些数据的收集、加工和出售来展开，换句话说，这时的企业本身就是一个平台，一个存储、加工和出售大数据的平台，而质量要实现对需求的满足，就要求企业必须完成向大数据平台的转型升级。

那么，什么是大数据平台呢？它具体可以分解为大数据和平台化这两个概念。

　　首先，我们来看一看大数据。相信很多企业家对于大数据这个概念已经不再陌生，但对于"只有大数据才能实现质量创新"这个观点却并非每个企业家都了解。我们知道，消费者和用户的需求是属于企业最难把握、也是最需要把握的本质内容，因为把握了这种需求，就等于把握了获取企业市场竞争力的法宝。其实，我们通过分析海量的消费者大数据，既能得出消费者需求的整体趋势性状态，也能反映各类别消费群体不同的个性化需求。因此，企业的质量创新战略中必不可少的重要手段就是，以消费者的大数据为牵引，深入挖掘消费者的共性化和个性化质量需求，并针对这些需求提供产品服务。

　　对此，有人不禁要问，虽然有了大数据，企业知道了消费者到底需要什么，那么，企业又要如何去满足消费者的这些纷繁复杂、丰富多样的需求呢？这就必须回到我们前面提到的"平台化"这个话题。

　　通过研究我们发现，当前几乎所有发展势头强劲的企业，都是平台化企业，因为他们最能贴近消费者需求，最能适应市场发展的动向，以最低的成本和相对高的生产效率遥遥领先于其他企业。过去，我们大多数企业，包括很多组织机构，大多采用的都是一种正三角的组织构架，也就是我们常说的金字塔结构。在这个组织架构中，底层的组织人员数量最多，而越到顶层的管理人员则越少，企业内部通过层层叠叠的垂直关系进行管理。这种组织架构有利于任务的分解和信息的上传下达，但它也只能建立在企业的高层主管全局，并对内部一切信息牢牢掌握的基础上。

　　随着互联网技术的发展，企业所接受到的各类信息呈数以万计的趋势，高层们已经很难再像以往那样，根据他们的市场判断对企业各部门逐个下达具体任务来掌握生产，因为这一刻掌握的信息，可能还没等他们具体来布置任务，已经在下一秒发生了改变。在此背景下，平台化应运而生，企业的组织形式也从"正三角"变成了"倒三角"，不再只是单纯的垂直化管理，而表现为一种扁平化的组织结构。尽管从表面上看，企业还是原来的企业，但实际上它已经成为由若干个小单元构成的平台化的"大"企业。化为平台的企业，就为这些类似小微企业的企业单元提供各类资源和共性的技术研发支持，由这些小单元根据大数据带来的个性化质量需求进行直接供给，实现企业面向消费者的质量创新。

通过向平台化转化，我们的企业不仅能够实现更加灵活的调度，还能够更好地满足消费者的海量个性化需求，而那些被赋予更大自主权的小单元，也在更大程度发挥了主观能动性和创造性。与此同时，这些小单元通过与消费者的直接对接，将企业生产的阵地直接拉到了服务的第一现场，获取消费者的真实需求，并将其转化成实实在在的产品服务。

实际上，企业实施大数据平台化转型，不仅会改变企业自身，也同样会改变消费者。因为，广大的消费者也是质量数据的生产提供者，生产出质量数据，为企业提供分析需求的来源，并通过与企业的互动，间接或直接参与到产品的设计、修改之中。由企业转化的平台，恰恰就是实现这一切的桥梁，它汇聚了资金、人员、技术等一切资源，并根据需求进行快速、精细化的资源配置，最终通过面向消费者的质量创新实现企业和消费者的双赢。

可以说，平台化实际上就意味着企业成为了一个开放的社会，通过大数据的汇集，不断实现对需求的满足。这种对需求的满足，既是海量的，又是个性化的，也只有这样，才能实现大规模的个性化定制。

中国的企业要实行质量创新发展战略，要实现以质量创新驱动发展，就必须开始工业 2.0，也就是流程化制造，同时又要开始工业 4.0，也就是智能化制造。因为，在互联网时代，没有智能化制造，就不可能很好地满足消费者个性化需求。而大数据平台化的手段，恰恰就是企业在互联网条件下，实现质量创新战略的最基本手段。

（武汉大学第 170 期企业质量战略创新研修班（西安）课程《企业质量创新的重要工具——大数据平台》部分内容）

技 术 研 发
——企业质量创新战略的手段之二

企业要增强质量创新战略能力，在技术研发上主要有两个途径：一个是提高产品性能的技术研发，另一个就是提高产品体验感的工业设计。其中，前者从内向外实现产品质量创新，后者从外向内体现产品质量创新。

一些企业家曾经问我，技术研发与质量创新到底是什么关系？其实，这两者的关系很简单，质量创新是目标，而技术研发则是实现手段。

我们说，除了那些基础研究以外，我们开展的大部分研究之所以能成功，或者成为驱动更进一步技术成功的关键，就是因为这些技术研发满足了消费者和客户的需求。企业不是政府，也不是做基础研究的大学或纯科研机构，如果不知道技术研发的目标，所开展的技术研发多半是没有太大意义的。

我们将技术研发定义为实现质量创新中的满足需求的手段，并没有降低技术研发的身价，而恰恰是最大化地体现了技术研发的价值。因为，企业通过技术研发，围绕满足质量创新所要求的满足需求这一目标，在降低经营风险的同时，实现企业利益的最大化。

以质量创新的需求满足为目标的技术研发，立足于增强产品可靠性、提高产品技术性能和提升用户体验感。比如，飞机发动机的生产，军用航空的发动机，追求的是高推重比和高机动性，而民用航空的发动机则对安全性和可靠性要求更加严格，两者对空中的停车率、提前换发率、返修率等方面存在不同的要求。因此，针对不同产品，就需要有不同的增强产品可靠性的质量创新。

技术性能是质量固有属性的核心要素，对产品的质量创新具有重要的意义。我们还是以飞机的发动机为例，飞机发动机的关键性指标是推重比，要提高推重比，自然离不开耐高温材料和先进的加工方法等关键技术性能，尽管发动机的材料升级，可能需要耗费较高的成本，但从总成本来说，升级的成本远低于飞机燃油消耗需耗费的巨额费用。

消费者和用户，都是质量的直接使用方，是否能够对产品和服务的质量感到满足，与获得的体验感有很大关系。比如，屡获用户好评的空客A380，它的材料中有25%是由先进轻质复合材料制造，其中22%为碳、玻璃或者石英纤维增强塑料，3%为首次用于民用飞机的GLARE一种玻璃纤维—铝层压板其飞行系统。这种材料的优势在于，如果液压控制系统都失效，A380仅靠电力系统就可完全操控飞机，安全性较之前大大提高。A380的制造过程中采用了大量新制造技术，不仅减小气动阻力，而且有效改进了铆钉连接带来的腐蚀、疲劳和磨损，使飞机的性能更加稳定；为提升用户体验感，A380进行了技术创新，在机舱内配备百分百无灯泡照明设施、可变情调的液晶显示灯光系统，低噪音、无风感、可自控的空调设备，以及最新的飞机娱乐系统。

我相信，无论是出于自身利润因素，还是出于自身的社会责任，很多企业都对以质量创新为目标的技术研发非常感兴趣。那么，企业到底应该如何做才能实现这种技术研发呢？这就需要企业在实践中对现有的企业管理进行一些应用模式的调整。

首先，企业要侧重于应用性技术创新。很多人认为，技术创新的实现，

需要投入大量的人力物力财力进行研究与开发，但这只是将应用性技术创新和原创性技术创新混为一谈。我们说，技术创新有两种，一种是原创性技术创新，即企业通过自身努力进行技术突破，满足于单纯技术上的创新带来的商业利润；另一种则是应用性技术创新，这是一种源于用户需求、为用户带来价值的创新应用设计。当然，原创性技术创新拥有很多优点，它可以比较容易形成较强技术壁垒、产生大批新产品、成本和质量控制的优势，形成先发竞争优势。但是，它也具有一些缺点，比如具有更大的财务风险、技术风险、生产风险和市场风险。而应用性技术创新的优势在于，技术成本和风险较低，并且具有生产开发的后发优势，能够较好地避免市场开发初期需求和市场行为的不确定性。从两者的区别来看，对于大多数企业，尤其是中小企业来说，从应用性技术进行创新，是更加可靠，也更加理性的选择。

其次，企业要着力打造面向质量的技术创新基础设施。质量的技术创新，需要建立在良好的质量设备基础上，包括好的生产设备、性能优良的检测设备和新检测方法的开发。因为，决定产品质量的各种技术参数，需要好的生产设备运行来保证；而对原材料、外购件和半成品的检验，对工序间检验质量的控制，对成品验证、包装验证和追踪标记的控制，也需要性能优良的检测设备来完成。

此外，企业要开展一种全新的、开放式的技术创新模式。过去仅仅依靠某一家企业的某一批研发人员，独立开展技术创新的模式已经逐渐改变，更多企业开始通过技术共享和网络式创新的模式，来实现技术创新。这种新模式，使得企业的创新更具活力，也更好地规避了官僚主义、安于现状等"大企业病"。通过一定的激励措施，发动全球的聪明人，来一起为企业的技术研发献计献策，已经成为很多质量创新企业进行技术创新的通行方法。因为，这种技术创新模式，既利用了企业外的智慧，又考虑到了消费者的中心位置，通过获取消费者的真实需求来有针对性地进行技术创新，提升产品质量。然而，对于那些中小企业，尤其是缺乏自主研发实力的小企业来说，这种质量创新模式可能有些遥不可及，但是，同样可以采取技术外包的方式，来实现自己产品服务的更新换代。

无论是大企业，还是小企业，也无论是向公众征集技术研发的新思路，还是技术外包，都必须将企业的技术研发模式从对内走向对外、从封闭走向开放、从保守走向创新，这是企业质量创新得以实现的必由之路。

实际上，企业要增强质量创新战略能力，在技术研发上主要有两个途径：一个是提高产品性能的技术研发，另一个就是提高产品体验感的工业设计。这两种途径相辅相成，前者从内向外实现产品质量创新，后者从外向内体现产品质量创新，其目标都是为满足质量创新的本质，即对用户需求的满足。只有用户需求得到了满足，企业才获得了在市场竞争中立足的根本。

（武汉大学第212期企业质量战略创新研修班（新乡）课程《质量创新的关键支撑——面向质量的技术创新》部分内容）

标 准 能 力
——企业质量创新战略的手段之三

标准化能力，是一种远高于有形资产投入的无形资产，是企业的商业能力，它将企业的标准传递给消费者，并能让消费者广泛接受。

标准能力之所以成为企业质量创新三个重要的手段之一，不是因为企业遵循了政府或社会第三方所发布的一些文本标准，这些标准充其量只让企业拥有了在市场上活下去的资格，而绝不是企业质量创新战略实现的根本。那么，标准能力到底凭什么成为了质量创新战略的组成部分呢？那就是，标准能力是消费者或客户识别企业质量水平的基础所在。

消费者和客户识别企业的质量能力，大多时候只有一个标准，那就是看企业是否拥有最好的标准。聪明的消费者经过市场的洗礼，已经不再盲目相信那些空洞的标语宣传，而会去深入了解，看企业是如何证明自己能生产出最好的产品，是否具有行业内最领先的标准。因此，有些敏感的商家已经意识到这一点，开始在产品宣传广告中直接写出应用标准，比如"采用的是某产品（或某行业）最领先的某标准""符合美国、欧盟或国际某标准的要求"。

然而，直接将企业采用的标准用于宣传，仅仅是一个比较初级的做法。

因为，大多数消费者只知道那些通用的标准，而对于行业内某产品类别的最先进标准、企业几乎一无所知。鉴于此，企业要宣传自己的质量，就应该直接将这些标准，用通俗化的语言表达出来，让消费者知晓。比如，我国生产的空调在节能方面成果非常突出，已经达到了国际领先水平，企业为了证明这一点，打出"一晚只耗一度电"的广告词；还有些企业生产的矿泉水品质非常好，为了证明这一点，直接提出产品采取的标准远高于国家标准、行业标准和地方标准。

企业最终的竞争力，往往就集中体现在这些不同类型的标准上。有人明确提出，标准就是企业的话语权，是企业的市场控制力，看一个企业是否在产业链条掌握了话语权，是否对该市场具有绝对的控制力，就要看上下游供应商是否遵守他所制定的游戏规则——也就是标准。只有当上下游的供应商都采用了这个大企业的标准，才能与其他供应商进行 PK，也才具备了进入这个"游戏"的权利。与此同时，企业的技术研发能力最终也要体现在标准上，将技术和专利最终转化为标准这个规则，进而成为统治上下游供应链的利器。

此外，企业的商业能力也是通过授权的经营标准来体现。有些企业的产品已经非常成熟，它所在的行业虽然没有上下游产业链，但它自身设有很多类似加盟店的分支机构。如何保证这些分布于世界各地的分支机构生产的产品品质呢？那就是标准。我们可以发现，虽然为适应各个国家或地区的消费者口味，那些咖啡、汉堡包在味道上会进行一定程度的改良，但是总体味道基本没有根本性差异，因为被严格规定必须符合产品生产的标准才能经营。

很多一流的企业能够长期持续稳定发展的原因，可能与企业内某个突出的管理人才有一定关系，但更大程度上是因为企业的某些内在规则发挥作用。这些规则使企业即使更换了一批新的管理人员，也可以通过复制和学习模仿，迅速将企业的管理拉回正常轨道。这种规则，就是可以提升企业管理能力的将流程、考核指标等固化下来的标准。

实际上，企业的标准能力，在很大程度上体现为标准化的能力，企业家不能仅仅只是热衷于参与和制定那些文本化的标准，而要注重标准中最重要的是标准化的能力，这一个"化"字，才是标准真正的价值。

标准化，意味着标准要能真正地使用。企业没有时间去生产那些没有人用的"垃圾标准"，一旦要做标准，就要做那些自己能够用的标准。无论是对内企业自己用的企业标准，还是对外和其他企业共同使用的团体标准、联盟标准，要使这些标准发挥助推企业增加效益的功效，最重要的前提就是要有用并能用。

标准化，意味着标准要能被社会所熟知，即顾客和消费者看到这个标准，就能判断企业生产的产品属于高品质。前面我们已经分析了，标准要发挥作用，就应该让消费者知道企业在生产过程中使用了高标准，否则企业为之付出的高成本就很难获得相应的市场利润。所以，企业如果要做标准、用标准，要实现价值最大化，就必须宣传和推广标准，让消费者知道标准背后的质量含义。

标准化，意味着标准要能被社会所认可。这其中就涉及如何向消费者证明，企业使用了高水平的标准问题。除了自我宣传之外，企业还应该找到那些知名的第三方机构，对自己生产的产品进行认证。一旦企业的产品符合这种知名机构的公正客观认证，消费者就会对企业的质量和高标准更加认可。

可以说，标准能力如何，更准确地讲，标准化能力如何，是企业质量创新战略实现的关键手段之一。标准化能力，是一种远高于有形资产投入的无形资产，是企业的商业能力，它将企业的标准传递给消费者，并能让消费者广泛接受。要实现企业的标准化能力，企业的经营战略就必须从要素型走向全要素型，从制造型向知识型转型升级。

（武汉大学第206期企业质量战略创新研修班（安徽）课程《企业质量战略核心能力建立——一流企业做标准》部分内容）

质 量 信 用
——企业质量创新战略的实现方式

> 只有真正形成具有市场价值的质量信用，企业质量创新战略才能得以实现和落地。敢于接受具有公信力的国际顶尖的质量评价机构的检验，这本身就是企业在国际商品竞技中的自信表现。

可以说，企业信用几乎就是企业的生命。但是，信用这个话题非常复杂，它几乎涉及企业的各个经营方面。企业要想实现发展，就必须首先认真且冷静地想一想，到底什么才是企业信用的本质。

企业的关键信用到底有哪些呢？首先就是金融信用，企业没了金融信用，就好比一个人没有供养生命的血液。那么，又是什么决定了企业的金融信用呢？银行或者资本市场在考核企业的金融信用时，最关注的往往不是企业的财务问题，或者说企业当前的赚钱能力，而是支撑一个企业赚钱的基础，也就是企业的产品和服务卖得好不好。说得再直接一点，就是企业产品的质量信用好不好。因为，只有拥有好的质量信用，企业的金融信用或财务信用才有了真正的保证。

除了金融信用，企业的关键信用还包括道德信用，也就是诚信问题。企业作为一个赚钱的经济体，反应其是否诚信的因素就是其产品质量好坏，产品的质量信用是一个企业诚信的根本问题。此外，企业的关键信用还包括市场信用。一个企业的市场信用好，最直接就是看他的产品是否童叟无欺、货真价实。只有那些经过市场和消费者检验的企业，才能拥有好的企业信用。

质量信用之所以是一个企业质量创新战略的重要组成部分，还在于它决定了企业的其他信用。可以说，没有质量信用，就没有企业信用的一切。但是，我们也不要将企业的信用复杂化，它的归结点就是质量信用，如果一个企业生产的产品质量信用不好，却说自己的其他信用好，那只能是一句空话。

质量信用的形成，是企业自身通过长期积累的结果。但是，在市场经济条件下，企业的信用决不等于自说自话。在质量创新战略中，质量信用实际上是由第三方机构来评价的无形资产。这些第三方机构主要包括检验检测和认证这些专业的质量服务机构，具体包括一些提供综合性业务的第三方检验检测认证机构，也包括一些专门服务于某一特定行业的第三方机构。实际上，在很多领域，这些国际国内知名的第三方评价机构，已经成了某些行业准入不可或缺的质量信用证明人，提供的质量水平证明方法对于行业内的企业来说，既经济又实用。有了知名第三方检验检测认证机构为企业背书，企业就可以形成一种公正、透明、公开的信用评价，这对于提升企业产品的质量信用非常有效，尤其是对于提升中小微企业产品的质量形象非常有用。在一定程度上我们说，这种信用评价是挽救质量信用破产企业，缓解危机公关的最有效"解药"。

除了以上所分析的这种第三方评价机构，还有一类质量信用评价机构，不是直接服务于厂家，而是着眼于服务消费者，通过站在消费者角度，来评价一个产品的质量信用问题。在国外，有些知名的这类机构，一旦将一个企业的产品质量信用评价为不及格，那么，即使该企业是所谓的世界 500 强，其产品的市场销量也将遭受滑铁卢似的冲击。

这种服务于消费者的质量信用评价机构，就是比较试验机构。世界上第一个比较试验机构——消费者研究，出现于美国，这家机构于 1927 年开始发行全世界第一份刊登比较试验信息的消费者杂志——《消费者研究快报》(*Consumers' Research Bulletin*)。在成立之初，该机构就定下了"不接受任何生产商、经销商、广告机构或其他商业企业的任何形式的金钱或补偿"的原则，完全站在消费者的角度来刊登产品质量信息，因而杂志销量快速上升，从 1927 年的每月 565 份直线上升到 1932 年的 42000 份。可惜的是，这家机构后因为治理问题出现了危机，从这家机构出来的理事会成员，与大学教授、新闻记者、工程师们一起，于 1935 年成立了一家新的致力于开展比较试验的非营利机构——消费者联盟。至今消费者联盟发行的《消费者报告》仍然被世界各地的消费者所推崇，企业也以被《消费者报告》所评分高于同行而自豪，甚至在广告中直接打出《消费者报告》的测评结果来证明自己质量水平的卓越。第二次世界大战结束之后的战后重建时期中，西欧国家和日本也纷纷开始效仿美国的比较试验理念和模式，越来越多的比较试验机构在各国成立，而比较试验方法经过近 90 年的发展，目前已在全球超过 40 个国家和地区建立。

其实，比较试验机构提供质量信用服务所采取的方法，说起来也十分简单，就是通过对同一类型的不同品牌产品或服务，用同一标准、同一规则进行测试，并相互比较产品或服务优劣的行为。但关键就在于，比较试验机构采用的何种标准和规则，或者说评价的标准规则来自何处呢？人们所知的大部分标准，要么是由标准化机构制定，要么是由政府组织指定，而比较试验所依据的标准，却完全来自于消费者。比较试验机构通过向消费者征集对某类产品的需求，将这些共性的需求通过专业技术转化为标准，并且在继续检验检测认证过程中，也完全是以消费者的视角来进行。说得更直白一点，就是这些比较试验机构，以消费者的身份，独立、隐秘地从市场上购买不同品牌的同一类型产品，依据本机构制定的测试标准（包括客观测试和消费者主观测试），在匿名的检测机构进行独立的测试，并对结果进行打分和排名。正是因为基于消费者的视角来评价质量，从消费者需求出发，公正、客观、真实地反映了消费者的需求，才使历经 90 年发展，专门提供质量信用的比较试验机构久盛不衰。

　　一个企业有了质量信用，他的质量创新战略才可能得以实现。企业要满足需求也好，要具备标准化能力也罢，抑或是适应发展环境等，这些都需要得到市场化和社会化的第三方机构的质量信用评价。只有真正形成了具有市场价值的质量信用，企业质量创新战略才可以得到实现和落地。敢于接受具有公信力的国际顶尖的质量评价机构的检验，这本身就是企业在国际商品竞技中的自信表现。

　　一旦被真正市场化和社会化的质量评价机构，给予了高质量信用的评价，这个企业就等于拿到了世界商品竞技的通行证，而这种质量创新战略的价值，是很难用金钱来估价的。我们会发现，世界上很多企业所具有的最值钱因素，不是固有资本，而是在消费者中所形成的市场化质量信用。这也正是质量信用在企业质量创新战略中处于关键地位的原因所在。

　　（武汉大学第 222 期企业质量战略创新研修班（山东）课程《企业质量战略的实现方法——检验检测认证打造的质量信用》部分内容）

质 量 文 化
——企业质量创新战略的价值引领

衡量一个企业是否真正实施质量创新战略，只有一个标准，那就是这个企业的企业家和全体员工，是否都在坚持着为顾客创造价值、满足消费者需要的价值观，即这个企业是否拥有真正的质量文化。

实现企业质量创新战略，其最根本、最核心的是要靠什么？只能靠价值观，而这个价值观，就是企业的质量文化。

质量文化作为企业质量创新战略中最核心的部分，首先表现在，质量文化可以实现对其他质量创新战略框架功能的整合与引领。一个企业之所以能准确识别环境，一定是因为企业拥有了一种追求卓越的文化，它让这些企业明白，不适应环境就等于死亡。一个企业之所以不断追求对消费者需求的满足，是因为长期以来形成的企业文化和企业价值观让他明白，让消费者和用户满意，是企业唯一存在的理由。一个企业之所以要转化为大数据平台，是与时俱进的文化与价值观让他从价值观上明白，要配置以消费者和客户的需求为中心的大数据，只能是由一个开放的平台来实现。

我们说，优秀的企业进行技术研发，绝对不是为了证明自己有多少专利，或他们的技术投入占销售额的比例有多大，更不是单纯地为赢得几个政府奖项，而是因为这些企业形成了一切为消费者创造价值的文化体系，从事技术研发的唯一目的，就是要让这些技术能够为消费者带来新的产品功能，让消费者在使用这些产品时能得到最好的用户体验。

标准化能力的打造，特别是标准化对消费者和客户的推广，是因为企业想要通过更简单的方式告诉市场和消费者，优秀的产品质量到底应该用什么标准来衡量。企业的质量文化驱使这些企业时刻记住，将简单留给客户、将复杂留给自己，要以简单的标准，帮助消费者识别产品质量的优劣。而企业的质量信用，其本质就是企业的质量文化形象，一个可靠的质量信誉背后，传递的恰恰就是企业对质量诚信的价值追求。

我们说，有了质量文化，几乎就等于有了质量创新战略的其他一切功能。质量文化既能引领其他企业质量创新战略功能的实现，又能使企业质量发展战略中的其他战略得以汇聚，形成一个完整的战略系统的粘结剂。当企业讨论质量创新战略时，首先应该问一问自己，我们准备好了吗？我的企业是否已经树立了绝不动摇地为客户创造价值的质量文化？只有拥有这种核心价值观和质量文化的企业，才具备真正开始质量创新战略实施的条件。

企业质量创新战略的实施，绝不是简单的体系框架搭建，也不是单纯靠一些管理文本就能实现的管理过程，更不是一些所谓的合格评定，而是企业从上至下、由里及外，真正地在为客户创造价值上达成了高度的共识，也就是达成了"钱不赚可以，企业破产也可以，但是绝对不能不为客户创造价值"的共识。

我们发现，世界上几乎所有成功的大企业，出发点只有一条，那就是决不妥协地、最大限度满足消费者和客户的需求，坚定不移地为消费者和客户创造价值。一些看起来貌似拥有雄厚资金的财团企业，即便还有一些看似拥有当下最好发展机会的企业，最后却走向了衰败或破产，原因就在于价值观的沉沦，只是一味满足于短期财务指标的达标、满足于短期市场销售的实现，而没有真正地从满足消费者的需求来创造价值。从这个意义上来讲，企业要推行质量创新战略体系，有一个重要前提，那就是看企业家是否树立了为客户创造价值的愿景，并且是否真正地将这一愿景传递给了全体团队成员，企业上下同欲，就是为满足消费者和客户的需求。

当然，企业的质量文化并非是唯一的模式，它也有很多的个性和表现。也恰恰是因为这些个性，导致企业质量创新战略可以有多种不同的实现路径，但所有质量文化都有一个共性的东西，那就是满足消费者和客户的需求。我们院也曾专门做过一个实证研究，通过对570余家企业的质量文化定位进行调查，发现只有那些将质量文化的核心定位成为顾客创造价值的企业，才拥有最好的经营业绩。质量文化的塑造，最终要回归企业的基本面，即真正地为消费者和客户创造价值，要契合质量创新的本质，满足消费者和客户的需求。

在质量文化的理解上，我们还必须澄清一个事实。有些企业将质量文化定位为质量控制，认为只要将过程控制得足够严格，就足以满足消费者的需求。为此，一些企业热衷于大量的过程性文件制造，旨在通过官僚主义的层层把关，意图实现生产的零缺陷。然而，在这样只重过程的质量文化引导下，企业的战略目标从满足客户需要，转向了满足企业内部的考核需要，以至于离消费者和客户越来越远，只是一味迷恋于内部质量问题指标下降的自我陶醉中。其结果可想而知，当这些企业从自我陶醉中清醒时，却发现消费者已经离他而去，尽管获得了很多质量领域的奖项，却始终缺乏一项被消费者真正认可的奖项。

实际上，企业质量文化的战略定位，是一个企业应该每天进行自我审视的问题，它要求企业时刻反省自身的过程管理，到底是为内部考核的需要，还是为外部消费者满意的需要？

企业质量文化是整个企业文化的基础，而企业文化说到底，就是要打造满足顾客需要的质量文化。只有具备了坚定不移地以顾客需要为目标的质量文化，企业的行为才能真正地不离开基本面——不断满足消费者的需要。

因此，衡量一个企业是否真正实施质量创新战略，只有一个标准，那就是这个企业的企业家和全体员工，是否都在坚持着为顾客创造价值、满足消费者需要的价值观，即这个企业是否拥有真正的质量文化。

（武汉大学第 212 期企业质量战略创新研修班（新乡）课程《企业质量文化建设——质量创新的协同机制》部分内容）

五

区域经济从 GDP 到增长质量

为什么是哲学问题？
——欧洲质量学术考察纪行之一

政府的监管，就是设立一种安全标准，然后对违反这些标准的行为进行后市场处理，而不在事前或事中去对市场把关。

2013 年的暑期，我下定决心，无论有多忙碌，也要去欧洲系统考察质量领域一些新的实践和学术进展。下这个决心非常不容易，尤其是要离开国内两周，就更不容易。果然，考察进行到一半时，就差点被提前叫回国内。不过，为了遵守事前与德国有关机构的约定，我还是坚持按计划做完了全程的学术考察。现在看来，拿出 15 天时间去国外考察，实在太有必要了，它给我带来的启发和新的资源，是待在国内 15 天不能替代的。所谓有舍才有得，这次的欧洲之行再次得到验证。

欧盟的消保总司即欧盟健康与消费者保护总司，是我们到欧洲考察的第一站。这是欧盟委员会的下设部门，主要负责欧盟层面的大众消费品与食品安全管理。在与消保总司的座谈中，我反复问一个问题，那就是我们中国的消费者普遍要求政府要为市场把关，也就是说消费者在市场上所购买的商品，政府都必须保证是合格的，否则就是政府的失职，没有尽到为市场把关的责任，欧盟的政府是否也被这样要求？一开始，欧盟的官员似乎并没有听懂我的意思，在我的一再追问下，对方才明白了。但是，对方对这个问题的回答极其简单，甚至幽了我一默说，"这是一个哲学问题"。随后，对方对欧盟及各国政府对于产品监管的详细介绍，才让我真正地理解了政府要为市场把关，为什么是一个哲学问题。

政府在质量上能不能为市场把关？这是一个太简单不过的问题，仅从能力上就可以证明这句话错得离谱。你要为市场把关，就要有至少和市场上所销售的产品相一致的检验和控制能力，如果要做到这一点，那需要配备多少人员？更不说这些人员还必须具备各领域的专业能力？就这一点来说，政府就不可能为市场把关。即使我们将把关的范围缩得再小，为那些所谓高风险的产品领域把关，这点也同样做不到。因为，我国现在的质量毫无疑问要比改革开放前进步得多，但为什么消费者仍不满意呢？道理非常简单，因为人们的要求越来越高。同样，质量安全也会随着人们要求的提高，使得政府根本难以应付。可见，仅从简单的数量来分析，政府就不可能为市场把关。

以上的分析还比较低层次，政府不可能为市场把关，其实还有更为深刻的逻辑。为市场把关，实际上讲的就是，市场本身是不理性的，也是不完善的，买卖双方根本不可能解决在产品质量上的安全问题，所以需要一个第三者，那就是政府来为不理性的买卖双方把关。这个假设成立吗？当然不成立。因为，市场经济几百年来的实践已经证明，市场是有效的，即使有所谓的负外部性等市场失灵问题，市场本身的有效性也是毋庸置疑的。就是在安全、环境这些领域，市场的解决办法也比政府的干预要有效得多，所谓的碳交易、教育券这样市场化的方法，在解决污染排放、义务制教育等方面，也已经被证明远比政府的管制要成功得多。

在这里，郑重推荐大家去看一下一位刚刚逝去老人的研究成果，那就是诺贝尔经济学奖获得者科斯教授。他是一位经济学家，但他长期供职的部门却是芝加哥大学的法学院，有些人可能会觉得奇怪，一位经济学家为何要待在法学院？实际上，科斯是用经济学的方法来解释市场制度的有效性，而法律制度最需要的就是维护市场交易者的产权，并保护公平自由的交易，这也就是科斯待在法学院的原因。

谈完了以上的分析，就可以证明所谓政府要为市场把关，在科学上错得有多远。两个理性的交易人之间，自然会对对方的产品可能给自己带来的潜在风险有基本的判断。只要让市场自由地运行，即使在阿格罗夫所说的会有质量信息的不对称，也会有一些检验检测和认证机构来帮助市场交易主体，让他们能够更清楚地知道对方的信息，从而作出理性的判断。

因而，结论就是：一个真正的市场经济，是不需要把关者的。

当然，有些人会担心，如果政府不为市场把关，那不是会让质量安全问题更严重吗？不是会出现大量的投机者吗？这种担心是有道理的，这也正是政府在市场中的作用。我们说市场不需要把关者，但是市场需要监管者。这个监管者，就是当市场可能出现风险的时候，它来对市场的违规者，也就是为市场提供不安全产品的企业进行惩处。这种惩处不是事前告诉你，你的产品不符合政府的要求，而是说政府的要求早已公之于众，而你却不符合，这些要求包括相关制度、法规、标准等一系列政府设定的市场规则。任何一个理性的生产者，都不可能说，我不管政府制不制定这些规则，我只管生产产品，即使产品不符合这些规则，我也不在乎。有这样的生产者吗？那他一定是找死，或者存心和自己的钱过不去。政府将自己当成把关者的危害还在于，既然是把关者，那你就要确保市场上所有的产品都是好的，否则就是你没把好关。这样一来，政府就变成了一个市场微观主体的保姆，而这个保姆实际上又不具备履行自己作为把关者的能力。监管者就完全不一样了，他告诉市场交易双方"交易有风险，买卖须谨慎"，一旦出现产品供应者的违法行为，对不起，那政府作为监管者将严惩不贷。

分析到这里，我们就可以知道为什么欧盟的官员要说，要求政府为市场把关，特别是要求凡是上市的产品都不能出问题，是一个哲学的问题了。实际上，你得从规律的角度去分析，政府可不可能为市场把关，以及政府应不应该为市场把关，如果不从基本的规律，不从事物的本质上去把握，你越想去把关，市场越不会买账，最后反而要承担根本不可能承担的责任。

政府不为市场把关，是否就意味着政府放弃对市场管理的监督呢？恰恰相反，欧盟通过对产品质量安全指令的制定，给企业提供了一个明确的市场进入预期，只有符合这个指令的要求，才能进入市场。当然，如果只是企业自己认为符合政府的要求，市场的销售商是不会买账的，他一定要你出具更具公信力的第三方质量认证报告，而这些认证机构为了自己的长远利益，当然不会出具那些虚假报告，因为这也是一种自杀的行为。即使进入市场之后，消费者也会对那些高风险的产品，看是否有保险机构的保险，如果一个高风险的产品，连保险机构都不愿意承保，那一定是这个企业的信用不好，或者说有巨大的安全隐患。看一看市场是怎么在有效运行的，无论是产品的生产还是销售，以及消费者的购买，市场都在有效地运行，都在进行有效的自我约束和管理。而政府呢，仅仅只是提供了一个市场安全的标准和指南，其他一切都交给市场去做，其内在的利益约束机制，远比政府所谓的把关要有效得多。故事到这里还没完，即使前面所有的市场链条都失灵了，万一市场出现了极小概率的质量风险，政府在最后一个环节还可以追究企业的责任。所谓人们非常推崇的欧盟非食品类消费品快速预警系统（Rapid Alert System for non-food dangerous products，RAPEX），实际上就是对消费品出现质量安全风险的一个网络记载，政府会基于这种记载，去采取一些预警措施，包括对这些产品进行一些专项的验证行为。

我们从欧盟可以看到，政府的监管，就是设立一种安全标准，然后对违反这些标准的行为进行后市场处理，而不在事前或事中去对市场把关。

所谓哲学问题，那就是你得把握政府在质量安全监管上的真正的定位。这个定位就是：政府是市场质量安全的监督者，而不是把关者。这就是我们从欧洲一开始对具体对象的考察，而得到的具有一般性的哲学结论。

（2013 年 9 月 16 日发表于武大质量院官方网站"专家视点"栏目）

巴黎的交融之美
——欧洲质量学术考察纪行之二

要建设一个真正强大的中国，首先要建立一个鼓励不同观点、不同思想、不同人群相互交融的人文生态环境。因为，没有这种开放的交融，就不可能有创造性，而真正的经济发展，来自于要素与要素之间的有效配置与开放交融。

正因为有巴黎，才使法国成为世界最大的旅游目的地国家。巴黎究竟有何魅力，能让世界各地的游客纷至沓来呢？虽然我多次来到巴黎，但在我看来，巴黎的最大魅力就来自于她的交融。

如果说巴黎有一个必须要去的地方，那就是卢浮宫。它是世界上最古老、最大、最著名的博物馆之一，是与美国纽约的大都会博物馆、英国伦敦的大英博物馆并列的世界三大博物馆。卢浮宫宫殿共收藏有 40 多万件来自世界各国的艺术珍品，分别在东方艺术馆、古希腊及古罗马艺术馆、古埃及艺术馆、珍宝馆、绘画馆及雕塑馆等六大展馆中展出。我们姑且不讨论卢浮宫的展品是怎么来的，只要看看卢浮宫价值连城的传世三宝：爱神维纳斯雕像、胜利女神像和达·芬奇的蒙娜丽莎画，你就会明白卢浮宫的魅力，就在于它是世界各国历史文化的集中体现。卢浮宫让人们流连忘返。如果我只能在巴黎参观一个地方，那一定就是它。因为，如果你给卢浮宫一天，卢浮宫可以还你一个世界，这个世界既包括西方古希腊罗马的艺术经典，也包括东方悠久的历史藏品，还有来自神秘非洲的木乃伊等精品。

在夏日傍晚的塞纳河上，看着巴黎又一个标志性的象征——埃菲尔铁塔，你能更深刻地理解什么叫交融。这座建于 1889 年的镂空铁塔，被法国人爱称为"铁娘子"，它是法国大革命 100 周年之际，法国政府为了迎接世界博览会而建设的，以展示世界工业技术和文化方面的成就，象征着人类进入机器文明时代。徜徉于巴黎街头的大小咖啡馆，你更像是来到了一个世界俱乐部，仅从人们的肤色就可以判断出，这些人中很多都是来自于非洲，尤其是北非，但他们并不是来巴黎的游客，而是巴黎当地的居民。实际上巴黎拥有的 216.80 万人口中包括日耳曼人、阿拉伯人、非洲人等多个不同民族，是一座真正的世界性城市。

各种要素的交融，成就了巴黎的魅力。一座真正世界性的城市，一定是可以容纳各种不同人群、不同文化的城市。正是在交融之中，一个城市才能创新，才能迸发出无穷无尽的创意。特别是巴黎的香榭丽舍大街，即使你没有任何购买欲望，看着 LV 这些商店的商品，也像流连于一个个艺术精品的博物馆。当我们惊叹于这些产品的创意时，不得不承认，正是有了开放、包容、多元的交融性的文化，才产生了这些极具创意的产品。一个封闭的城市，一个不敢于吸纳世界不同文化的城市就不可能成就巴黎这样的魅力。想想我们国内很多叫嚷着要成为世界都会的城市，甚至连中国其他城市人群都不乐意接纳，在网上经常可以看到"某某城市是我们的，这些外地人都滚出去"这样的语言时，你就会知道，这样的城市除了能搞一些炫耀性的建筑和公共设施之外，根本就没有任何世界性可言。真正的世界性城市，绝不在于它的建筑和建设有多么高档，而是在于它的城市能够包容多少不同差异化的人群，能够激发不同文化之间的交融从而产生的创造性。城市的发展来自于交融，科学的发展也同样来自于交叉，这些年来科学的前沿，都在交叉领域，也就是交融不同学科才能产生真正的原创性成果。

所以，我国要推动经济的发展，要建设一个真正强大的国家，必须要建立一个鼓励不同观点、不同思想、不同人群相互交融的人文生态环境。没有这样开放的交融，就不可能有创造性，经济的发展就只能建立在简单的数量投入上。真正的经济发展，并不依赖于要素在数量上的投入，而是来自于要素与要素之间的配置，只有各要素之间的交融，才能提高全要素生产率。

记得 2013 年 9 月，我在广州参加一个有关质量技术机构的会议，会上有人提出为什么要把检测、计量、认证和标准这些技术机构合并，这些技术机构相互之间都有各自的专业领域，合并的意义到底在哪呢？

暂且先不回答这个问题，还是来说说我这次在巴黎考察 BV 的经历。BV 是世界上前三位的大型技术机构，它的业务覆盖资产管理、认证、船级社服务、咨询、检验/审核、检测与分析、培训以及跨国采购服务等领域。不仅如此，BV 的 2012 全年收入中，12%（4.805 亿欧元）是关于"检验和证明"的收入，9%（3.441 亿欧元）是关于"认证"的收入。BV 之所以能成为世界著名的质量技术机构，以上的分析就可以证明，多种业务的交融，成就了世界的 BV。

再回到刚才会议上的问题，我的回答是这样的：我们国家技术机构最大的问题之一，就是业务的人为分割，这种分割不仅使质量服务的内在逻辑被打乱，也使综合性的质量服务，变成十分苍白的单一服务。更为重要的是，业务的分割使各专业之间的交融性以及基于交融所产生的资源配置效益荡然无存。当然就谈不上提供高水平的质量服务，也不可能做大规模。我国的质量服务产业要做大做强，最根本的问题还不在于机构的合并，而在于不同业务类型机构的合并。比如说特种设备机构，如果只是同类的合并，那永远只能是简单的物理相加，而不能产生化学反应，因为真正的特种设备检测业务的做大，是需要依靠高水平的检测服务标准的开发，也包括基于这些标准的认证。所以，特种设备技术机构的整合，除了对同类型机构的整合之外，还必须是基于标准与认证机构的相互整合，这种整合就是一种交融，在交融中由各种不同要素的配置所产生的效益，其产出远远大于这些要素的简单相加。

实际上，我的以上回答，就是来自于这次巴黎之行中对 BV 的考察。当 BV 向我介绍其多元化业务，以及由不同的业务配置所产生的效益时，我对巴黎这座城市的本质有了更真切的认识，那就是开放地让不同的资源进行交融，在交融中产生更大的创意和创造。

（2013 年 10 月 14 日发表于武大质量院官方网站"专家视点"栏目）

普罗旺斯：人，诗意的生活
——欧洲质量学术考察纪行之三

普罗旺斯的诗意与静谧、浪漫与和谐，在于这座城市对生活
质量的追求，满足了人们永恒的精神需要。

2013 年赴欧洲考察，当时还有一个重要的目的，就是看看我国的中检集团（中国目前本土最大的质量技术服务机构）在欧洲的发展情况，所以专门去了位于法国南部的马赛，该地拥有法国最大的国际贸易海港。

说到马赛，很少有人在意，而说到马赛在普罗旺斯，很多人就既羡慕又惊讶。是的，普罗旺斯是法国南部的一个大区，其北部以山地为主，南部则是濒临地中海的沿海地带。

普罗旺斯之所以在中国人的心目中具有特别的意义，是因为她与浪漫相关联。一个是会引起很多人想象的薰衣草，另一个就是红酒。所以有多少人，就会有多少个不同的普罗旺斯。这的确是一个很有意思的事情，从薰衣草的汉语字面上，就可以联想到中国古典诗词中所描绘的一些女性形象，这种形象多少都带有一些浪漫，如唐朝诗人陈子良的"云影遥临盖，花气近薰衣"。我这次去感受的最多的还不是基于薰衣草的浪漫，而是人与自然的融合，特别是感受到了人类应该如何与自然相处。

尼斯是普罗旺斯大区海边的一个小城，有人这样说起尼斯："Nice's

nice，nice is Nice."这个小城最吸引我的是她临海的山体，这个山体如果在中国一定是布满树木，一定不会让太多的人居住在山间，理由很简单，山是自然生态，而人的居住会损害山体。但是，我们一行乘车在尼斯海边的山中行驶前后半个小时，最令人心动的，就是山中连绵不绝的别墅。在山上的观景台，我们一行驻足大约半小时，看着这片地中海边上的山体，绿树之下掩映着黄墙红瓦的各式别墅，没有人愿意离去。我感悟到人只有与自然在一起共生，才称得上是诗意的栖居。实际上，在这片景致中，人也是自然的一部分，正因为有人的居住和参与，自然才具有了灵性。如果自然只是外在于人的客体，实际上自然也就失去了它的价值。尼斯的山与人在一起，丝毫也没有损坏山的自然与生态。这带给我们国家环境质量的思考就是，山绝对不是完全与人相隔绝的自然保护区，恰恰相反，只有人的参与才会让山变得更加自然。当然，这背后还有产权的因素，这些别墅的主人必须拥有山体的权利，否则动辄不确定性奔来的"拆迁"，那就既不可能有如艺术品一样的建筑，也不可能有别墅主人对山体的保护。无论是产品质量，还是环境质量，以及工程和服务质量，只要这些物体拥有真正的主人，这些主人就会把这些物体的质量搞好，因为质量是他们的利益所在。

普罗旺斯薰衣草的魅力，只有当你走近她，你才能真切的感悟她。这一次我们去看了塞南克修道院旁的一片薰衣草，在静谧的石灰色的修道院旁，盛开的是一片紫色的薰衣草，宗教的神性与自然的浪漫相融合，历史的积淀与生活的真实共一体。你会发现，薰衣草在普罗旺斯不仅是一片自然的存在，她更是赋予了人类的灵性和对未知的向往。所以，我们很多人想象中的薰衣草，并不是简单的加工后产品，而是在其中蕴含了自己对自然的想象，尤其是希望回归一种更贴近心灵的自由与自在。的确，当你站在教堂或修道院的旁边，也就是站在面向未来的精神世界中，看到现世的生活是如此的多彩与浪漫，就会发现，人类的心灵总是在未来和现实中往返。因而，普罗旺斯的薰衣草所制成的各类产品，之所以能卖出更高的价钱，实际上是其中汇聚了普罗旺斯这个地区的灵性和文化。品质除了性能的完美之外，绝对离不开的是它的文化内涵。

很多中国人来到普罗旺斯大区的戛纳，都会有一些失望，因为世界著名的戛纳电影节的颁奖所在地，其建筑似乎还不如中国内地一个县城的文化中心。然而，就是在这样一座小城，却成就了世界知名的电影奖。电影节这样的文化活动，为什么不在诸如巴黎这样的大都市，而会在戛纳这样的小城？这当然与中国人都喜欢在大城市搞大文化活动的思维相悖，但实际上，文化最需要的氛围不是大都会的人工背景，而是自然界。戛纳就是这样一个地中海北边的风景宜人的小城，电影本来就是人类造梦的产物，而梦当然要绽放在美丽的自然中。在整个地中海的沿岸，我只在戛纳下了海，走在沙滩上，回望近在咫尺的戛纳电影节的颁奖地，才感受到这个建筑，是将蔚蓝色的地中海当成了它的背景，这远比任何人造的建筑物都更为宏大。

普罗旺斯还有一个地方与戛纳相似，那就是以戏剧节著称的阿维尼翁。阿维尼翁的断桥、城墙与教皇宫，甚至都显得有些陈旧，但就是这样一个小城，却成了世界著名的戏剧节的所在地。每年7月，这座小城会有几百场不同的戏剧进行展演，很多展演就是在老教皇宫的城墙下的广场上。这些表演同样是以历史的建筑遗迹作为舞台，并不需要那些张扬的现代化剧场或奢华的装饰物。我们这次去普罗旺斯的时候，正好有一群来自韩国的孩子们，在广场上表演自排的舞蹈，古老的历史与鲜活的生命在一起舞动，这样的场景不是靠人工的堆砌可以替代的。很多人在做质量的时候，都以为功能越先进越好，技术越前沿越好，但实际上，真正的经典就是不变，因为这样的不变满足了人们更永恒的精神需要。

最后，还是要回到山体。普罗旺斯的北边基本上是连绵的群山，这些群山给我们留下的印象，一点也不逊色于尼斯、戛纳和马赛这些海边城市。在群山之间点缀着一个又一个的村镇，有些村镇就是在山峰的环抱之中，其中有许多都是法国最美丽乡村的代表。在我们的印象中，山村都是落后和残破的代名词，因而，在中国，我们经常听到的，是要鼓励居住在大山中的人们走出大山，走出大山似乎就是走出落后与愚昧。但普罗旺斯的山村，却给了我们完全相反的印象，这些山村的许多建筑都堪称艺术品，山村的布局完全与自然相融合，山体与建筑浑然一体。在这些村镇中，居住着大量的各个不同领域的艺术家，也有法国知名的艺术品交易中心，引领着法国和欧洲的艺术时尚。实际上，很多知名的艺术家，包括梵高、高更和塞尚等大师，都曾经居住于此。写作《重返普罗旺斯》的作家彼得·梅尔，更是从喧嚣的纽约华尔街，来到普罗旺斯的这些山间村镇，去寻找和体会心灵的家园，追求的是一种舍得不计较的生活品质。

什么是品质？

普罗旺斯的回答是：人，诗意的生活！

（2013 年 10 月 29 日发表于武大质量院官方网站"专家视点"栏目）

地方经济的复兴之路

质量就是城市发展的"初心"，有了这个"初心"，就可以始终持续的推动区域经济的发展。

我们国家有很多老工业基地，依托这些老工业基地，历史上曾经成就一些非常辉煌的大城市。应该说，这些城市或者由于资源的原因，或者因为区域的限制，目前有些已经呈现出衰落态势，而另外一些却正经历凤凰涅槃，亟待重新回复昔日辉煌。

对于这些城市而言，无论是摆脱困境，还是实现再次超越，都存在一个路径选择问题。无论这些城市选择哪种路径，他们的工业基础都非常雄厚，而且也有很好的产业工人队伍，依托质量求发展，于他们无疑是一条重要的路径选择。近些年发展较快的武汉，恰好就是这些老工业城市选择通过质量促进经济复苏这条路径的最好诠释。

2014年武汉市经济总量突破万亿大关，提前一年完成"十二五"规划确定的过万亿元目标，成为我国中部首个，也是唯一一个万亿大城。武汉以10069.48亿元的城市GDP，排名全国第8位，跃居十五个副省级城市第3位，仅次于广州和深圳。在武汉市实现历史性突破的过程中，质量要素对城市的经济发展发挥了重要作用，俨然已经成为武汉市新常态下的新动力。

消费者购买一件产品或一项服务，其终极目的就是为享受产品或服务带来的高品质。很多人都用过苹果手机，而且被其超强的用户体验感和良好的产品质量所深深吸引，进而成为了忠实"果粉"。但我们说，诸如苹果出品的系列产品，其高品质形成的背后需要强有力的高科技作为支撑。苹果出品的每一款产品就是不断通过技术创新，持续为消费者带来了越来越好的用户体验，进而形成并固化其产品的核心价值和优秀品质。拥有更高的技术质量优势，有助于企业创造出更高品质的产品，以满足消费者不断提升的消费需求，进而提升其品牌的社会影响力和认知度。换句话说，科技创新是提升质量的重要手段，是实现质量发展所必不可少的前提条件。

然而，对于企业来说，要做到真正的大规模、原创性的技术突破难度较大，因为这需要耗费大量的人力、物力、财力，以及时间成本。很多中小企业几乎无法独立完成这种技术创新，部分实力强的大企业虽然有能力实现这类技术创新，但从时间成本和无法预知的市场效果来说，通过长期原创性的技术创新来提高产品质量，也并非是最有效最经济的办法。为此，现在很多企业纷纷通过实现技术上的"微创新"，也就是在满足用户需求的前提下，企业不断进行技术细节的创新与完善，提高产品的综合服务能力，进而实现产品的质量的整体提升。

2015 年，武汉大学联合清华大学、香港科技大学和中国社会科学院开展了大样本的中国制造业企业调查，通过对该调查数据的分析我们发现，在全要素生产率的贡献上，企业通过科技创新来提高生产率的方法尚有待进一步完善。从企业利润的回归分析来看，企业通过品牌、信用、国际标准和质量认证所实现的经济效益比通过技术研发投入实现的经济效益高。因为从消费者角度来说，相对于高科技的技术创新而言，良好的社会信用、品牌影响、质量认证等信息，能够让他们更加直观地评判出产品的真实质量。

在中国，与武汉发展相类似的城市还有很多，他们都在积极探索着自身发展的路径，为实现中国经济的快速发展贡献力量。对于这些城市的发展之路，我想再以武汉为例，在具体的制度改革发展方面给出我的个人意见。

2015 年，作为全国唯一一个被列入全面创新改革试验区域的万亿大城，武汉要实现全面创新改革的突破，就要抓住并利用好这次难得的制度机遇，通过制度创新和制度先试来实现重大的制度突破，推动质量型经济的快速发展，加快复兴大武汉。

第一，加快推动团体标准。2015 年 3 月，国务院印发《深化标准化工作改革方案》（以下简称《方案》），部署改革标准体系和标准化管理体制。《方案》将强制性国家标准严格限定在保障人身健康和生命财产安全、国家安全、生态环境安全和满足社会经济管理基本要求的范围之内，提出加强培育质量团体标准，并以此来激励企业提高产品和服务质量的水平。

标准是质量发展的关键，我国目前之所以仍大量存在低价竞争现象，就是因为我国的标准体制存在着问题。从国际发展来看，美、日、欧等发达国家和地区均非常重视团体类型标准的建立，并利用标准化的方法来控制价值链的高端。因为团体标准既是内生于市场主体的自身需要，又可以将先进的技术快速转化为标准的控制力，并通过对控制的标准来控制整个产业链，最终实现快速的产业创新和质量创新。我们说，只有能够带来市场收益的标准，才能让企业有动力持续地进行标准改进。武汉市要实现质量创新，就应该大力发展与武汉主导产业有关的团体标准，进而通过团体标准的不断竞争获取标准的话语权。

第二，建立武汉的质量服务集团。质量服务的核心就是要对市场的供需双方提供质量信号，因为没有质量信号，供需双方的交易也就无法实现。现在，很多消费者热衷于购买日本和德国的产品，其主要原因就在于这些国家都具有非常好的质量信号机制。武汉市目前有很多质量技术服务机构，但较为分散，管理体制也较为落后，其中大部分都仍属于事业单位。根据相关数据显示，SGS、Intertek 等国际质量技术机构，通过充分发挥市场竞争的作用，年营业收入已经接近 1000 亿人民币。武汉市应加快改革，推进质量技术机构与政府脱钩，成立武汉市检测集团，完成质量技术机构的合并与整合。

第三，推进产品的比较试验。比较试验是指通过对同一类型的不同品牌产品或服务，用同一标准、同一规则进行测试，并相互比较产品或服务优劣的一种行为。该试验方法通行于美国、欧洲、日本等发达国家和地区，它能充分体现消费者在事前对生产者产品质量的激励和约束作用。因为，消费者是比较试验的核心，是从事比较试验机构的主要收入来源，更是测试标准的主要制定者和测试方法所模拟的参照系。德国的消费者杂志 *TEST* 和美国的消费者杂志《消费者报告》，作为比较试验机构向消费者提供质量服务，其广泛的发行量很好地满足了消费者对高质量产品的消费需求。武汉市要推动质量事业的大发展，应该推进产品的比较试验，通过建立以消费者为主体的比较试验机构来比较并发布产品的质量信息。

第四，发展质量大数据。经济数据直接反映了一个国家和地区的产品交易状况。而在产品交易的过程中，无论是产品的价格、交易量，还是产品交易的结构，也都反映了该产品的质量状况。质量大数据是经济数据的核心，武汉市目前拥有武汉大学、华中科技大学等一批高等学府和强大的科研力量，在质量大数据方面已经取得一定的发展，有足够的实力和能力来发展质量大数据产业，并通过该产业发展来掌握市场发展的核心竞争力。目前，武汉大学在质量大数据研究方面走在了全国前列，成功孵化质量大数据中心"深度网"，建立了中国第一个质量安全网络信息监测与预警服务平台，并已经为全国十多个地区政府、20000 余家企业提供了实时、海量、深度的质量安全信息服务。

第五，放开对职业技术人才落户的限制。我院开展的中国制造业企业调查数据显示，人力资源是对企业经营发展影响最大的关键因素，而其中最主要的又是职业技术人才资源。从德国发展的历史进程来看，德国制造的兴起，很大程度上得益于德国有一大批高水平的职业技术人才。

武汉市高校众多，人力资源雄厚，近年来在高素质人才引进方面也取得了很大成效，但武汉要实现更大的发展，推动全面创新改革试验区域的建设，就应该逐步放开对职业技术人才落户的限制，引进以武汉市产业结构相融的高水平职业技术人才，为武汉的质量发展储备人力资源。与此同时，还应充分利用武汉市公租房配套政策，通过公租房建人才公寓等系列措施，为技术人才提供更好的条件，吸引他们在武汉安家落户。

不忘初心，方得始终。城市经济要复兴，最重要的就是要永远记得经济发展的基本面，那就是质量是促进发展的永恒动力，消费者永远有对高质量产品的需求。质量就是城市发展的"初心"，有了这个"初心"，就可以始终持续的推动区域经济的发展。

（2015 年 10 月 12 日发表于武大质量院官方网站"专家视点"栏目）

质量：城市经济发展的新动力

一个城市要获得发展的新动力，就必须将立足点放到提高产品和服务质量上，要切实提高一二三产业的产品和服务质量，进而优化产业结构，改善社会福利实现 GDP 的持续增长。

关于一个城市经济发展的动力，被大家所熟知的要素主要是投资、出口和劳动红利。据相关数据显示，过去十年，我国资本形成总额对 GDP 的年均贡献率达 51.4%，出口大约贡献了 GDP 的 35%，而低廉的劳动力更是广泛吸引了世界各国在我国开展的大规模工业投资。从国家的经济发展落实到每个城市的经济发展，这三个要素也同样发挥了重要作用。

然而，随着我国经济由高速增长转向中高速增长，这三个关键要素对经济发展的动力呈现疲软之势：企业经营绩效下降明显，工业增加值累计增长率也从 2012 年的 10% 下降为 2015 年的 6.1%；投资进一步放缓，2015 年的投资增长率更是创下了 15 年来的新低；出口累计增长率从 2012 年的 7.9% 下降至 2015 年的 −2.9%，是近年来首度出现的负增长；劳动力成本直线上升，工资年均增长 13% 左右……在这一个个下滑的数字面前，我们不禁要问，推动城市发展的动力还要继续落在"投资、出口和劳动红利"身上吗？他们真的能承担得起这个责任吗？

采购经理人指数（简称 PMI），是通过对采购经理的月度调查统计汇总、编制而成的指数，涵盖了企业采购、生产、流通等各个环节。作为国际通行的宏观经济监测指标体系之一，PMI 已成为经济运行活动的重要评价指标和反映经济变化的晴雨表，对国家和地区经济活动的监测和预测具有重要作用。2016 年 3 月 1 日，由国家统计局和中国物流联合会发布的 2016 年 2 月份经理人采购指数（PMI）显示，我国制造业 PMI 指数已经跌至 50 荣枯分水线之下，仅为 49.0，反映出我国制造业经济总体衰退。

在这种大背景下，原有的发展动力不可持续，城市要实现经济发展，应该依靠哪种新的动力？这是每个城市的管理者都在思考的问题。武汉大学质量院通过 9 年来的研究找到了答案，那就是：质量，是城市发展的新动力。为更好地阐述这个问题，我想以深圳作为案例来具体分析。

深圳这个经济总量跻身"全球城市 30 强"的城市，其经济发展的实践已经充分证明，质量是城市发展的新动力。近几年，深圳市明确提出从"深圳速度"转向"深圳质量"，实施了大标准和大质量的发展战略，为高水平的城市发展注入了强劲动力。2015 年，深圳市 GDP 达 1.75 万亿元，同比增长 8.3%，深圳市成为我国单位面积产出、人均收入水平最高，万元 GDP 水耗、能耗最低的城市。而支撑"深圳质量"的主体就是一批致力于生产高品质产品的优质企业。

某通信制造企业将其成功的经验总结为"以客户为中心"的核心价值观。多年来，该企业在保证产品质量安全的基础上，长期坚持不少于销售收入 10% 的研发投入，目的就是为了持续提升客户所需的产品及服务质量。通过质量创新赢得了发展、获得了市场和消费者的认可，2015 年，其手机销售额超越苹果、三星等品牌，销量一跃成为全国第一，而该公司的总销售额更是超越了 100 多个国家的 GDP。

深圳另一家通信制造企业也是通过坚持市场中客户需求为驱动，进行质量创新而实现发展。2155 件的专利数量，以及超 100 亿的研发投入，使得这家企业 2015 年的营业收入突破千亿，同样成为"深圳质量"的典型代表。两家企业之所以能成为世界数一数二的通讯设备商，所依靠的就是以客户需求为驱动进行的质量创新，也就是对消费者所需的产品和服务质量的提升。

通过我们的研究已经发现，经济增长质量的核心是宏微观质量的"双提高"。我们已经知道，质量是对固有特性满足要求程度的衡量，具体在经济增长质量的衡量上，我们同样必须从主客观两个角度来进行。因为，如果只谈客观指标会失去经济增长质量的目的，而只谈主观指标则会失去经济增长质量的物质基础，只有主客观衡量标准实现统一，才能科学全面地衡量经济增长质量，这也是为什么单纯依靠国家宏观调控，不能从根本上改善我国的经济增长质量的原因所在。具体而言，衡量经济增长质量的主观标准为是否满足了人们普遍关心的生活质量方面的需求，而客观标准则是在 GDP 增长的基础上是否实现了政府质量管理、城市发展机会及行业支持等方面的协同发展。

事实上，微观的产品和服务质量，是整个城市经济增长质量的基础，也是满足人们生活质量需求的根本，更是城市经济发展的新动力。一个城市要获得发展的新动力，就要将立足点放到提高产品和服务质量上，就是要切实提高一二三产业的产品和服务质量。只有质量提升了，城市的产业结构才能优化，社会福利才能改善，也才能实现消费对经济发展的拉动作用，进而实现 GDP 的持续增长。

区域经济增长质量如何评价？

评价区域的经济增长质量，需要客观方面的指标评价，更需要来自老百姓的主观评价。因为，只有让老百姓有真实的感受，这种经济增长质量才是真正"有感"的增长。

当下，很多人提出，仅仅以 GDP 作为考核指标还不够全面，只有将质量指标和 GDP 指标联合在一起，才是科学、全面的考核。然而，说起来很容易，做起来却非常难。

人们对于什么是经济增长质量持有不同观点，而且，经济增长质量本身内容纷繁复杂、包罗万象。要在这些复杂的现象中，提炼出反映经济增长质量的若干指标，不仅需要对经济现象的理论概括，而且需要基于理论基础来对指标进行科学提取。所以，要回答区域经济增长质量如何评价这一问题，首先要从搞清楚什么是区域经济增长质量，进而基于这一个理论提炼出相应的评价指标。

区域经济增长质的内涵极为丰富，要科学地度量区域经济增长质量，需要进行深入的研究，但是，再复杂的问题还是应该回归到它的基本面，那就是我们前面分析过的质的定义。质量是"一组固有特性满足要求的程度"，而经济增长质量的衡量指标体系，总体上也就应包含"满足要求"这一主观评价指标体系与"固有特性"这一客观评价体系。

　　首先，我们先来分析区域经济增长质量的客观因素。无论是从何种角度来客观分析区域经济增长质量，都必然会涉及经济总量的稳定持续增长、经济结构的不断优化、资源投入产出效率的提高，以及社会福利水平的提高这四个方面。经济的总量与结构性指标，直接关乎区域经济所提供的产品和劳务总量能否稳定性地增长。对于大多数区域来说，GDP 仍是经济增长质量指标中最为重要的客观评价指标。GDP 的增长，代表了一个区域经济增长的阶段性特征，以及该区域未来的经济增长趋势。而影响经济增长的另一个变量则是经济结构的优化。一般而言，经济结构优化程度较好的区域，其消费总量较大，具备了较为稳定的市场需求条件，这在相当程度上有利于区域经济较为稳定地增长。我们说，一个有较高质量经济增长的区域，一般都比其他区域在单位的资源投入产出的市场价值更高。最后，社会收入分配的公平性以及社会生活的持续改善，可谓是经济发展的另一侧面，是对一个区域经济增长质量必须考虑的重要方面。这就是从客观方面评价区域经济增长质量的四个指标。

　　分析至此，其实我们对区域增长质量如何评价实际上还没有完全结束。这些指标都是冷冰冰的客观数据，是否真能给这个区域的老百姓带来好的质量感受？不一定。我们还必须将老百姓的评价，纳入区域经济增长质量的指标体系中来。什么是好的区域经济增长质量，什么才是坏的区域经济增长质量？这关键在于看该区域的经济增长，是否有利于区域大多数老百姓生活质量的改善。

　　一个区域经济增长的成果如果能够被老百姓分享，那么将会具体表现为以下三个方面。第一，在国民收入分配体系中，代表老百姓实际收入的居民收入部分，高于政府收入和企业收入，而且居民收入水平的增速不低于国民总收入增长的速度。第二，政府的公共财政主要用于改善老百姓公共福利的社会性支出，而减少用于干预市场发展的投资性支出。如教育、公共交通、社会保障等方面，以保障社会发展的底线水平，提升经济发展的长期潜力。第三，社会总体的收入分配状况趋于平等化，更多老百姓能在经济增长的过程中不断获得收入增长，并且生活质量稳步地提升，而不是以牺牲多数人的利益来改善少数人福利。因此，区域经济增长质量，从结果上看就是使社会中每一个主体具有更多的机会分享经济发展成果，实现更高质量的生活。

以上这三个方面与前面分析的客观指标一样，都是构成区域增长质量评价的重要理论基础，他们构成了区域增长质量的主观评价指标。武大质量院经过多年的理论研究，把国内外主要的经济增长质量主观评价指标体系进行了系统梳理，提出了经济增长质量主观评价的三维度模型，即物质福利、社会生活和个人生活，并经过反复的测试提出了 24 个具体的衡量指标，详见下表1。

表 1 经济增长质量评价指标体系

结构变量	变 量	度 量 指 标
物质福利	a1	对收入增长状况的评价
	a2	对就业机会的评价
	a3	对物价状况的评价
	a4	对消费环境的评价
	a5	对未来的消费信心
	a6	对投资和创业机会的评价
	a7	对贷款成本和容易程度的评价
	a8	对财产拥有和增值状况的评价
	a9	对生活成本的评价
	a10	对税负程度的评价
	a11	对经济增长前景的评价
	a12	对经济政策的评价
	a13	对经济投入产出状况的评价
	a14	对经济结构合理性的评价
	a15	对经济稳定性的评价

结构变量	变 量	度 量 指 标
社会福利	a16	对社会保障水平的评价
	a17	对医疗保障水平的评价
	a18	对社会治安的评价
	a19	对基础教育的评价
	a20	对交通便利状况的评价
	a21	对社区生活的评价
	a22	对生态环境状况的评价
	a23	对公共体育文化设施可使用性的评价
	a24	对社会诚信状态的评价
	a25	对政府服务和法治环境的评价
个人生活	a26	对自身健康状况的评价
	a27	对自身长寿可能性的评价
	a28	对个人闲暇时间的评价
	a29	对社会压力的评价
	a30	对家务劳动强度的评价
	a31	对个人成长前景的评价
总体评价	a32	对经济发展质量的总体评价

首先，在物质福利方面，我们不仅选用了收入增长、消费增长、居住条件等指标，还包括了对于就业机会的评价以及收入分配公平性的评价，因为有质量的增长必然是能够惠及更多的普通人，让人们认识到，就业机会有限、收入分配的不公平性增加都是导致人们被增长、被幸福的重要原因。

其次，在社会福利方面，我们选用了教育、医疗、养老、参与公共事务等指标。人类发展指数（HDI）有三个指标，包含了预期寿命、人均受教育年限，这是全世界比较公认的一个除了 GDP 以外的衡量经济增长质量的一个指标。因此，教育、医疗等社会发展指标也应进入到经济增长质量的评价。

再次，在个人生活方面，我们强调经济增长对于个人发展能力提升、生活品质改善的作用，包括精神文化生活、劳动强度等方面的衡量，以及对上下班时间的满意度这一指标。当前随着城市化的不断提升，交通出行越来越成为影响一个地区经济增长质量的重要方面，也越来越成为一些城市居民对生活质量不满的重要原因之一。

物质福利、社会生活和个人生活的 24 个指标，能够较为全面地反映我国当前人们普遍关心的生活质量方面，经过 2013、2014、2015 年三年全国范围内 100 多个城市的调查分析，我们验证了这一指标体系的信度与效度。同时我们基于调查结果，对全国多个省份提交了群众对本区域经济增长质量的评价和分析报告，得到了各地的高度重视。

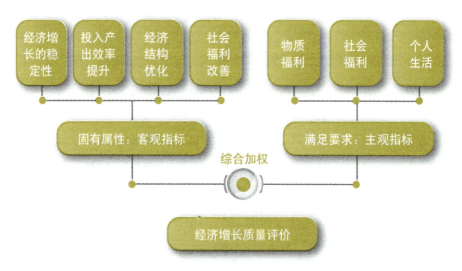

图 2　经济增长质量评价指标图

经过我们的实证研究分析，得出评价区域的经济增长质量，既需要客观方面的指标评价，也需要老百姓主观上的评价。而主观上的评价，在某种意义上甚至比客观指标更为重要，因为，只有让老百姓有真实的感受，这种经济增长质量才是真正"有感"的增长。

质量竞争力的比较方法

构成质量竞争力评价模型的七大维度，包括质量要素、质量需求、相关产业的支持、行业结构与竞争状态、政府监管、发展的机会、人均 GDP 以及 GDP 的稳定性等经济增长质量的基础指标。

经济增长质量评价，严格来讲，可谓是一种事后的诸葛亮，因为它是在一个区域经济发展之后作出的评价。提高一个地区的经济增长质量，就必须提高该区域的质量竞争力，因为质量竞争力是一个区域经济增长质量的基础。所以，从某种意义上来说，一个国家和一个区域的竞争，很大程度上比的就是质量竞争力。

那么，什么是质量竞争力呢？就是质量要素中能使竞争主体在市场竞争中获得优势地位的能力。要对质量竞争力进行评价，我们首先要谈一个基本理论，那就是竞争力理论。目前国际通行的竞争力评价模型，就是哈佛大学的迈克尔·波特所研究的钻石竞争模型。

波特在《国家竞争力优势》一书中，通过对十多个国家中存在明显竞争优势的产业进行研究，提出了产业竞争力分析的"钻石模型"，它主要包括生产要素、需求条件、相关及支持性产业、企业战略结构与竞争，以及政府与机会等六大分析维度。其中，生产要素与需求条件分别是反映投资与创

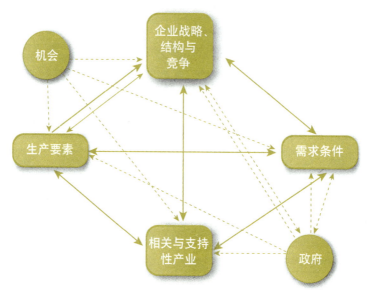

图3　钻石竞争模型

新的两大关键要素，而相关及支持性产业和企业战略结构与竞争，则通过影响生产要素与需求条件来对国家竞争力的形成起作用。

我们基于钻石竞争模型，结合实证研究得出了一个新的质量竞争力评价模型，并在2015年第11期《管理学报》发表了题为《制造业质量竞争力理论分析与模型构建》的论文，提出质量竞争力具体包括质量要素、质量需求、相关产业支持、行业结构与竞争、政府质量管理、城市发展机遇，再加上人均GDP、消费增长等基础指标，详见下图。

下面，我们就具体分析构成质量竞争力评价模型的七大维度。

第一是质量要素，它包括土地、人才、技术等，是经济增长质量的基础。质量是由人创造出来的，质量要素中最为重要的人才要素，是制约我国质量水平提升的重要原因。虽然，我国的大学录取率达到70%以上，但这并不是好事，因为每年大量的大学生毕业之后面临着很大的就业压力，与此同时，我国的职业技术人才却非常短缺。在德国，一半以上的青年进入职业

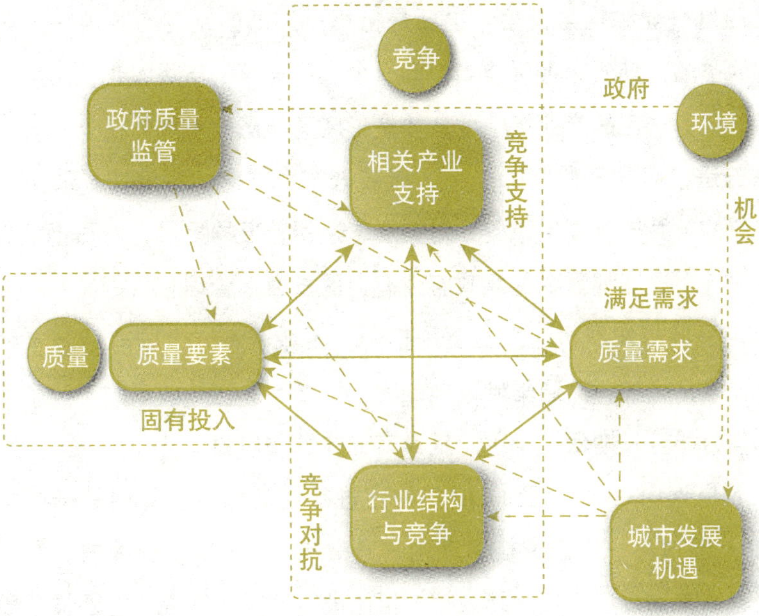

图 4　质量竞争力评价模型

技术学院就读，经过一段时间的学习和培训，都将走上专业化的职业技术岗位，成为支撑德国产品质量最重要的技术人才。

第二是质量需求。我们说，质量不是评出来的，更不是监督出来的，它完全是竞争出来的。对质量的好坏评价，除了安全问题以外，完全是来自于消费者的自由选择。苹果手机税后的净利润，之所以高达我们国家手机行业的 10 倍以上，就在于它的市场需求大，更能满足消费者和用户的需求。一个城市的产业增加值是多少，占全国同领域市场份额的百分之几，这些都间接从市场的角度对这个城市的质量水平作出了评价。

第三是相关产业支持。质量要靠产业链来支撑，我们国家的产品之所以处在微笑曲线的低端，原因就在于，我国产品的相关服务产业不在国内，设计不在国内，科技产业也不在国内，我们充其量只是加工厂，而没有相关产业的支持，自然，要从根源上提高产品的质量也就力不从心。

第四是行业结构与竞争。主要是指行业内部的结构与竞争性。一个完全垄断的市场，其质量不可能高，而一个过度竞争的市场，也不可能生产出高质量，只有一定的产业集中度，才是形成高质量的重要外在条件。

第五是政府质量监管。一个区域或者一个国家的经济增长质量，都离不开政府的公共产品提供，例如对安全、通用标准的提供，惩罚不按规则行事的企业等，这些都需要依靠政府强有力的权力来管理和执行。

第六是城市发展机遇。主要是指一个区域或者一个国家经济未来发展的潜力要素，比如，交通基础设施的完备程度等。这些要素对于一个区域的质量竞争力能否长期保持稳定，是具有先决性作用的。

第七是人均 GDP 以及 GDP 的稳定性等经济增长质量的基础指标。人均 GDP 是通过将一个国家核算期内（通常是一年）实现的国内生产总值与这个国家的常住人口（或户籍人口）相比进行计算而得到的，是最重要的国民经济宏观经济指标之一，也是发展经济学中用来衡量地区宏观经济运行和发展状况的有效工具指标。在城市质量竞争力评价中，它不仅体现了城市的宏观经济状况，也突出反映了一个城市承载的发展机会。

近年来，我和我的同事们就是用这个质量竞争力评价模型，对一些国家和一些区域的质量竞争力进行评价。就国内而言，广东、江苏、浙江和上海等四个城市的质量竞争力排名遥遥领先于其他地区。就全球的范围来看，美国、日本、德国、法国等的质量竞争力位于世界前列，而巴西、南非和印度则排在最后。

登顶"珞珈"纵论"大数据"
——一谈"珞珈质量指数"

"珞珈质量指数"，是对质量安全指数、质量满意指数、公民质量素质指数和质量公共服务指数共同加总，最终形成的反映中国年度质量状况和各地区质量状况的指标。

自 2013 年以来，武汉大学质量发展战略研究院连续 4 年发布年度《中国质量发展观测报告》成果，而其中一个主要的成果就是"珞珈质量指数"。每次发布都引起了全国各类媒体的极大关注，无论是传统纸媒，还是网络媒体，都用非常大的篇幅进行系列报道。很多省区的政府部门，更是直接联系我们，索要该地区的"珞珈质量指数"，包括具体的分析内容和与其他地方的比较。坦率讲，社会的热烈反应一开始超过了我们院的预期，但这也恰恰表现出，在经济发展转型的过程中，社会对质量状况的分析有着多么强烈的需求，特别是对数据化的表达。

什么是"珞珈质量指数"呢？这是一个包括质量安全指数、质量满意指数、公民质量素质指数和质量公共服务指数共同加总，最终形成的反映一个地区质量状况的指标。构成这一指标的数据来源，就是面向消费者的调查。实际上，这个调查我们院已经连续发布了四年，在发布 2013 年度中国质量发展观测报告时，正式将这些加总的数据命名为"珞珈质量指数"。

我们希望"珞珈质量指数"能够成为反映中国年度质量状况的权威评价，也能对比出不同省区的质量状况，并基于这些数据能够分析出质量发展的内在规律，寻找更有针对性的质量对策和政策。虽然这项调查投入非常巨大，但我们院仍然克服了各种困难，将它坚持下来，因为我们相信，任何科学都来自于试错，只有在不断的运行中，才能寻找到更科学的方法。这也是我们随着我们年度报告成果发布的深入，社会的反响也越来越大的原因所在。

当初，将这一指数冠之以"珞珈"的品牌，一是因为武大所在的珞珈山本身就是一个品牌，二是我们想寄托质量院人的追求，既然是在山上就要不断地攀登，包括对质量科学不断地超越。实际上，每次数据成果发布会的现场，只是我们这项工作的一个中间过程，并不意味着工作的停止。还记得2014年4月18日，就在2013年度"珞珈质量指数"发布会刚刚结束，我们即刻开启下一阶段的工作，包括对这一指数结构关联性的分析，特别是对基于"需求"评价的基础理论研究，以及对固定调查样本的进一步优化，通过"中国质量调查网"的方式，面向互联网获取更多的质量调查信息和智能化处理。

大数据是质量研究的学术进展重要的领域和方向，这一点我在几年前的研究中已经清晰地得到了这一结论。可以非常明确地讲，大数据的出现对质量研究是革命性的，将颠覆传统质量管理的一些模式和范式。比如，在传统质量管理研究中，固有特性对要求的满足，实际上是静态的、单一的，而在互联网的大数据条件下，固有特性对要求的满足，已经可以直接的面向消费者，从对要求的满足提升到对需求的满足，海尔的"人单合一"模式、淘宝的"小额贷款"，实际上都是产品和服务的固有特性，直接满足了需求。传统质量管理在本质上就是对"固有特性"的管理，而在大数据条件下，质量管理的本质已经转变为对"需求"的管理，这一转变的原因，就是来自于大数据的出现。掌握了大数据，就掌握了质量的未来，这已经不是一个预测，而是一个实实在在的事实。

面对这样的前沿性进展，我们质量院在大数据领域已经做了 7 年多的积累，无论是基于互联网的质量监测平台的研发（深度网），还是"珞珈质量指数"的大规模调查，都是在大数据领域的探索。可以说，我们在大数据领域的成果，已经走在了世界的前沿，但是我们的脚步并未就此停止，还在极力推动"珞珈质量指数"成为中国质量评价的风向标，成为中国与世界质量比较的一个"大数据范式"。

（2014 年 4 月 29 日发表于武大质量院官方网站"专家视点"栏目）

思想，只能是思想
——二谈"珞珈质量指数"

"珞珈质量指数"具有思想力，能解释中国的年度质量到底发生了什么变化，这些变化的原因是什么，以及各个区域是因为什么因素而导致了质量水平的差异。而这些，也才是"珞珈质量指数"的真正价值之所在。

"珞珈质量指数"的表现形态就是大数据，但是这一指数的全部价值就等于"数据"吗？答案是否定的。

大数据时代的到来，当然是革命性的，但数据本身是与人类文明一起诞生的，即使是大数据，也没有改变数据这一基本的传统。

9 年前，在武汉大学质量院刚开始做质量竞争力的数据分析时，尤其是我们在 7 年前刚开始做质量统计与分析时，我就发现，数据并不像我们想象的那么客观和正确，也就是说，数据可能将人引入歧途。比如，当时有一个衡量质量竞争力的指标，是每百万元产值的专利数量，也就是说专利数量越多，你的竞争力越强。然而事实是怎样的呢？恰恰相反，单个专利所产生的市场价值量越大，专利的价值才越大，这就意味着一个专利如果能获得 100 亿的销售，那毫无疑问这个专利是非常有价值的，而如果一个企业拥有 100 个专利，所产生的市场价值只有 100 万，可以很明确的判断这些专利的数量是毫无价值的，甚至可能就是一些垃圾专利。但是，在这个统计分析中，拥有 100 个专利的单位反而竞争力更强。

以上只是为了说明一个最简单的道理，数据本身并不能自动地反映一个事物的状态，更不能直接反映一个事物内在的规律和本质。因为，如何统计数据，如何判断数据，实际上都需要人的参与。我再举一个质量监督合格率的例子：很多人认为它是一个客观上反映了产品质量的数据，稍加分析，就知道这个说法非常不靠谱。首先，合格指标就是由人来设定，而不同的人对指标的取舍显然是不一样的，专家和老百姓对中国乳制品标准的巨大分歧就说明了这个道理。其次，多少是合格，也是一个由人来定义的概念，不同的条件下，人们可以设定不同的量级指标。最后，不同性质的产品也会有不同的评价指标，比如飞机的指标可能要接近 100，而一件服装的指标则没有必要。可见数据要反映问题，要能够挖掘出数据背后的相关性和逻辑关系，是需要靠人的大脑去做的，只有人的思想才能利用好数据。

数据的本质到底是什么？数据的本质是要反映思想，就是能产生新的思想。

虽然我们每年获得的质量观测报告数据量都非常大，从获得到整理都是一件非常辛苦的事情，但想到这些庞大且"不会说话"的数据却能真实反映中国质量发展的年度状况，再多的辛苦和付出都是值得的，这是我们团队一直为之努力的不竭动力。

自 2013 年以来由我们连续发布的年度观测报告，之所以会有如此强烈的社会反响，绝对不是来自于这些表面的"大数据"数量，而是我们从这些"大数据"当中，提炼出了反映质量状况的思想，比如"中国质量安全出现向好的根本性逆转"，再比如"我国质量的主要矛盾已经从质量安全转向了质量满意"，还有如"产品和服务的微观质量与中国经济发展明显正相关"等等，就是这些"大数据"的思想表达，也正是因为这些思想的表达，才引起了各界强烈的反响。湖北省委的领导就在我们提交的"关于湖北经济社会发展质量研究的报告"上（这个报告就是建立在大量的数据基础上），批示"所提的4条建议很好"。请注意，决策者并没有说这些数据很好，而是说反映这些数据的思想很好，这些思想就是具体的4个观点和建议。

我们一直在做质量大数据，但我始终在警醒自己的，就是数据要有思想，不能为数据而数据。明确地讲，我对目前质量大数据研究的状况有很大的危机感，危机之一就是很多人只是简单地对数据进行统计，而这些数据相互之间到底有什么关联性，有什么内在的逻辑性，却完全不能解释，你所看到的仅仅是一堆原料，甚至你都不知道这些原料能够拼装出一个什么样的东西出来；危机之二就是摆弄数据游戏，看起来计算过程非常复杂，建模也非常漂亮，但说明的却是再简单不过的道理，那些早就已经被人证明过的常识；危机之三就是缺乏对数据的驾驭和处理能力，不能从数据中提炼出新的发现和新的观点，也就是缺乏数据的灵魂，缺乏数据的思想爆发力。这就是很多人，做不出好研究的原因，那就是只有"数据量"，没有"思想力"。

什么是数据的"思想力"呢？一是要从数据中有新的发现，哪怕这个发现只是某个局部现象的科学反映，或者只是对一个小问题的新的解释和发现，总而言之，必须从数据中提炼出新解释和新观点；二是数据是对一个事物定量的反映，要通过这些定量的数据挖掘出事物的本质，事物的逻辑性和事物的内在规律，定量必须能够定性；三是要建立起数据相互之间的关联性，这种关联同样包括数据之间的因果关系。一个好的数据分析，一定是能提炼出令人耳目一新的思想和观点，一定是能够找到数据背后的内在逻辑性，一定是能够通过数据有新的发现。

大数据是干什么的呢？大数据是用来证明新的思想和观点的，也就是说，在当今复杂的社会经济生态环境下，一个人不能仅仅靠聪明或天赋去发现一个新的现象，而只能通过大数据的挖掘才能发现新的现象和提出新的思想。没有大数据的验证，所谓新的思想，就只能是一个假设，而不能称其为是被证明的新的发现和理论。

我们推出的"珞珈质量指数"绝对不是表面上的一堆数据，而是从数据中提炼出具有创新性的质量思想和科研成果。具体来说，就是要解释中国的年度质量到底发生了什么样的变化，这些变化的原因是什么，各个区域是因为什么因素导致了质量水平的差异？尤其是这些数据反映了什么样的质量科学内涵，能不能表现出质量发展的新趋势？只有这些"思想力"的内容，才是我们"珞珈质量指数"的真正价值之所在。

"珞珈质量指数"的价值是思想，也只能是思想。

（2014 年 5 月 12 日发表于武大质量院官方网站"专家视点"栏目）

一 字 之 差
——三谈"珞珈质量指数"

> "珞珈质量指数"的贡献，在于它对质量定义的创新，在于它对满足"需求"方法的创新，在于它对质量评价与经济发展关系上的新发现。

"珞珈质量指数"是以人的评价为基础的，这种评价方法的理论依据是什么？我们要先从质量的定义来解释。

质量是一组固有特性满足要求的程度（ISO 的英文表述是：the degree to which a set of inherent characteristics fulfils requirements）。这里的"要求"主要是以标准的形态存在，无论对质量作什么样的检测，以及对质量作出什么样的评价或认证，其实质都是依据某项标准作出判断。所以，质量定义中的"要求"，实质上就是指固有特性满足标准的程度。然而，这一定义的问题就在这里，标准往往是固定的，也是稳定的，还是统一的，对于质量的使用者来说，满足标准并不等于满足需求，因为人的需求是变化的，更是差异化的。固有特性越是能满足人的这种在一般性基础上的变化的、差异化的需求，其质量的价值就越大。因而，质量的本质含义，应该是满足"需求"，而不是满足"要求"。这两个表达虽然只有一字之差，但却是质量在内涵上的根本性变化。满足需求意味着质量直接以人为对象，而满足要求意味着质量直接的满足对象是某些物化的指标体系；满足需求是质量价值的最大化，而满足要求只是质量价值的基本面；满足需求能够更广泛的刺激不同人群的消费，而满足要求则会抑制很多潜在的消费。"需求"和"要求"在文字上虽然只有一小步，但在质量的价值上却是一大步。

质量的定义应该修正为：一组固有特性满足需求的程度（英文的表述也应是：the degree to which a set of inherent characteristics fulfils demand）。

这就是"珞珈质量指数"最大的理论创新和贡献，因为"珞珈质量指数"是按照满足需求的质量理论来设计的，直接反映了人作为质量的终极使用者的评价和判断。从这个意义上来说，作为质量供应者的企业，对产品按照标准要求所作出的评价，包括政府按照标准对企业的产品作出的监督检查结果，都是主观的评价，只有产品在消费者使用之后所作出的评价，才是质量真正的客观评价。从连续两年的质量观测结果，也可以看出基于使用者的评价，在具体的数值上是稳定的，并没有因为是人的评价而在年度的结果上，产生大的波动。更为重要的是，"珞珈质量指数"的评价方法，在理论上具有一般性，也就是说应用这种方法，可以对不同事物和产品的质量，作出可以比较的评价。实际上，评价只是一种方法和工具的创新，支撑方法和工具的则是基本理论的创新，所有理论的进步最终都要表现为定义和概念的修正与完善。因而，"珞珈质量指数"的最大理论贡献，就是表现在对质量定义的创新上。

与这一创新密切相关的"珞珈质量指数"的另一个贡献是，对于满足"需求"方法上的研究。传统的质量管理之所以只能满足要求而不能满足需求，原因就在于缺乏"大数据"的支撑。正如我们在前一篇中所讨论的，"海尔"之所以能够进行产品质量的定制，"淘宝"之所以能够满足小额贷款的需求，原因是一样的，那就是互联网使得消费者和贷款者，几乎是零距离的可以表达自己的需求，作为供应者的企业也可以最大程度上的掌握需求者的信用，从而极大地解决了质量信息的不对称。质量之所以正在发生一场从

"要求"到"需求"的革命，其背景就是因为大数据的出现。"大数据"使得固有特性和需求之间的相关性，尤其是与不同需求之间的相关性得到充分的展示，使得企业能够满足这些不同的需求，并因为这些需求的满足而获得更高的收益。

大数据给"珞珈质量指数"所带来的创新价值，还表现在质量评价与经济发展关系的研究上。这个研究不是简单的在理论上判断两者的关系，而是要定量地找出两者关系的变动状况。这一次"珞珈质量指数"的研究，最让我们喜出望外的发现，就在于观测到了质量水平的波动与经济发展的波动是高度正相关的。2013年中国产品质量的指数较之于上一年是下降的，这与2013年中国经济增长和上一年的下降是一致的。这两者之间的波动，绝对不是偶然的，当然我们在2014年还要进一步作出更为精确的观测，特别是要研究两者波动的关联系数。但不管怎么说，这都是具有重大意义的研究发现，虽然还有待于更为持续的验证，但能够找到这两者在数量上的关系，无论从哪个角度评价，这都是一个极有意义的发现。我们最近刚发表了一篇论文，提出的理论假设是，微观的产品质量可以显著地影响宏观的经济增长质量，而质量观测的这个调查结果，就是对这个假设极好的验证。

以上就是"珞珈质量指数"核心思想，也是武汉大学质量院通过数据得到的新的发现。

（2014年5月26日发表于武大质量院官方网站"专家视点"栏目）

六

升级版

质量强国：中国经济

世界强国的兴国之道

> 质量既是世界强国的重要标志，也是这些强国走向成功的普遍规律。中国要实现世界强国的目标，就要将质量作为发展的重要推动力。

关于"质量"能不能"强国"，实际上并不是一个理论问题。回答这个问题之前，我们不妨先看看世界上已经属于"强国之列"的国家，看推动这些国家逐步走向强大的诸多因素中，质量是不是其中一个不可替代的因素。

从经济学角度来说，"强国"最核心的要素，就是一个国家拥有位于世界前列的GDP总量，尤其是人均GDP在全球的排名水平。然而，我们知道，提高GDP的总量和人均GDP水平，需要各种发展要素的综合投入。经济学理论研究已经表明，传统的土地、资本和劳动力等要素对一个国家经济发展的贡献率呈逐步递减，而科技、知识、管理等创新要素的贡献率却在逐年提升。其中，科技、教育和人才三个要素，对于一个国家的经济发展，尤其是国家的强大越来越具有举足轻重的作用。

科技之所以重要，在于它的可贵，在于它的不平凡，在于它并非是每一个企业都能拥有的创新要素。一项科技成果的产出，需要投入大量的财力、人力和物力，甚至还需要耗费长期的时间成本，这些对于一般的中小企业而言，常常是可望而不可即的，只能看着那些拥有科技实力的企业兴叹。

　　优秀的人才资源，是企业在市场竞争中处于优势地位的另一个重要发展因素。企业一旦拥有了掌握关键技术的人才，实现技术创新将是一个迟早会实现的结果。但是，人才的培养不是一蹴而就的，无论是通过教育环境和因素培养的人才，还是通过经验积累而铸就的经验人才，都需要长时间的酝酿和塑造。换句话说，就是人才作用的发挥具有长期性，很难在短期内产生立竿见影的效果。而且，所谓人才，也只是一个相对概念，是与其他同类人群相比较而言，本身并没有绝对的保障。加之，即便有些人可能是难得的人才，但他与企业环境和周边氛围的融合度，也同样会影响到他个人能力的发挥，毕竟"桔生淮南则为橘，生于淮北则为枳"的道理，自古就已经有先例。

　　既然科技和人才，并非是每个企业都能如愿拥有的发展因素，那么，企业又要靠什么来实现自身发展呢？那就是质量。因为，无论是科技、教育，还是人才，最终都将通过具体的产品、服务、环境和工程质量等具体形式来呈现。与企业的其他发展要素相比较而言，质量要素不仅更具普遍性和现实性，而且还是其他各种投入要素的综合体现。一方面，即便企业拥有了行业内最为高端的技术，或者是业内最优秀的人才，其所生产的产品也终将是通过产品或服务的质量来体现，即产品的体验感好坏、是否能满足消费者的需求。另一方面，对于那些无法拥有行业内最为先进技术或优秀人才的企业而言，要想获取更大化的市场利润，同样也可以通过提升自身的产品质量来实现。分析至此，我们就可以看出，无论是对于一个企业，还是对于一个国家而言，只要牢牢把握住质量这一根本要素，就有可能实现强企、强国，实现经济的持续发展。

　　当然，仅凭借理论的分析还不够，我们还要从真实的案例中来寻找答案，那些已经足够强大的国家，是如何依靠质量这一要素，以及其他相关要素的共同作用，实现了真正的强国呢？

　　从历史角度分析，不同的世界经济发展时期造就了不同的世界强国，导致这些强国崛起的因素固然有很多，但透过现象看本质，我们会发现，质量是这些国家强大的普遍性要素。二战后的德国，仅经过几十年的发展，从一片废墟迅速成为世界强国，其中最为重要的秘诀就是质量。比如，据相关数据显示，德国在电子、汽车、机械、化学等传统领域，拥有 1130 个"隐形冠军"企业，并以其积累上百年的质量信誉占领全球市场，保持了持续的竞争能力和高价格，成为支撑德国出口增长的生力军。也正是由这些强大的产品质量所撑起的经济增长，使德国成为欧洲经济发展的"稳定器"，助力欧洲成功抵御了金融危机和欧债危机的冲击。

与德国一样，作为战败国的日本，在国内实施《工业标准化法》、《企业合理化促进法》、戴明质量奖和全面质量管理等一系列实质性质量强国政策，培育了一大批诸如丰田、三菱和索尼等质量一流的企业，推动日本仅在战后 30 年内，实现 GDP 和人均 GDP 年增长率基本保持在 10% 以上，成为仅次于美国的世界经济强国。

20 世纪 70 至 80 年代，美国随着经济滞涨的日益加剧，开始意识到生产率下降在很大程度上是源于质量与生产要素利用率的不足，进而催生了国家质量奖的设立。1987 年，时任美国总统里根签署了马尔科夫·波多里奇国家质量奖的法案，推出了作为全球三大质量评价体系之一的"卓越绩效"方法，从此质量被置于美国国家战略层面，成为促使美国经济增长再次提速的重要因素。20 世纪 90 年代，美国产品通过质量的提升重返国际贸易竞争力的前沿，同期美国出口量年均增长率为 7.28%、全要素生产率年均增长为 1.4%，较之 20 世纪 80 年代的年平均值分别高出 1.32% 和 0.7%。据美国商务部估算，美国政府 2001 年每投资 1 美元，用以推广波多里奇国家质量奖，就能获得 207 美元的收益，2011 年，这一收益比例甚至上升到 1∶820。

以上日本、德国、美国通过质量实现强国的真实案例告诉我们，质量既是世界强国的重要标志，也是这些强国走向成功的普遍规律。这个经验也告诉我们，中国要实现世界强国的目标，就必须将质量作为发展的重要推动力。

有质量才小康

要实现"强国""富民"，就应该充分发挥和利用"质量"这一发展新动力的作用。以质量创造新需求，富的不只是国家，更是民众。

到 2020 年，我国要实现全面建设小康社会的目标。这个目标有很多内容，但其中不可或缺的一个内容就是质量。因为，一方面，质量是我们国家小康的综合体现；另一方面，质量也是提高居民收入水平的重要支撑。

首先，我们看一看，对于全面实现我们国家的小康目标，质量在其中起到什么样的作用。我们说，经济实力是一切竞争能力的基础，而衡量经济实力的根本，则取决于一个国家能否在国际贸易中生产出比其他国家更为高质量的产品。

虽然从总量上来看，中国已经是世界第一出口大国，但无论是产品的竞争力，还是产品的附加值，中国产品的水平都远远低于德国、日本等世界强国。据相关数据显示，中国加工贸易出口、通信设备和计算机的国内附加值比例仅分别为 20%、16.6% 和 8.2%。就拿 iPhone 这一个品牌产品来说，一部 iPhone 手机的销售利润中，美国独占了 60.8%，而中国通过代工仅获得 1.8%。导致市场利润如此悬殊的原因就是质量。

质量水平的提高，不仅能提升一个国家在世界经济市场中的竞争力，而且还可以明显改善一个国家的国际形象。"德国制造""日本制造"之所以被全球广大消费者热捧，甚至一度成为德国和日本在国际上的强大品牌与标志，导致中国大妈们为了一个小小的马桶盖和电饭煲而远赴日本进行疯狂抢购，这其中最重要的原因就在于它们提供的产品具有高质量。在和平年代，质量是一个国家抢占国际商场优势的最佳竞争手段，也是一个国家证明自身强大的最直观方式。中国要提升国际竞争力，要实现国际形象与强国相匹配，就必须提高产品质量，必须让全球的消费者认识到"中国制造"就是高质量的标识。

接着，我们再来看一看，老百姓的小康要不要靠质量。质量强国并不是简单的"强国"，其最重要的落脚点还是要"富民"，是要让老百姓过上富裕的生活。然而，要"富民"，或者要实现老百姓的"收入倍增"，说到底就是两件事：一是让老百姓"荷包"更暖和，二是要公平地对待"荷包暖和"程度。

无论是实现"强国"，还是"富民"，前提都必须要实现经济的持续增长，以此带动老百姓收入的提升。然而，当前拉动我国经济增长的"三驾马车"明显动力不足，加上我国可用的发展资源日益紧张，如果还妄图依靠原有的粗放型经济增长模式，显然是无法实现目标的，我们必须寻求新的发展动力，来实现发展目标。而这一新的发展动力恰恰就是质量。

为什么如此判定呢？原因就在于，一方面，质量的创新，可以创造新的需求，促进有效需求的提升。通过提升产品附加值，实现在不增加要素投入的前提下提高潜在产出，使国民财富增长更具可持续性。同时，政府也可以在经济增长过程中拥有更多调节收入分配的财政资源，以此提高社会上中低收入者的收入水平。

另一方面，质量提升会对职业技术人才产生巨大的需求，通过提升劳动者的经济和社会地位，来提高劳动者报酬在国民收入中的比重，促进公平分配目标的实现。从国际比较的视角来看，质量水平的高低与劳动者报酬在 GDP 中的占比是完全正相关，质量领先的国家，往往都有着较高的劳动者报酬。美国宾夕法尼亚大学国际比较中心数据库（PWT）统计显示，2011 年底劳动者报酬占 GDP 的比重中，美国为 62.2%，德国为 60.9%，日本为 52.4%，而中国仅为 41.9%。换句话说，如果一个国家越依赖于质量来获取竞争力，那么，这个国家就会越依赖劳动者，进而劳动者所占的收入份额也就会越大。基于此我们通过分析可以得出：质量的提升，富的不只是国家，更是民众。

宏观的质量强国必须有微观的支撑

微观是宏观的基础，宏观是微观的反映。要质量强国，就要富民强企，要先打牢富民强企的微观基础。

质量强国说起来很高大上，实际上离我们每个人却是非常近。质量强国不是一个抽象的概念，也不只是一个宏大的战略，其本质就是富民。

我们发现，几乎每一个衡量国家综合实力的指标体系，都将人均收入这一指标放在了极为重要的位置，比如联合国颁布的人类发展指数（HDI），就包含了收入、受教育程度和预期寿命三项指标。同时，我们还发现，各国的人均收入水平与其 HDI 呈高度的正相关性，相关系数高达 0.70。可以说，几乎没有一个国家的高人类发展指数，是建立在低人均收入的基础上。

经合组织（OECD）制定的优质生活指数，不仅重视非收入性指标（如就业、闲暇等），而且非常重视一个国家的国民收入评价，并将其纳入作为主要考核指标。美国、德国、日本等世界强国，其人均 GDP 指标也均居于世界前列。2012 年，中国的 GDP 总量虽然高达 82270 亿美元，但人均 GDP 仅为 6075.92 美元，在统计的 188 个国家中仅排名第 87 位，而在最新公布的联合国人类发展指数中，中国的人均国民收入在统计的 187 个国家中排名第 90 位。

　　基于以上数据可见，中国要实现强国目标，首先就要实现以人均国民收入增长为主要内容的经济增长，说得通俗一点，就是"强国"必须先"富民"。

　　然而，富民，不是一句口号就能解决的，它的实现需要必要的载体。从质量强国的角度来说，富民的基础实际上就是富企，而企业要实现富裕，当然就要以质量为基础。同样的道理，我们要实现质量强国，其微观基础就必须要有高质量的企业来支撑，只有通过一个个微观企业质量水平的提升，才能最终创造并实现更高产量，并得到全球消费者所广泛认可的国民总产值。从各国发展的历程来看，但凡那些强大的国家，分布在不同行业中，似乎都有一些闻名世界的品牌企业。比如，提到美国，我们都知道苹果、谷歌、福特等诸如此类的知名企业，恰恰正是这些企业，才支撑起美国的强大。同样，也正是因为有了索尼、松下、日立、三菱等这些不断追求卓越质量的企业，日本才能在经历二战的战败废墟之后的三十年，便迅速跻身世界强国的行列。

　　当然，除了这些世人耳熟能详的著名企业之外，这些世界强国还有很多各行各业的"隐形冠军"企业，虽然并非如前面所列举的这些大企业知名，但他们凭借对产品质量的执着追求，日复一日地潜心经营，提供了让消费者和市场都为之赞叹的产品和服务质量，实际上已经成为了真正的全球化企业，在世界上排前三或者是洲际第一，与那些大企业相比，他们的规模和体量上虽不够庞大，但却在某些方面独树一帜，建立了甚至连大企业都无法奢求的竞争优势。据德国著名管理大师赫尔曼·西蒙教授统计，德国目前约有"隐形冠军"约1307个，占了全球的近一半，为德国贡献了70%的出口。这些"隐形冠军"都有一个共同点，虽然生产的产品可能并不很起眼，但是往往只专注于某一个细分产品，比如，德国的Karcher，就是高压净水器的隐形冠军，在60多个国家有100多个分公司，所有联合国的成员国也都设立了该企业的子公司。又如，德国博世，虽然名气远不及奔驰、宝马，但他的产品和技术却是这些德国战车驰骋天下最重要的保证。有人说，没有博世，就没有德国卓越的汽车工业，并将其誉为德国工业界名副其实的隐形冠军。在百多年的发展历程中，博世一直都埋头于生产性能卓越产品，不仅获得了消费者和市场的认可，也实现了企业自身业绩的稳步增长。

以质取胜，几乎已经成为企业抢占市场的一条铁律。但凡有愿景做大做强的企业家，都已经清楚认识到质量对于企业发展的重要性。企业的质量竞争力，可以说是一个企业综合实力的集中体现，它不仅关乎企业被消费者和市场的认可程度，更是关乎企业能否持续发展、能否树立独立品牌和良好信誉的关键所在。

分析至此，我们可以发现，质量强国战略的所有内容，说到底都应围绕着企业质量竞争能力的提升这一核心来展开，只有当我国的企业在世界各个主要的产业领域，都拥有了明显领先的质量核心竞争力，才能够说我们国家的质量强国战略得以真正实现。而无论质量强国的具体政策如何设计，确立企业的质量主体地位，这是必须毫不动摇的核心所在，我们必须让企业在能够驱动其质量创新发展的环境下不断做大做强。

从富民到强企再到强国，我们可以清晰地看到一个规律：微观是宏观的基础，宏观是微观的反映。质量强国其实既不高深也不玄妙，而是非常的简单直白，那就是要富民强企，必须先要将微观基础打牢。

如何才能优质优价？

当下，"劣币驱逐良币"现象的产生，很大程度上是由于我国市场缺乏多样化的衡量不同质量的标准，进而无法提供满足多层次需求的产品，致使优质优价在较多产品和服务领域成为一种可望而不可即的奢望。

质量之所以能够强国，就在于质量是一个国家市场交易中最基本的因素。如果市场上的质量信息严重不对称，经常出现买的没有卖的精，那这个市场一定会逐渐萎缩直至消失。因而，推进质量强国战略，其中重要的一点，就是要让优质的产品能够卖出优质的价格。

然而事实却并非如此，大多数消费者无法辨别市场上的哪些产品是优质的。消费者应该如何在众多的产品中筛选出高质量的产品呢？一个重要的办法，就是让不同的产品标注不同的标准。说得更直白一点，就是你的质量好，一定是因为你用的标准水平比其他同类产品要高，既然是更优质的产品，老百姓自然也就愿意支付相应更高的价格。

大家可能会产生疑惑，既然只要标注自身的产品标准，这应该是一件很简单的事，难道企业不知道去采用先进的标准，并把这个标准显示在产品上面吗？当然，单纯就这件事情而言，几乎所有企业都能做也会做，但为什么他们事实上却并没有这么做呢？原因很简单，就是目前的体制下，这么做了以后，企业却无法获得相应的利润。

企业这种市场主体之所以存在，最重要的目标就是盈利，也就是赚钱。如果可以确保企业能够赚钱，别说是在产品上标注标准，就算是让企业自己去制定标准，他们也都愿意。但是，我们国家目前的实际情况却是除了政府组织制定的国家标准、行业标准和地方标准等标准之外，几乎没有其他的标准存在。也就是说，我们企业除了标注市场准入门槛的标准之外，几乎没有在此门槛之上的其他标准，当然也就没法在产品上标注其他能真正反映其产品质量水平的标准。

可能有专业谨慎的读者看到这里，会对我以上的分析产生质疑，认为我分析的不对，因为我们国家的很多产品上除了标注政府标准之外，还标注了企业标准。为什么这些企业标准不能帮助我们的企业证明产品的高品质，并进而实现优质优价呢？我们知道，企业标准是由每个企业自己制定，并用于企业内部使用的标准。从实际运用效果来说，企业标准反映了最贴近产品本身的真实状况。然而，也正是因为企业标准可以由每个企业自行制定，而这些企业各自制定的标准又存在很大差异，这对于大多数普通消费者而言，很难通过这些企业标准来对产品的真实品质进行衡量。比如，消费者要购买一瓶矿泉水，但因为不同生产厂家所采用的企业标准不同，故此不能以是否达到某一家企业的标准，来比较那些来自不同厂家生产的各类矿泉水。这就好比，我们只能拿一把尺子衡量几件东西，而不能拿几把尺寸的尺子去同时衡量几件不同的东西。

好了，解决了这个疑惑，我们再回到前面分析的问题上来。我国市场上存在一种根本性的难题，那就是由于缺乏多元化的标准，导致企业提供的产品质量水平相对单一。企业由于无法很好地将高于政府标准的标准标注在产品上，也就没法向消费者证明其质量水平是高于其他同行的产品，而无法体现自身产品的优势，也就意味着无法获得比其他同行更高的市场利润。如此一来，企业索性就只生产那些刚好达到政府标准的产品即可。一家企业是这么做，其他企业也纷纷效仿，长期以往市场上的产品质量自然就无法很好地满足消费者日益提高的多层次需求。也正因为如此，消费者在购买市场上的产品时，也只愿意付出与产品质量水平相当的市场价格。而与此同时，企业的天性是为获取尽可能多的市场利润，要想实现这个目标，就只能通过不停压低经营成本，在行业内打价格战来吸引消费者。甚至有些不良企业，为图一时的利润，不惜生产一些连政府标准都达不到的劣质产品，而这无疑是既损害消费者利益，又终将断送企业发展前途的两败俱伤的做法。

当下，"劣币驱逐良币"，是很多人对我们国家市场现状的一个普遍看法，而这也的确成为阻碍我国强大的一个基本面问题。实际上，这一问题背后的重要原因，就是缺乏多样化的衡量不同质量的标准。一旦有了多层次的标准，自然也就会产生多层次的产品，也正是有了这些多层次的产品，消费者才有可能去选择那些更好的产品，使得优质优价成为可能。因此，我们说，质量强国的重要性恰恰也就在这里，因为它真正地从市场的角度，解决了优质优价的问题。

强国靠挑剔的消费者

要让消费者成为更加专业化的挑剔者，就需要推动我国比较试验机构的发展，让消费者第一时间获悉更多、更深、更专业的产品质量知识，督促企业产生提高质量动力和压力。

质量要强国，意味着企业要把质量搞上去。但是，我们不禁要问，企业为什么有动力和压力将质量搞上去呢？说到底，其实最根本的原因就在于企业要赚钱，而最终决定企业是否赚钱的关键因素就是消费者。基于这一点分析，我国的质量强国战略，最不能忽略的主体就是消费者，或者说质量强国的最大同盟军就是消费者。

从各经济发达国家的现实情况来看，这些国家的消费者虽然各具特点，但都有一个非常突出的共同点，那就是消费者的行动能力特别强，说得再直白一点，就是消费者对产品和服务质量都非常挑剔。比如，"德国制造"的成功，其中非常重要的一个原因，就在于大多数的德国消费者，不仅对产品质量的把关很内行，而且是近乎严苛的挑剔，对产品和服务的质量有着非常执着的追求，并对不能令其满意的产品毫无保留地进行批评和痛斥。因此，在国内消费者的监督和评判之下，德国的产品质量实现了不断提升，"德国制造"更是成为享誉全球的质量代名词。

在日本，也同样是如此。但凡购买过日本产品的消费者很多都会惊叹于日本的企业竟可以生产出那么多种类丰富、性能优越、用户体验感好的高品质产品，甚至很多是看上去毫不起眼的"小物件"，其制作的精细程度也近乎令消费者瞠目。这些品质的塑造同样得益于日本国内消费者的"善变"和"严苛"，由于不断对国内企业提出了各种符合人性化的精细需求，才使这些质量提供方不得不通过持续创新来提升产品质量，以满足消费者的多层次需求。

我们再将目光转到美国，这里的消费者虽然不及日本的消费者那些"挑剔"，但却有着非常强烈的权利意识。一旦发现企业提供的产品质量存在问题，他们就会毫不犹豫地拿起法律武器来保护自己的合法权益。比如2016年3月20日美国就发生了一起消费者维权的案例。美国的两名消费者向位于加州的美国联邦地方法院提出联合诉讼，指控星巴克故意让顾客拿到分量不足的拿铁咖啡，以节省牛奶成本开销，因此求偿500万美元。我们且不论这场维权官司的最后结果如何，试想一下，星巴克在中国各大城市也开设了上千家分店，但又有几个消费者会因为怀疑星巴克提供的咖啡量不足，而诉诸法律手段来替自己维权呢？恐怕即使有这个问题存在，那些已经发现的中国消费者也多半会选择"忍气吞声"。也正是因为大多数的美国消费者主动维权的意识强，才导致美国的企业不敢轻易用假冒伪劣产品来搪塞消费者，而只能通过提升产品和服务的质量来尽可能满足消费者的需求。

分析至此，我们可以清晰地得出一个结论：德国、日本和美国的卓越质量，是在消费者们强大力量的推动之下创造出来的，无数消费者构成的强大需求，正是德国、日本和美国成为世界强国的幕后推手。

既然消费者才是推动企业提升质量的强大推动力，那么，质量的具体提升又是靠什么来实现的呢？这就不得不提到另外一个专业的社会团队，那就是消费者组织。这些组织不仅目标明确，而且有技术、有实力，可以代表消费者来对产品和服务的质量进行专业判断，扩大成功维权的几率。

从目前各国情况来看，消费者组织发展较好的是德国、美国。这些国家的消费者之所以能够对产品的质量进行专业的评判，虽然与这些国家的消费者本身的综合素养有一定关系，但更为直接的原因，就是因为这里有一批非常专业的消费者组织。比如，德国就有一类组织"产品比较实验机构"，这是一个专门对产品的质量进行对比评价的专业机构，定期将这些对比结果向消费者发布，以尽可能减少市场上的产品质量信息出现不对称现象。

比较实验是什么呢？其实并不是什么高大上的东西，就是将消费者的需求转换为专业可供操作的质量标准，再依据这些标准来对产品进行测试，得到最后的结果，并及时告知消费者。当然，这类信息的公布并不是免费提供的，因为作为这项工作的组织者，为确保这些信息提供是可靠和专业的，需要花费大量的资金来支撑。但这些信息获取成本分摊到千千万万的消费者身上，则不怎么起眼，而且对于消费者而言，只需花费购买一本杂志的钱，就能购买到他想买的产品的比较实验结果，这与他们购买到假货的成本相比，实在是微不足道的。而且，这些比较测试机构之间也各有侧重的标准和评价方式，彼此之间进行竞争和互补，共同为消费者提供可靠的质量信息。

我们再回到前面提出的问题，谁来替消费者货比三家？其实答案已经非常明显，那就是比较试验机构提供的服务，这使消费者有了维护自身权利的专业武器。

从我国目前的情况来看，类似这样的机构组织还非常少，尚未形成气候。要使我们国家的消费者更有力量，能够更专业地"货比三家"，就需要推动比较试验机构发展。对于政府而言，可以给这些组织机构以一定资金、税收政策支持，使其在更多产品领域进行专业的测试和比较，为消费者提供专业、公正的第三方评价结果，并指导我国的消费者更正确地选择高品质的国内产品，而不是一味地将目光锁定在海淘和海购上。通过这些能代表广大消费者利益的组织，能够让消费者对产品质量有更深、更专业的认识，进而具备更强的行动力，促使企业产生提高质量的动力和压力，推动民族企业品牌的发展和壮大。

大数据是重要的质量基础设施

有了质量大数据为基础，我们的企业才能更加精细地把握消费者的需求，才能更快速地针对产品销量作出战略调整，也才能实现转型升级。

质量强国是一个面向未来的发展战略，要把握住这一战略，我们首先必须把握未来质量战略的核心发展要素是什么？构建一个强大的质量基础设施，对一个国家的质量战略是至关重要的，其中既有市场类的质量基础设施，如优质优价的市场机制；也有产业组织类的质量基础设施，如第三方的质量信用服务机构；还有技术类的质量基础设施，如计量、标准、检验检测和认证能力等。但我们说，未来决定一个国家质量能力发展的最重要基础设施，并非以上列举的这些基础设施，而应该是质量大数据工程的建设。

我们知道，大数据已经被世界各国视为竞相抢占的国家战略资源，而质量大数据，则是其中最为重要的数据类型之一。原因就在于，质量大数据是纷繁复杂的经济数据的核心，既能反映产品交易与结构的变化，又能在其基础上分析得出消费者需求和偏好的变化，从而促成交易的达成。关于这一点，在国际贸易中体现得尤为明显，交易能否达成，关键在于产品和服务的质量评价如何，而这种评价的数据汇聚在一起，实际上就是质量大数据。

国际贸易竞争实际上是质量的竞争，而质量竞争的核心资源说到底则是质量大数据的竞争。掌握了以产品和服务质量为主的大数据，就等于掌握了贸易竞争的主导权。哪个国家掌握的质量数据越多，在标准的制定上具有的主导权就越大，进而可以利用标准来灵活地制定国际贸易政策，以此保护本国产业发展的优势。而且，掌握质量大数据的多少，实际上也意味着一个国家掌握国际贸易话语权的大小。因为，产品的国际贸易定价是基于其质量的检测和认证来确定，掌握的质量数据越多，就意味着定价权越大。

当前，中国在国际贸易中的产业仍然停留在价值链的低端，导致这一问题的原因有很多，但缺乏对质量大数据的把握，以及对质量大数据的挖掘和应用，毫无疑问是其中最重要的原因之一。而一些国外的机构基本控制了国际贸易中产品交易质量数据的评价权，基于这种数据的评价权，获得了比其他国家更高的经济收益。从国际贸易的发展经验分析得出，中国要提升国际贸易的竞争力，成为真正的世界贸易强国，与世界强国获得同样的产品质量话语权，首先就必须抢占质量大数据这一最重要的战略资源，并对这些质量大数据进行挖掘，以此提高我国产品在国际上的质量竞争力，进入产品竞争的价值链高端，进而获得对全球产品质量评价的话语权。

分析到此，我们已经明确，质量大数据是关乎交易能否实现的关键数据。那么，到底要如何获取、如何挖掘质量大数据，如何通过质量大数据来使我们的产品服务更好地满足消费者需求呢？

我们说，消费者既是质量的购买者，也是质量最直接的感知者，质量与消费者的利益密切相关，具有提供真实质量信息的内在激励。因而，基于消费者的质量数据，是最能真实地反映质量状况的。

从各国实际情况来看，美国、欧盟等发达国家和地区都非常重视基于消费者的质量大数据获取。美国消费者产品安全委员会在国内建立了"国家伤害电子监控系统"（National Electronic Injury Surveillance System，NEISS），通过统计学技术，从美国的医院中选择一定数量医院的急诊室，作为其伤害监控的信息来源，并通过对所收集到的产品质量引起伤害信息进行处理和后期调查。该系统帮助美国消费品安全委员会（Consumer Product Safety Committee，CPSC）确定了有危害产品的源头，并对这些源头进行了及时的有效监管，将产品对消费者的危害控制在发生早期。同样，欧盟更是基于消费者，建立了"非食品类消费品快速预警系统"（the Rapid Alert System for non-food Consumer Products，RAPEX）。当产品对消费者的安全和健康存在"严重和紧迫的危险"，欧盟成员国就会采取或拟采取紧急措施，以阻止或限制该产品在其领土销售和使用，如果发现这些存在问题的产品已经在欧盟范围内使用，所在成员国应立即通知欧盟委员会。而委员会收到信息后，就会立即对所采取的紧急措施进行检查，看其是否符合通报条件，并将信息转发给其他成员国。通过如此的信息双向传递机制，可以确保在市场上被确认为危险产品的相关信息能够在欧盟成员国间得到迅速共享，防止并限制向消费者供应这些产品。

既然质量大数据来自消费者，我们又已经有了世界强国的成功示范，那么，我们国家在获取了质量大数据之后要如何处理，答案就非常明显了。

要真正管理好、分析好这些质量大数据，首先就必须搭建一个实体化的平台。一方面，我们要在全国范围内建立基于消费者的质量观测调查网，定期收集那些能反映区域总体质量状态的各类数据。随后，通过科学地抽样，选取在区域以及全国具有代表性的调查样本，基于多个维度，深入调查产品、服务、工程和环境等方面的质量安全与质量满意状况，以及质量公共服务、公民质量素质等质量发展的制度环境，全面收集线下的质量大数据；另一方面，我们还要搭建一个基于互联网信息的质量监测与预警平台。大数据最重要的组成部分，就是基于互联网所获取的数据，而质量大数据也就是通过利用现代语义分析技术，来对已经发表在微博、博客、论坛等网络媒体上的质量信息，进行实时的收集和分析，然后再对其进行一定的关联性分析，为区域、行业和企业的质量安全提供风险预警。武汉大学质量发展战略研究院早在2010年启动了获取质量大数据的工程建设，建立了质量安全网络信息监测和预警平台，目前已经获取质量数据六亿多条，收集了汽车、食品、家用电器及家装建材等 16 个行业的相关质量信息，为 10058 家企业提供服务，为 37 个省市区政府及质监局提供在线监测、预警服务。

从中国目前发展现状来看，我们完全有可能取得在质量领域的后发优势，而这一优势的来源，就在于面对质量大数据，那些世界强国和我们国家都是处于同一个起跑线上。如果我国能快速地建立起以消费者为主要数据来源的质量大数据体系，那也就意味着，我们能够形成支撑国家强大的重要战略资源。

分析至此，我们可以发现，中国要实现质量强国战略，首先就必须重视并着力建设好质量大数据这一基础设施。有了质量大数据为基础，我们的企业才能更加精细地把握消费者的需求，才能更快速地针对产品销量作出战略调整，也才能实现转型升级。在此基础上，通过质量驱动国家强大目标的实现，也将不再只是一个梦想，而成为即将见证的现实。

质量有产业结构问题吗？

大多数消费者在产品质量的认识上，可以说基本上是一个"无知者"。因为没有足够多专业的质量服务机构为这些"无知者"提供可靠的质量信息，他们在众多的产品选择上，多半只能凭感觉购买。

对于质量是一个产业的提法，恐怕很多人都不大理解。其实，质量产业的发展，伴随着市场经济的兴起而兴起，只要有交易，就自然有产生质量服务的需求。比如，如果消费者想要获悉生产厂家的产品和服务究竟如何，就需要有专门的人和机构来告知他们。而企业之间的交易则更是如此，大规模的企业进行的大宗物资采购，很难对其采购的每一件物品都给予专业判断，这就相应产生了企业对质量服务的专业需求。所有这些专门提供质量服务的企业汇聚在一起，就形成了一个庞大产业。

我国市场之所以总是发挥不了决定性作用，一个重要的原因就在于缺乏质量产业的发展。在数以亿计的交易量中，大部分交易都需要专业的质量服务，尤其是大多数消费者在产品质量的认识上，甚至可以说是一个"无知者"。如果没有专业的质量服务，这些"无知者"在众多的产品选择上，要么是上当受骗，要么就是凭感觉购买。因而，质量强国战略实施的一个重要内容，就是要大力发展质量服务产业，通过让市场发挥决定性作用，促进我国市场经济得到根本性改善。

要发展质量服务产业，第一个就是要放开管制，要明确检验、检测、认证和标准这些服务本质上就是市场行为。因此，无论是政府所属的技术机构，还是民营的认证公司，抑或是提供标准化服务的社会组织，都应该在质量服务提供的市场上享有公平竞争的权利和自由。尤其是在自愿性的检验、检测、认证和标准服务方面，更应该将其放开，让市场和社会组织来提供。

虽然，放开管制可以解决我国质量服务产业的结构性短板，但是却不能解决质量服务产业自身的结构性问题。我国当前质量服务机构，功能定位模糊，布局结构分散，重复建设严重，基本上不能向服务对象提供全球的规模化服务，更没有承载质量信用的品牌。也正是因为如此，这些质量服务机构才在国际巨头面前节节败退，以至于国内的很多市场份额逐渐被国际巨头企业蚕食。因此，质量产业的结构性问题的第二个方面，就是要通过行政性整合和市场兼并的方式，来形成一批具有国际竞争力的质量服务集团。因为，质量服务机构诞生于市场交易的需要，是买卖双方所必需的第三方质量信用服务，具有鲜明的市场属性和产业特征。虽然少部分机构具有公益性特点而由政府举办，但大部分都是经营性的市场主体。只有当其成为独立的市场主体，才能真正提供公正的质量信用服务，进而实现优胜劣汰，并通过最大限度地整合相似行业、相关领域的检验检测国有资产，组建一批能参与国际竞争、具有国际影响力的本土化的中国质量服务集团，打造世界知名品牌，服务中国，走向世界。

此外，解决质量产业的结构性问题的第三个方面，还需要在业务结构上进行实质性调整。质量服务不可能没有计量，在此基础上就会有相应的标准，而标准是否达到则是检验检测的事情，要让消费者知道就必须进行认证。可见，现在这种用行政的办法来人为割裂质量服务中的业务类型，纯属损人不利己的搞法。我们必须通过将标准、认证、咨询等相关业务进行整合，延长服务的价值链，形成具有综合竞争能力的质量服务企业，构建一个强大的质量服务产业体系，打造出与世界强国相互竞争的质量服务集团。

　　基于以上分析，我们可以发现，要想质量强国，就必须解决我国质量服务产业的结构性问题，因为这些结构性问题，已经严重阻碍了质量强国发展的进程。实际上，观察一个国家的经济是否强大，一个很直观的视角，就是看消费者是否拥有尽可能充分的质量信息，而这些质量信息主要由那些将质量当作产业来做的企业所提供。

降低质量的交易成本

建立起强大的市场化质量诚信体系，让各自不同的质量诚信的提供者，在充分竞争的市场中靠诚信存活和发展，是降低质量交易成本的一剂良方。

质量是一种诚信，这已经成为一个基本常识。但就是这个常识，在我们国家却似乎变得格外稀缺。我们国家要实现质量强国，当然不能没有质量诚信，无论是国家的价值观建设，还是国家的软实力提升，都必须以质量诚信为基础。因而，质量强国的一个重要建设内容，就是要构建社会的诚信体系。

实际上，我想和大家分享的并不是质量诚信的重要性，而是要来分析质量诚信体系为何在中国如此难以建立。要回答这个问题，首先要先搞清楚，质量诚信本身到底是什么？质量诚信是一种道德吗？是的，但又不完全是。说它"是"，是因为诚信当然与买卖双方的诚实与信用有关。而说它"不是"，则是因为把诚信完全道德化，在现实生活中还是有些虚无缥缈，不切实际。如果把诚信当成一种"理想国"的化身，在这个国度中，要求每个人都必须是谦谦君子，心中只有别人而唯独没有自己。显然这样的质量诚信是太不可靠，我们也从来没有发现哪一个国家能实现如此这般理想的质量诚信。

那么，质量诚信的本质到底是什么？其实说到底，它就是一种商品服务。这个说法可能看上去有些"物质"或"拜金"，因为质量诚信居然被当成了商品在买卖，这个事实毕竟不怎么好接受。但现实就是这般残酷，如果我们将质量诚信当成道德，那么就很难在商品交易中将它当成一种普遍现象。而恰恰当我们把质量诚信当成一件商品时，会发现只要我们想或愿意付出足够的成本，就可以购买到那些具有质量诚信的好产品。

为什么会产生这种情况呢？其实很容易解释。当你作为一个消费者，要去购买那些具备质量诚信要素的产品，当然就必须支付一定的成本，而这个成本之所以让你觉得合算，就在于你只用了一点小小的付出，就买到了你心仪的具有高质量诚信的产品。因而，我们不得不承认，质量诚信只能靠市场才能获得。

那么，市场化的质量诚信到底应该如何评价？由谁提供？消费者如何获取这些质量诚信的信息呢？这就是那些专门从事质量诚信评价体系的评价机构。由于有了消费者的需求，这些质量诚信的评价机构就拥有了提供高信息的内在激励，只有提供了真实的信息，并对消费者的市场行为提供帮助，才能继续生存并持续发展，而那些提供虚假质量诚信信息的机构，最终将被市场竞争无情淘汰。

罗马不是一天建成的，质量信用的建立也同样需要具备好的实体机构来成就，这就是质量技术机构。实际上，检验检测认证机构，就是在市场经济发展中，为解决交易的信息不对称而产生的重要的风险防范组织，它是提供质量信用的重要主体，能提供标准、认证、检验等多种业务范围的质量服务，帮助消费者以非常直观的方式来判断产品的质量，进而解决消费者因为质量信号传递不畅而蒙受经济和精神损失等问题。

此外，消费者与企业作为不同的市场主体，他们之间的关系，同样需要通过尽可能多的技术机构来维护。企业要想得到更多消费者的青睐，其中非常重要的途径，就是依靠检验检测认证来向消费者传递他们的质量信用，赢得消费者的选择和信赖。从某种意义上来说，质量认证可谓是企业进入市场的一个通行证，企业可以通过获取行业内领先的质量认证，来布局新市场，来实现战略转型。而在国际市场竞争中，我们的企业更加需要积极参与各行业和生产产品的标准制定过程，要主动将最新技术成果转化为竞争力，增强自身在行业内的话语权。

我们可以得出这样一个结论，要实现质量强国，就要建立起强大的市场化质量诚信体系，要让各自不同的质量诚信的提供者，在充分竞争的市场中靠诚信存活和发展。只要是在市场上真正能够存活下来的，并且能够被消费者或买方购买质量诚信服务的企业，就一定是有诚信的质量诚信服务提供者，并通过这种可靠和对称的质量信号，降低了质量交易的成本。

无治理不强国

质量强国的关键是，改变治理方式。这种治理方式，既不是一味依赖政府，也不是完全放手给市场，而是让政府、市场和社会主体三方共同发挥作用，通过质量使国家强大。

说到质量强国最关键的是什么？答案就是，改变治理方式。当下，社会对质量的重视可以说是空前的，但是这种重视却有种种令人感到不安的地方。甚至，我有时在想，这种重视是不是太"过分"了，以至于甚至可能走上了与加强质量相背离的道路。从某种意义上来说，如果我们对质量的重视不似今天这般，亦或者说如果让市场自己做主，我们的政府不过多地人为干预，是否会更有利于它的发展呢？之所以我会有这种担忧，背后的逻辑就在于，如果我们不改变既有的治理方式，而只是一味地仅仅靠政府亲自抓，却让真正的市场主体成为了质量的被动参与者，那么，这样的质量还能够真正强大吗？答案是显而易见的。

因而，对于质量强国的实现，我们一定要改变对质量的治理方式，其中最重要的就是，要充分发挥市场的决定性作用。首先就是要发挥企业的主体作用。我们说，无论企业生产出来的产品质量水平如何，也无论企业究竟怎样将这些产品生产出来，实际上都是由企业自身来决定的，企业家可以通过对市场方向的把握和信息反馈，对企业内部的生产和经营进行安排和管理。倘若在企业的生产上，我们的政府管理部门插手了，并对企业的生产过程进行了全程的质量监管，那么企业怎么可能会有积极性和内生动力，去追求产品质量的提升呢？因为这一切都是由政府管理部门作主，而并非完全是按照企业自身发展的意愿在进行。我们可以试想一下，如果连一个企业生产什么产品这种事情，都需要经过政府审批才能获得生产许可，甚至当企业生产出产品之后，也同样需要政府对这些产品的质量进行统一审核与评定，待获得了评定手续之后才能销往市场。且不说这一过程徒增了企业将产品投放到市场的成本，更大大削弱了企业发挥主观能动性和创造性的积极性。

所以，要想让企业这一市场主体发挥决定性作用，首先就要将政府管理部门的"保姆"角色，改变为"警察"的角色，说得再直白一点，就是应该大幅度减少政府的事前行政许可和审查，转变政府在市场上扮演的角色，使政府的工作重点应立足于制定质量安全标准，并对违反质量安全的企业进行处理。与此同时，将政府的监管转移到事中和事后环节，真正让企业成为一个可以根据市场进行自我调节生产的主体。只有这样，企业才能够既有动力，又有压力，去更好地提高自己的质量安全水平，也承担好质量安全主体的责任。

接下来，除了企业这个质量的市场主体之外，我们还有消费者这个不可或缺的质量市场主体。由于消费者和生产者在质量的地位上是不对等的，要解决对庞大的产品质量信息进行甄别这一问题，全面提高消费者的识别能力，其最主要的还是要依靠质量服务产业的发展。关于这一点，美国、欧盟等发达国家和地区的发展实践，已经为我们给出了非常充分而清晰的证明。这些国家的企业产品，往往都要经过有权威、有信用的质量检验检测机构的认证。换句话说，这些质量服务机构实际上是发挥了生产者与消费者之间的质量中介职能。有了这些质量服务产业的发展，消费者会因为质量信息获取得更充分了，能够更加自信地进行消费选择，也避免了因为选择不慎所导致的质量安全问题。

当然，除了市场和社会主体之外，政府这个主体也是不可缺位的。但是，政府在质量治理中的作用，还必须有一个前提，那就是在当市场和社会对质量的治理都出现失灵的时候，政府才能介入。这是一个非常重要的思维方式，就是当我们决定政府该干什么的时候，首先要问"市场能干吗？"其次要问"社会愿意干吗？"如果市场和社会都不愿意干，也不能干的时候，那才该是政府该干的事情。正所谓治理的现代化，首先是让市场和社会主体发挥作用，然后才是政府和市场、社会主体一起发挥作用。

七

改革：中国质量的
治理之道

中国质量问题的根本原因

中国质量问题要得到根本性的解决，首先要解决好质量监管政策中存在的错位问题，通过重视质量配置效率的提升，建立优质优价的市场竞争秩序，进而充分发挥市场在资源配置中的决定性作用。

中国质量存在很多问题，产生这些问题的原因是什么？这是一个必答题。在解决这些问题的过程中，政府的质量监管发挥了一定主导作用，但从目前现状看，这些问题并没有得到根本性解决。

产生中国质量问题的原因分析，目前大体上有三类：第一类原因是政府，即政府对质量问题的重视程度不够、质量治理不得力，抑或是地方行政机构基于财政、就业、经济等方面考虑，形成了地方保护主义行为；第二类原因是企业责任主体的缺失，突出表现为企业家质量素质缺陷和企业在生产经营环节中故意弄虚作假；第三类原因是社会层面，主要表现为社会发展水平滞后于消费者对产品质量的需求，以及社会公众的质量文化水平亟待提高等。

基于以上原因，学界发表了多篇论文进行阐述，各地政府也纷纷改进质量监管政策，但事实却一再证明，这些改进措施并没有很好地解决中国质量问题。其根源在于，上述三类原因并非中国质量问题的决定性因素。

　　笔者基于实证分析数据，对产生中国质量问题的根本原因给出了一个答案：产生我国质量问题的根本原因在于质量配置效率不合理。

　　什么是配置效率？它与生产效率存在什么样的区别呢？

　　实际上，促进某区域的经济发展（或提高某区域的全要素生产率）的路径一般有两种：一种是着眼于提高该区域的生产效率，即通过内在的行为改变（包括提高员工的素质、增强科学技术研发、提高管理水平等）来提高生产效率；另一种则是着眼于完善影响行为的制度和机制，即通过资源和要素的重新配置来提高配置效率。

　　举例来说，改革开放以前，我国的农业问题（特别是粮食问题）一直是一个悬而未决的大难题。当时，我们将产生农业问题的原因归结为农民群体本身，即农民缺乏良好的组织管理系统、科学的农业生产技术以及先进的生产机器。这些原因体现了生产者内在的行为改变，属于生产效率的范畴。在这一原因的背景下，政府为提高生产效率做了很多尝试，但收效甚微，农业问题也甚至一度成为阻碍我国经济发展的绊脚石。

　　改革开放之后，我国农业问题（至少是粮食问题）仅在五年内就得到了有效解决，解决方法就是实行家庭联产承包责任制，即将土地分给农民、让农民以家庭为单位自行安排生产。这种以农户为单位的家庭生产方式，充分调动了农民提高生产效率的主动性和积极性，提高了社会生产率，使困扰我们多年的农业问题得到了有效解决。家庭联产承包责任制的实施，通过从完善影响行为的制度和机制入手，进而改变资源和要素的配置效率，较好解决了我国农业问题，这无疑是从配置效率角度解决问题的一个绝佳范例，也为中国质量问题的解决提供了一个极为深刻的启示。

　　为什么我们花费了如此大的精力去解决质量问题却效果不彰？我们在质量生产效率和质量配置效率的路径选择上，没有找到解决问题的正确方法。

　　实际上，解决我国现存的质量问题主要有两种路径，即质量生产效率和质量配置效率。质量生产效率方面，主要着力点在于提高公民的质量素质和质量文化水平，引进先进的质量管理体系，加大检测设备投资，加强质量保障技术攻关等；质量配置效率方面，主要着力点在于建立优质优价的质量市场机制、充分竞争的质量信号传递机制、多层次的标准与认证机制等。通过分析这两种路径的优势与劣势发现，资源配置方式的最大优势在于能通过对资源和要素的重新配置来间接提高生产效率。

我们基于行业差异对政府质量监管的绩效进行了实证检验，研究发现政府的监督抽查偏向于重点监管行业的企业，但其对企业产品质量的提升作用并不显著。实证结果表明，政府对企业产品质量的监督抽查并不能有效解决我国的产品质量问题。

对产品质量的控制是企业内部的质量管理，属于企业质量生产效率的范畴，在充分竞争条件下，企业只有通过质量的提升才能获得更高的价格与市场份额，形成更大的竞争优势。作为市场主体的企业，具有通过质量生产效率的提升来获得利润的内在激励，具有最大的动力去推动质量提升。如果政府对企业内部生产效率进行过多干预，将给企业带来不必要的麻烦，阻碍企业家精神的充分发挥以及企业质量生产效率与产品质量的提升。

然而，现有的政府质量监管政策，如监督抽查、标准体制等，大多是对企业质量生产效率的直接干预，而不是面向整个市场资源配置效率的优化，可以说，政府的质量监管政策存在着很大程度的错位。这一现状导致市场在质量配置效率的提升作用无法得到发挥，严重影响了我国质量水平的提升。具体表现为：大量的质量管制壁垒的出现，企业与消费者的质量主体地位得不到确立；市场化的质量信息主体缺乏，质量信息不对称得不到解决；专业化质量社会组织的发展滞后，质量共同治理的局面无法形成等。

因此我认为，中国质量问题要得到根本性的解决，关键在于改变政府质量监管政策的错位，更加重视质量配置效率的提升，建立优质优价的市场竞争秩序，充分发挥市场在资源配置中的决定性作用。具体来说，就是要大幅减少质量管制壁垒，尤其是过多的事前审批，确立企业质量创新的主体地位，激发企业质量创新的内在动力；要发挥消费者在质量创新中的驱动者地位，特别是加强消费者的集体行动能力，包括消费者保护的集体诉讼、对违法企业的惩罚性赔偿和奖励内部人举报制度的建立；要培育和发展检测、标准和认证等市场化的质量技术服务机构，增加市场中质量信息的有效供给，降低买卖双方质量信息的不对称；要促进专业质量社会组织的培育，加快"比较试验"制度的推行，广泛开展对企业产品和服务质量的第三方评价；要建立以竞争性的"团体标准"为主导的标准化体制，促使标准的不断更新并及时反映技术、产业和产品的趋势变化，让企业产生追求更高质量产品的动机，形成市场的质量自我规制；要建设以质量信用为基础的社会化"质量大数据工程"，使得企业能够识别消费者多样化的需求，消费者能够识别企业产品真实的质量状况，政府实施更有效的质量政策与质量公共服务。

总之，中国质量最需要提高质量配置效率，而不是人为干预企业在质量上的生产效率。

（2016 年 5 月 20 日发表于武大质量院官方网站"专家视点"栏目，2016 年 6 月 10 日《第一财经日报》"虹观质量"专栏转载，2016 年第 13 期《党政干部参考》全文转载）

推进国家质量治理体系和
治理能力的现代化

国家质量治理体系，是形成政府、市场和社会的共同治理。国家质量治理的现代化，是政府善于利用市场和社会的资源，通过将协商、引导、采购和强制等多种方式结合，实现市场在质量治理中的自律。

2013 年 11 月 12 日，中共十八届三中全会正式闭幕，在全面深化改革的决定中，明确提出目标就是要"推进国家治理体系和治理能力的现代化"。这是我党首次提出全面深化改革的目标，是要实现国家治理能力的现代化，这是一个极具创新性的目标设计，也是一个完全符合现代国家管理规律与趋势的崭新表述，必将使中国的全面改革进入一个全新的发展阶段。

之所以有这样一个体会，是因为"治理"的含义，与传统的政府管理有很大的不同：首先，治理就意味着并不是政府单一管理，而是政府与社会和市场一起来共同管理；其次，治理意味着政府与市场和社会不是单向关系，而是协同关系，更是一种网络关系；最后，治理表示政府的管理不是简单的强制，而是与社会和市场一起，通过对话、协商等合作与协调方式，来共同解决社会公共问题。

基于治理含义的解释，我们会理解中央所确定的这一全面改革的主要目标，对于我国政府质量管理有多么重要的意义与价值，那就是我国的政府质量管理体制，要从管理走向治理。这不是一个名词的简单改变，而是政府质量管理体制的根本变革。这一根本变革的含义就在于：我国的政府质量管理体制，必须从政府承担太多责任与行使太多权利的体制中走出来，转而与市场和社会主体一起，来治理中国的质量。尤其是要发挥市场的"决定性作用"，让市场在质量的治理中真正成为主角，而政府只是弥补市场在质量治理中的失灵。把市场这只无形的手高高举起，管住有些基层政府部门在质量治理中"闲不住"的那只有形的手，同时发挥社会"无数双眼"的作用。

什么叫国家质量治理体系？就是形成政府、市场和社会的共同治理。

什么叫国家质量治理的现代化？就是政府更善于利用市场和社会的资源，不仅通过强制，更注重利用协商、引导和采购的方式，来实现市场在质量治理中的自律，社会在质量治理中的自治。

学习三中全会公报后，我和同事们的第一感觉就是非常兴奋，也非常欣慰。因为，我们质量院这几年来开展的研究，主要是中国特色质检体制、标准体制、技术机构体制和特种设备体制等课题研究的结论，完全符合三中全会确定的目标。在我们发布的《2012年中国质量发展观测报告》中，副标题就是"面向'转型质量'的共同治理"，这项成果鲜明地提出，我国的质量体制必须走向共同治理。在我们开展的中国特色质检体制研究中，所提炼出的基本逻辑思路就是共同治理。在标准体制的研究中，正是遵循着共同治理的基本理论假设，我们才能提出"基于利益一致性的标准理论框架与体制创新"，即建立政府标准与团体标准共同治理的国家标准体制。在质量技术机构的设计中，我们提出了市场是质量技术服务的基本属性，政府的极少数实验室只能从事公共服务。在《中国质量怎么了》一书中，全书结论就是"走向质量的共同治理"。因而，当我和我的团队看到三中全会明确提出"推进国家治理体系和治理能力的现代化"时，其激动的心情是难以言表的。说明我们质量院所提出并坚持的"共同治理"的中国宏观质量管理的基本理论，与中央的目标是完全一致的，符合我们国家全面深化质量体制改革的趋势与规律。

虽然这些年来，我们提出"共同治理"这一政府质量管理的基本理论，开始并没有受到欢迎和认可。但是，我们还是坚持下来，不改初衷。这种坚持既需要科学的勇气，又需要不见风使舵的独立人格，还需要敢于舍弃利益的价值观。实际上，我每天都在问自己，作为武大质量院的负责人，作为一个省部校共建的质量专业科研机构，我们个人对国家质量事业的价值在哪里？我们院对国家质量事业的价值又在哪里？我的答案就是：开展符合科学规律的学术探索，凝练出真正能够解释质量现象的正确理论，提出解决质量问题的对策与方法。这就是武大质量院的使命，也是我本人应该始终遵循的基本原则。

科学的探索和正确的理论，一定具有前沿性，开始提出来时，不可能获得完全的认可，这就需要有独立的精神，坚持科学的理论与方法。事实上，武大质量院的坚持，往往得到了无论是学术界，还是政府管理界，以及企业界的理解与支持。我的体会就是，只要我们研究的理论和方法符合事物的内在规律，具有科学的逻辑性，结论能够被检验，最终一定会获得认可并得到应用。

作为一个在大学从事科学研究的知识分子和学者，最重要的品格就是三项：爱国、创新和独立。科学研究不是为了获得个人的名利，而是因为科学有利于国家的发展，有利于中国梦的实现，有利于中国质量的治理；科学没有创新就是垃圾，甚至比质量安全问题对国家和社会的危害更大，因为它既浪费社会资源，又误导各类决策；科学研究有巨大的风险，一些前沿性的探索往往不被人所理解，甚至会与某些既得利益发生冲突，因而不被利益所惑的独立人格就显得特别重要。所以，科学研究不是任何人都能从事的行业，原因就在于以上的三点，科学研究绝对不是一项普通的职业，注定只能是那些愿意"仰望星空"的人们的使命。

武大质量院人的下一步使命就是：研究和探索如何推进国家质量治理体系和治理能力的现代化。

（2013 年 11 月 15 日发表于武大质量院官方网站"专家视点"栏目）

改革再出发

今天的改革虽然有着诸多固有利益的约束，但其中最需要的精神还是以天下为己任。我们唯有改革，才能实现中国质量创新，这是中国继续持续发展的关键支撑。

时至今日，中国质量领域最重要的词汇就是"改革"！

政府对质量的管制，开始大幅度减少，以广东电梯为代表的行政管理体制改革，不仅取得突破性进展，更是得到各方面几乎一致的认同。由此可见，所谓的既得利益，并不是不能被打破，关键就在于科学的制度设计。

政府大量的技术机构，终于开始回归它的本质，那就是作为市场中介组织的定位。我国从来没有过的技术机构大整合逐步拉开序幕，即使是一些最为封闭的系统，也开始走上主动改革之路。面对发展，我们形成了一个最起码的共识：总是要改革的！中国三十多年的改革过程可以证明，改革并不是所有人的自觉选择，而是大部分人对一种不可逆转规律的顺应。

政府开始明确将社会作为质量治理的同盟军，尤其是对消费者保护法的修改，更是大胆地与国际惯例接轨，明确倾向于对消费者权利的保护。在具体的司法实践中，政府有意加大了企业成本，让消费者能在更加容易的情况下保护自己。国际上通行的比较实验方法，在一些社会组织、媒体中也开始进入系统地理性推进，甚至已经有明确的外部投资人看好这一领域。而消费者对质量的重要性，也从理念走向实践，这可谓是我国质量治理过程中产生的最重要变化。

政府单一的标准体制正积极地引入市场主体，用产业联盟的力量，来弥补政府在创新引领、反映需求上的短板。由产业联盟、行业协会和技术机构三方面进行标准工作，虽然有多年的实践探索，但一直以来都基本上停留在自发阶段，甚至很多时候还回到了原有的老体制上。与往年相比，2013年最大的区别就在于，政府开始进行主动性的改革，提出要突破原有的制度约束，让市场来发挥决定性的作用。根据发展的规律，我们可以预期的是，市场主体将会基于利益的一致性，积极主动地开展标准的创新，快速地满足需求变化的需要，真正体现标准对国家的战略性作用。

今天，中国改革已经重新上路，与三十多年前相比，初始条件完全不一样，今天的改革有着诸多固有利益的约束，其中最需要的精神是以天下为己任！

改革，是中国质量创新的支撑，也是中国质量真正的希望之所在！

今年，一定是中国质量的改革年！

（2013年12月31日发表于武大质量院官方网站"专家视点"栏目）

大众的还是要归大众

祈祷企业不做假，这不靠谱，指望政府能监管所有的质量风险，这更是不可能完成的任务。但再精明的企业，生产的产品最终要流入市场来交给广大消费者评判，质量的好坏，数以万计甚至亿计的大众，一定会给出最公正的答案。

德国大众汽车尾气排放造假事件，是 2015 年国际和国内关注的爆炸性新闻之一。对这一事件的解读，无非是德国制造神话的破灭，以及对大众汽车集团的万般不解，特别是美国和欧盟等其他国家政府已经开始严厉处罚，当然也有资本市场上大众汽车及其他汽车企业股票的暴跌等等。

实际上，以上的这些解读都没有什么特别的新意。就以德国制造而言，我在六年前就说过没有神话，质量问题或企业的造假本来就是人性使然，只要有合适的制度环境，企业就一定会作出这样的制度选择。即使是有德国制造这样的土壤，也必然会有类似大众汽车造假现象的发生。

像大众汽车这样的巨无霸企业，其经济规模已经远远超过了一个中等水平的国家，众多的分、子公司使得总部的代理链变得无限的漫长，信息不对称的程度已经不是总部所能控制的。加之资本市场天然的短视，所以以这样的造假来取得政府排放检测与资本市场对利润要求的平衡，就再自然不过了。

我们现在需要了解的是，这件事情到底是怎样发生的，也就是说丑闻是怎样被揭开的？

出人意料的是，这件丑闻是从一个极其高尚的目标开始的。清洁交通活动家彼得·莫克和约翰·杰曼，发现美国已经解决了汽车"肮脏"燃料的难题，因为在美国销售的大众汽车，都毫不费力地通过了政府的污染检测，要知道美国的标准要比欧盟严厉得多。于是，两位开始了一项公益性极强的远程旅行，将一系列包括大众汽车在内的通过了政府检测的系列车型，从美国的圣迭戈长驱两千多公里开到西雅图，就是要向欧盟证明汽车使用降低排放量的技术，不会影响汽车本身的性能。

但是，一部狗血剧却在此时开始上演。当他们完成了这段行程，拿到了实际行驶中的排放检测结果时，却发现大众品牌的汽车排出了达到危险水平的有毒物质，相当于通过政府实验室检测法定标准的 35 倍！

也就是说，大众汽车并未生产出达到美国政府标准的清洁汽车，而是利用一款软件，在实施检测时开启烟气净化技术，而在行驶中则烟气净化技术被关闭。

随后的故事就是老生常谈了，大众汽车公司当然会批评这两人不专业，称其提供的数字是软件故障导致的结果，只要召回就能很容易地得到修复，并声称只有自己的专业能力才能得出科学的结论。结果并不难预料，2015年9月初，大众汽车正式承认公司故意造假，导致清洁排放的虚假检测结果。

这段故事听起来似乎缺乏耸人听闻的内幕，更不是什么强大监管的结果，也没有多少专业色彩，充其量只是两位汽车环保的社会公益人士做的一个出发点为大众汽车做宣传的活动，最后的结果甚至都带有些许喜剧的色彩。

一件震惊世界的"尾气门"事件，却是被 2 位汽车圈外的普通人所发现。

实际上，这样的事情一点都不例外，只要翻翻全世界所有的质量安全事件的案例，你就会发现：95% 以上的质量安全事件，都是被普通的消费者发现的。

规律就是规律，所有高大上的理论，无论说得多么天花乱坠，都要接受常识的检验。在质量安全领域的常识就是：只有普通的消费者，才是质量安全最终的真正发现者。

德国的大众汽车是如此，我国的三鹿奶粉是如此，美国的花生酱事件也是如此。无一例外，都是来自于消费者的发现。

其实，这一逻辑非常简单，指望依靠诚信祈祷企业不做假根本就不靠谱，以为政府有能力监管所有的质量风险更是奢望。但是，无论企业有多么自以为聪明，其产品最终是要被广大的消费者大众所使用，而群众是真正的英雄，数以千万甚至上亿的消费者，一定能够发现企业的质量造假。

因而，大众汽车给我们的启示就是：质量监管最核心、最本质的是要发挥消费者的作用，让大众成为质量监管的主体。不按这个规律来办，任何其他的努力都不可能在质量监管上取得真正的实效。

正所谓，大众的还是要归大众！

（2015 年 9 月 25 日发表于武大质量院官方网站"专家视点"栏目）

质量视角下的世界杯

> 质量的魅力和足球一样，都来自于它的不确定性。因为有了不确定性，人类才会去探索各种质量的可能，才会有激情通过创新去逐步消解不确定性，并通过这种满足，来获得质量的收益和创新的快乐。

世界杯绝对是四年一度的盛事。2010 年的世界杯，最引起我注意的一场比赛就是往届冠军西班牙与荷兰的对阵。赛前大部分专家、球迷，包括博彩公司，都压倒性地认为，西班牙胜利的概率更大。但是，比赛的结果却是西班牙队以 1∶5 的大比分败北。

实际上，在赛前包括一些非常专业的金融类的大数据公司，根据决定足球胜负的各种因素，对比赛作出了应该是"非常科学"的预测，从这些数据的关联性、模型建构的科学性，你似乎找不到能预测荷兰队会取胜的理由。但是，结果却恰恰相反，荷兰队赢了。

不过，只要看过这场比赛，你对荷兰队的取胜，就不会有任何疑问，因为荷兰队完全有理由以这么大的比分赢得这场比赛。尤其是下半场，我们看到了什么叫兵败如山倒，特别是西班牙队的门神那种近乎绝望的眼神，已经明白无误地告诉哪怕是对足球一点都不了解的人，这意味着什么。

人们之所以这么喜欢看足球，一个非常重要的原因，就在于结果的不确定性。所谓"足球如人生"，就是这个意思，生活的丰富多彩和生活的意义，在很大程度上都取决于其不确定性。如果真如算命先生所算的那样，我们能准确知道什么时候会有什么样的结果，那怎么还会有喜出望外的快乐呢？如果每个人注定是那些已经被规定和设计好的命运，别无选择，那么人生的奋斗和努力对你还有什么意义呢？

足球如人生，质量何尝又不是如足球呢？我们可以找出无数个质量不确定性的案例，负面的如三鹿奶粉事件，正面的如苹果手机。三鹿奶粉事件的整个过程充满了不确定性，迄今为止，我们也不能说已经完全认识到整个事件中各种不确定性的因素。类似三鹿奶粉事件中，人们已经认识到和尚未认识到的不确定性，在今后实际上还会以不同的形式发生。我们当然可以总结说，苹果是一定会成功的，仅凭借乔布斯如此追求卓越的质量，就可以判断苹果的成功是一个大概率事件。但是，苹果能如此快速成功，包括它能被那么多消费者狂热地追捧，这实际上远远超过了乔布斯本人之前的预测，在他临去世之前，与其官方传记作者的谈话中就清晰地表明了这一点。乔布斯坦言，连他自己都不明白那些粉丝为什么那么狂热？

可见得，质量的不确定性是一个常态，这个常态来自于哪里呢？还是先来说说足球，那些大数据的预测为什么会失败呢？原因在于，那些大数据可以通过西班牙和荷兰两队过往交锋的记录、教练的执教以及球员的身价和实力等多个因素，来分析和预测比赛结果，这些分析和预测的依据是真实而客观的，如果没有其他条件的变化，应该说结果就应该正如预测的那样，即西班牙取胜。但是，大数据无法预测人的心理状态变化，也没有办法预测比赛队员会在怎样的情况下发生心理的逆转，乃至彻底的崩溃，因为决定这些心理变化的因素是无法用大数据来预测的。在这场比赛中，荷兰队的范佩西以"飞翔"方式所顶进的那一球，在心理上无论是对西班牙球员的打击，还是对自己队友信心的鼓舞，都是这场比赛逆转的根本性原因。

因此，这个答案就在于，质量的不确定性来自于消费者的需求，而需求绝对不是一个简单的货币因素，它与心理有很大关系。心理的变化是非常复杂的，它包括人的从众、模仿和时尚等等。这也就是质量最深奥、也最有价值的地方，那就是你要去满足人类最微妙的心理需求变化。

质量的魅力和足球一样，都来自于它的不确定性。虽然，整个质量管理的最终目的都是为了达到确定性，但那只是我们在逐渐地接近确定性，而不确定性却是永远存在。而恰恰是因为有了不确定性，人类才会去探索各种质量的可能，才会有激情通过创新去逐步消解不确定性，并通过这种满足，来获得质量的收益和创新的快乐。

（2014 年 6 月 17 日发表于武大质量院官方网站"专家视点"栏目）

举国体制何以对足球无效？
——二谈"质量视角下的世界杯"

质量与足球一样，同样需要发挥市场的决定性作用。只有无数市场主体的参与和试错，质量才会有创新。只有管制越少，竞争越公平，质量水平才能不断提高。

2010 年的世界杯，中国人再一次成为落寞的看客。在奥运会上，中国近几届一直居于奖牌榜的前列。何以一个堂堂的奥运大国，却在足球运动上如此落后。更值得深思的是，这种落后还在持续，甚至连泰国这样的足球队，中国都会大比分败北。

我们不重视足球吗？答案当然是否定的，无论是政府的关注，还是足球主管部门的投入，以及足球联赛的资金，在世界上都可以说是领先的。尤其是我们政府主导下的举国体制，更是把足球抬到了各项运动中至高无上的地位。然而，现实却一次又一次地让人失望，甚至让广大的球迷绝望。

如果说足球的魅力来自于不确定性，那中国的足球是没有不确定性，因为它只有一个确定性的结果：输球，永远的输球。这就是中国足球没有魅力的原因，因为它只有失败的确定性，而没有不失败的不确定性。

我们在其他运动领域屡试不爽的举国体制，为何在足球领域就失灵了呢？

还是来看看足球运动真正的体制规律：第一，足球需要大量的注册足球人口。类似巴西这些国家注册的足球人口都在三百万以上，即使是日本和韩国也达到了一百万以上，而中国只有可怜的不足 5 万。足球之所以不可能靠举国体制获得成功，是因为举国体制的实质就是抓住几个运动精英，进行全部资源的强化投入，让这些人去获得冠军。足球则是一个真正的群众运动，必须在数以百万计的足球人群中，才能选拔出几十人乃至上百人的顶尖足球精英。第二，足球运动的激励机制只能来自于市场，那就是来自于充分竞争的、不同层次的职业足球联赛。职业足球联赛就是一个商业行为，无论是参与者，还是组织者，都只能是市场主体。只有在这样充分竞争的环境中，才能培养出运动员的职业足球精神，包括严格的自律，以及无情的市场淘汰机制。看一看我们的足球联赛，组织者是谁？实质上就是足球行政管理部门在操纵，这就是出现黑哨、假球的制度性原因。一个与足球无关的政府部门，却拥有决定商业性足球俱乐部生死的大权，怎么可能杜绝腐败，怎么可能会有公平竞争的足球环境？因而，你越重视，甚至重视到由行政来主导搞举国体制，就离足球的规律越远。只要行政主导不退出，中国足球就不可能真正发展，甚至连正常都谈不上。第三，足球的良性循环只能来自于观众的认可。有了观众的认可，就有了转播的收入，就有了运动员转会的收入，就有了广告的收入，就有了其他各种衍生收入，这样俱乐部才有良性循环，才有内生的可持续发展动力。现在大量的俱乐部是靠什么生存？是靠地方政府把足球当"名片"，协调所谓的企业家来投入，然后政府用补贴、土地等其他方式来弥补企业投资俱乐部的亏空。这样的俱乐部能取悦观众吗？它所有经营的导向都是要取悦当地的行政权力。这样一种价值观悖离的经营方式，本末倒置，怎么能让足球真正地兴旺起来？应该说，中国的球迷是世界上最痴情的，但也是最痛苦的，他们所痴迷的足球，并没有真正地热爱他们。

以上的分析，可以得出一个清晰而简单的结论：中国足球不真正走向市

场，就永远不可能走出目前的困境。

足球如此，质量可以例外吗？当然不能。质量的创新绝对不是管理出来的，而是试错试出来的，没有无数市场主体的参与和试错，就绝对没有质量的发展。我国又有多少个市场主体，又有多少人群，真正是在行动上践行质量是生命的理念呢？很少，非常少！从一般的观察就能得出这样的判断。我总是奇怪，为什么有些人就是不明白，质量根本不可能靠管制，也就是靠极少数所谓聪明的质量天才，质量只能来自于无数市场主体的参与，这和足球注册人口是一个道理。同时，质量的创新一定是竞争出来的，管制越少，竞争越公平，质量水平一定越高，这在武大质量院的各种研究成果中是早已经被证明的常识。这和足球俱乐部竞争越充分，足球的发展质量越高是同一个道理。此外，质量只能来自于消费者的选择和评价，消费者一定会筛选出最优的质量供应者，这里面根本不需要那些看起来高大上的"管制"，一个个普通的消费者才是质量最理性的最终选择者。

足球要发挥市场的决定性作用，质量也同样要发挥市场的决定性作用。虽然领域不一样，规律却是一样的。

（2014 年 6 月 27 日发表于武大质量院官方网站"专家视点"栏目）

足球背后的软实力
——三谈"质量视角下的世界杯"

"中国制造"要真正成为世界质量品牌，关键要形成严谨、苛刻、思辨、实证和逻辑一致的质量文化。仅仅是流于形式的行为和方法、能力不全面且分布不均匀的人力资源，根本支撑不了"中国制造"的崛起。

"态度决定一切"，这是米卢多年前任中国足球主教练时经常说的一句话，当时很多人还不太理解，认为足球主要是技战术问题，怎么会扯到看不见摸不着的态度呢？后来从中国男足运动员拥有亚洲一流的体能和不俗的技术，却不停地输球的现状背后，人们才理解了中国足球运动员的态度是多么的令人不齿。

2010年的世界杯巴西以1:7的悬殊比分，败北给了德国，同样也是"态度决定一切"。巴西队拥有主场几乎一切的优势，较之于德国队，虽然有2名主力因伤缺阵，但却并不影响巴西与德国拥有同等的实力。但是，在这样的实力面前，巴西队输得完全让人不敢相信这是一场势均力敌的对抗。没有硬实力问题，却有软实力问题，那就是巴西的主教练至少没有对德国文化的深刻认知。巴西主教练排出的以进攻为主导的阵形，显然是既高估了自己实力，又低估了德国人足球文化的优势。巴西的伦巴足球，优点是自由而奔放，缺点是太自由，并且太奔放。这种自由而奔放的足球，如果碰到的是同样风格的对手，以巴西的实力毫无疑问具有胜算。但是，这种风格碰到了德国人，尤其在先输球后，注定将会从自由走向溃散。

德国的足球文化核心就是严格的纪律和钢铁般的意志，从场上你感受不到这是一支 11 人的队伍，而就像是融为一个人在战斗，相互之间的默契，滴水不漏的阵形，从头至尾清晰一致的战术逻辑，让我们叹为观止。面对这样一支虽然没有耀眼的明星，但集成起来却有强大系统能力的球队，巴西的自由和奔放当然就会变得不堪一击。这一点从巴西人失掉第 1 个球之后，后面连续的 3 个失球，就可以表现得淋漓尽致。实际上，第 1 个丢球并不是末日，如果第一个丢球是德国人，人们不会看到溃败，但是自由而奔放的巴西人丢了第 1 个球后，面对德国这样一个完整的战车，就注定只有溃散的结局。

足球的文化是德国文化在体育领域的一个缩影。第二次世界大战几乎毁灭了德国一切有形的东西，但并没有毁灭德国的文化。德国民族是一个思考的民族，历来具有思辨的传统，现代哲学和现代科学有很多都是来源于德国人的创造，康德、黑格尔和爱因斯坦这些大师，都是德国思辨文化的代表。一个长于思辨的民族，会形成近乎刻板的行为方式，以及对时间和纪律的严格遵守，特别是对细节的挑剔和近乎完美的追求。这样的文化铸造了德国足球的辉煌，德国足球和德国的轿车一样，都强调系统功能的配置，都追求细节的完美，这样的足球文化不一定有赏心悦目的娱乐明星，但却具有逻辑一致的可怕的哲学家，而这个世界上喧嚣一时的是娱乐，但影响恒久的却一定是思想。这就是德国足球背后的软实力，因为支撑德国足球的实际上是德国文化，当然更离不开德国市场化的足球俱乐部制度。

其实德国成功的不仅在足球，更成功的是"德国制造"，德国在近 2000个工业制造的产品领域，都是世界的"隐形冠军"。也就是说，德国制造的产品质量，在这些领域都是领先的冠军。德国制造的冠军，与足球成功的背后都是一样的，那就是德国文化的支撑。质量研究到最后，决定性的因素既不是技术，也不是制度，更不是管理，而是文化。这与质量的特性有很大关系，质量就是按照需求所制定出来的标准而制造的过程，这个过程的控制会有很多不确定性因素，最不确定的就是制造这些产品的人。工业化就是专业化，而专业化只能要求一个人日复一日的重复某一个动作或某一个行为，这毫无疑问会让人产生厌倦感或枯燥感，而就是这样的厌倦和枯燥会让人的行为变形，从而导致质量的失控。人性都是一样的，这里面的区别只在于程度的大小，越是能够自控的人，越是思维严谨的人，行为失控的风险会越小，这就是德国制造成功的根本原因。因为，德国制造的背后，是拥有更为自律和更为思辨的德国文化，而这种文化才生长出绚丽的德国制造。

"中国制造"要真正成为如"德国制造"一样的世界质量品牌，起决定性的还是我们要形成严谨、苛刻、思辨、实证和逻辑一致的质量文化。靠形式主义的运动、漫无边际的口号、没有逻辑的管制和缺乏训练的工人与管理者，永远支撑不了"中国制造"的崛起。

（2014年7月10日发表于武大质量院官方网站"专家视点"栏目）

用确定性治理不确定性

　　解决监管过程中的不确定性，我们应该善于发挥好的规则和标准的作用，可以在自由选择基础上形成一致性标准秩序，来对不确定性的新情况进行确定性的治理。

- -

　　可能很多人还记得 2013 年在厦门发生的"BRT 公交爆炸事件"，爆炸中当场死亡 47 人，犯罪嫌疑人陈水总也被当场烧死。之所以记得，就是因为我们用生命付出的惨痛代价。

　　当年，经警方深入、细致侦查和技术比对，并在其家中查获遗书，证实陈水总因自感生活不如意，悲观厌世，泄愤纵火。陈水总因为什么要作出如此极端的举措呢？据媒体报道，仅仅是因为其迁移过程中户口的年龄登记出错，而不能正常办理社保，为了改正这样一个小小的错误，他长期奔波于相关部门上访，最后因事情得不到解决，从而制造了这样一起伤及众多无辜者的惊天大案。

　　这起案件的关键起因在于，陈水总在申请办理户口登记年龄的过程中，被相关人员长期推诿而不得办理。我们当然有理由责难，就是因为这些办事人员的责任心不强，才导致了这起悲剧。当我们这样责难的时候，似乎有些常识又绕不过去，这些办事人员有必要因为这样一件举手之劳的小事，而去故意为难陈水总吗？或者说，难道这些办事人员的责任心真的已经低劣到如此程度，以至于连这样的小事都不愿意去做？答案看来并不那么简单。我判断，并不是因为这些具体的办事人员不愿意办理，而很可能是缺乏对这一问题解决的依据，也就是相关人员感到有些棘手，明知这是一个错误，但又没有解决类似错误的依据，只好相互推诿。当然，解决这个问题，或者说解决比这更困难的问题，在中国也是有办法的，那就是碰巧找到了一个"青天"似的领导，一个批示、一个指示就把问题给解决了。不幸的是，在这件事情的办理中，又碰巧没有这样一位"青天"出现。于是，我们就把所有问题都归结到办事人员的责任心上来，如果办事人员的责任心强，甚至在信访体制中的这些人员稍有爱心，这个悲剧不就可以避免了吗？

无论是指望"青天"似的领导，还是指望具体办事人员的责任心，实际上都没有找到解决众多类似问题的根本。因为，无论是领导碰到这些具体问题的概率，还是具体办事人员责任心的发现，都是非常不确定的。领导也好，办事人员也好，都是普通人，你要求他碰到每一件具体事情，都只基于事情本身的是非曲直来加以处理，那实在是太为难这些普通人了。这要求这些人要具有天才般的能力，对一个事情的正确与否作出完全合理的判断，甚至要求这些人可以不顾及相关的规定，只要是认为正确的事情就应该打破常规去办。这可能吗？这种要求从根本上就背离了政府运行的基本规则，那就是办事必须有依据，没有依据的事情，作为一个普通的办事人员是不能越雷池半步的。但是，这样的规则，又确实与老百姓要找政府办理的诸多新问题产生冲突，从而导致了很多合理的事情找不到合法的依据，而合法规定的事情又可能不合理的悖论。于是，在现实生活中，就面临着老百姓有些应该合理办的事情，就因为没有相应的依据，而往往办不成的不确定性风险。人们之所以在找政府部门办事的过程中，直觉就想到找熟人，是非常合理的，这种找熟人的方式，恰恰就是对这种不确定性的最好解决方案。

怎么解决政府办事过程中的不确定性？很简单，制定尽可能多的规则，以避免不确定性。这句话说起来很简单，但做起来很难，面对那么多层出不穷的新问题，规则制定得了吗？规则本身，尤其是带有一定法律性质的规则，往往都是滞后于新问题的。制定规则需要一个漫长的时间，以及相应繁琐的程序，而新问题的解决又不能等待。怎么办？我的答案是：用标准来治理。

标准，就是经过协商一致而形成的规则，这些规则既包括技术性的，也包括管理性的，这些规则能够规范某一个领域的秩序，从而使遵守标准的人和组织获得规模收益。标准之所以是市场经济的必需，就在于它较之完全自由的个人选择，更具有一致性的意义；较之于政府法规的强制，又具有更多的弹性和灵活性。我们会发现，市场经济实际上存在着三种形态的秩序：一种是自由的市场竞争秩序，另一种是强制的政府法制秩序，处于这两种之间的，是在自由选择基础上所形成的一致性标准秩序。可以说，一个国家市场经济的成熟，在很大程度上取决于标准的能力，标准既灵活地满足了市场创新所需要的新秩序，又规范了原子化市场主体的一致性选择。标准是一个国家进行经济和社会治理重要的工具与手段，世贸组织所确定的技术性贸易规则，从根本上讲，就是应用标准手段对国际贸易进行治理。大量的标准都是由市场和社会主体在相互讨价还价的基础上所形成的，所谓国际标准化组织，也就是人们所熟知的 ISO，就是各个国家所参与的代表，通过自由讨论而形成大家都同意的标准组织。在国外很多政府都自觉地应用标准这一手段开展公共治理，所谓的技术性法规，就是政府要强制执行的标准，在我国被称之为强制性标准。当然，政府也可以引用和认可社会组织所制定的标准，既降低政府制定标准的成本，又减少了标准实施的难度。

以上标准的简单分析证明，标准是政府可以很好用于经济、社会治理的一种重要手段，特别是它可以灵活应用于一些新出现的领域，制定比较简单，修改也比较简单。要将标准作为一种治理手段来应用，前提就是在强制性标准之外，要鼓励政府机构、社会组织和企业都参与到标准的制定中来，发挥众多不同主体面对新情况用标准进行治理的首创能力，并且碰到类似问题，其他主体也可以相互借鉴和自愿遵守。

标准实际上就是对不确定性新情况的确定性治理。再回到陈水总案件中的户口年龄修改问题，类似这样的新情况绝对不可能只有一起，如果政府部门善于利用标准手段，那么就完全可以很快地给解决这一问题提供依据，包括此类问题的状况描述、解决办法和应遵守的程序等等。这种标准只要是相应层级的管理部门都可以制定，而且可以相互引用，只要不违背国家关于户籍管理的基本规定就可以了。正是因为不同地方的管理部门都可以针对同一领域的不同情况，制定具体实施的标准，才可以更好地完善国家基本的规定，又能够使一线的办事人员面对新的情况有相应的处理依据。应用标准来治理，既不需要依赖一线办事人员非常不靠谱的所谓责任心，也就是无论这些人的责任心如何，标准都可以让他们按规则来办事，又避免了"青天"式领导的偶然性，也就是无论上层领导是否关注到这些问题，标准都可以让体制更规范地解决问题。

虽然历史没有"如果"，但是这起案件如果能够激发起政府自觉地应用标准的治理手段，来更为确定地解决类似的不确定性风险，那也算是对这起悲剧事件中无辜死亡人们的一点告慰。

（2013年6月10日发表于武大质量院官方网站"专家视点"栏目）

有"管"有"放"，才能有发展

没有公平的市场竞争环境，在很大程度上意味着，没有完全公正且有效的市场管理和市场秩序。只有将市场的权利还给市场，政府才能够真正做到有效监管。

2015 年，我国工商行政管理系统全面深化改革，李克强总理更是在视察国家工商总局时特别强调，工商系统是推动大众创业、万众创新的"先锋官"，是深化改革的"先行官"，是市场秩序的"守护神"，是市场监管的主力军。

应该说，克强总理的这个评价是客观的，反映了我国近几年来全面改革的实际，也是对全国工商和市场监管部门勇于担当的充分肯定。实际上，克强总理这四句话的评价，是一个完整的整体，相互之间有着内在的逻辑联系和系统规律。

首先，我们国家之所以要全面深化改革，根本的目标还是要激发社会的活力，这也符合现代治理体系的本质，只有每一个人都能迸发出创新的活力，整个国家和社会才会拥有坚实发展的基础。工商系统这几年来所推行的商事登记改革，就是从源头上为每一个愿意创业的公民提供了良好的制度激励，也是为我国经济集聚了最重要的发展要素。坦率地讲，经济的活力和创新绝对不是规划出来的，而是无数的市场主体试错试出来的，类似华为和联想这样一批世界级的企业，当时都是毫不起眼的一些小的市场主体。

其次，我们国家的全面改革，尤其是经济改革，可以说从商事登记改革中找到了支点，商事登记一小步、全面改革一大步。这个评价绝对不是溢美之词，无论怎样改革，都要问一句是否为每一位普通老百姓的发展提供了机会，即使老百姓去创办一家公司亏损甚至破产了，这对他来说都是一次机会，最怕的是老百姓没有自主选择的机会。所以，商事登记改革的意义就在于此，这不是一件小事，而是一件天大的事情，那就是让老百姓有自主选择的机会和空间。所有改革最终都要看老百姓满不满意，如果老百姓连让自己创业的机会都没有，他怎么会满意呢？因而，工商系统确实为我们国家的全面深化改革起到了先行示范的作用。

最后，市场经济的秩序到底怎样才能真正建立起来，一句话那就是要竞争，作为政府来说就是要保护竞争。市场经济几百年的发展历程已经证明了一个常识，那就是竞争越充分市场秩序越好，说得更通俗一点，我们原有体制只有"放"，才能"管"。道理非常简单，如果市场中的主体都是由政府审批出来的，那怎么可能会有公平的竞争呢？而没有竞争，秩序又如何建立呢？从这个意义来说，工商的改革告诉我们，没有"放"，就无所谓"管"，而没有竞争，也就绝对没有秩序。市场的权利还给市场，政府才能够真正地做到有效监管，如果你管的都是定位不对的，那这个监管一定不会有效。综合起来说，这几年工商系统的改革真正地为我国的全面改革提供了一个很好的示范，那就是要尊重市场的决定性作用，要激发每一个普通老百姓的创业活力，这样才能使改革成为新常态下的新动力。

当然，每一次改革都不可能一帆风顺，而且改革的出发点也正是基于我们的发展中存在着各种各样的问题，在工商行政管理系统的改革中也同样如此。但实际上这一点并不奇怪，它们都是改革发展中的问题，如果不改革这些问题会更严重，也提示我们改革只有进行时，必须以更大的勇气进一步深化改革。

商事登记一小步、全面改革一大步，进一步的分析就是这一小步需要

更多的一大步来配合。目前的改革确实起到了先行的作用，但过于单兵突破而没有系统的跟进，先行改革的作用就得不到更充分的发挥。另外，制度也不是简单的书面文本，而是活生生的市场主体要去习惯和遵守的规则，包括工商部门自己的人员对新的制度也有一个探索和适应的过程。所以，我们经常讲中国的改革是一个渐进式的过程，是在过程中不断探索和完善的。当然，改革也不是盲目的实践，对于有些无论从理论还是实践都很清楚的问题，也需要在更高的层面加以整体推进，否则上下长期不配套所引起的系统功能的问题，会阻碍基层改革后的创新与发展。

面对当前经济的新常态，我们应该有对经济发展更本质的认识，那就是只有依靠需求的拉动和企业供给的创新，才能使我们的经济发展模式从低质量的投资依赖型，转向高质量的需求拉动型。因而，从理论上来说，一方面要真正地按照市场的规律，让消费者的选择能够真正地发挥对企业优胜劣汰的作用；另一方面要进一步地改变政府对企业过度规制的状况，让市场的竞争激发企业提供高质量的产品和服务的内生动力。从实践层面来说，我们迫切需要改变市场中质量信息严重不对称的状况，主要通过市场主体和社会主体的力量，来为消费者提供可竞争的、多样化的和真实的质量信息，只有这样才能刺激消费。我认为，企业商事登记的改革当然非常重要，但消费者角度的市场质量信息严重不足的改革也同样重要，道理非常简单，没有好的质量信息，消费者就不会消费，这对企业的创新也是一个很大的约束。因而，改革应该从需求侧的消费者和供给侧的企业两个角度同步推进，既要推动基于企业的供给创新，更要推动基于消费者的需求创新，这样才能真正建立起竞争和约束相容的市场经济。

深入推进商事制度改革，是下一阶段工商和市场监管部门的主要任务。这个过程中，我们最需要切实加强的是事中事后监管。为何加强的不是事前监管呢？因为，从根本上来讲，事前监管在很多领域就是政府权力的任性，就是行政权力对市场权力的不当干预和剥夺。老百姓办什么样的公司，从事什么样的经营，在他没有进入市场之前，严格来讲我们既没有权力，也没有能力就在事前主观判断他对社会是否有害。相反，如果赋予这种事前的权力，那只有一个假设，就是某个具体监管的行政人员具有超能的能力，能够事前判断出这个市场主体的好坏与未来的风险。实际上，这个假设根本是不成立的，相反会阻碍市场蕴藏的未来可能的创新。当然，这样的一种管理思路，一定会蕴藏某些不确定的风险，但是一个社会管得过死只会导致更大的系统性风险，两害相权取其轻，让社会拥有活力毕竟是远高于风险的收益。

政府走向事中和事后监管，也有一个改革的问题，那就是要从政府的独家监管，走向驱动市场和社会主体共同参与的监管，也就是所谓政府主要是掌舵而不是亲自划桨。比如，对某些不讲信用的不合格市场主体的发现，完全可以引用国际上通行的"吹哨法案"方式，让企业内部的人员来举报并给其奖励，这样的方式既能更准确地发现不合格的市场主体，又能大大降低行政监管的成本。再比如，在充分发挥消费者协会作用的同时，大力发展更多专业化的、社会化的消费者组织，让这些在细分领域更具能力的消费者组织，参与到市场的监管中来，就能大大地提高消费者对企业的专业监管能力。而且更加小规模的消费者组织，能够有效地避免因为组织过大而出现的"搭便车"现象，使得这些有共同利益的消费者组织到一起，提高消费者组织的行动能力。也就是说，即使是事中和事后的监管，也需要改革，也需要引进市场和社会的资源，来与政府一起形成共同的监管力量。

在工商行政管理系统改革的综合监管与行业监管认识上，我认为也必须在理论上破除一个误区，那就是觉得无论是综合监管，还是行业监管，都是政府的事。所以，老是无谓地纠缠于哪些监管领域，到底归哪个部门管。坦率地说，我研究相关的监管问题多年，发现这根本就不是一个问题，不管是综合监管，还是行业监管，实际上都是由政府这样一个主体来进行监管，至于放在什么样的部门来管理，在本质上并没有根本的区别。另外，关于行业监管的专业性问题，也有一些不正确的认识需要澄清。无论从哪个角度来说，市场都是每天在变化的，而且会出现许多新的领域和新的专业现象，面对这么复杂的市场，政府有什么样足够的专业能力，来对市场进行所谓非常专业的监管呢？

面对这样的分析，我们最应该解决的是政府监管的本质问题。第一，政府监管的边界要有明确的界定，那就是健康、安全、环保、反欺诈和公平竞争的领域，而不能够随意拓展政府监管的边界。对于政府来说，这些领域具有相对的稳定性，符合政府的能力范畴，同时这些领域又是市场的基本秩序，是政府实施公平的公共管理的范畴。第二，政府监管的方式要有科学的界定，主要是制定监管的标准和风险的范围。也就是说，政府是裁判员而不是运动员，政府监管的主要职责是制定标准和规范，让市场主体明白什么可以做，而什么又不可以做。第三，政府履行监管的行为要有明确的限制，尤其在专业监管领域，不应该从事过于具体的技术行为。的确对某些对象的监管带有很大的专业色彩，但这并不意味政府就要去从事这些专业的技术行为。说到底，政府的监管只是为了获得监管对象的信息，而对信息的采集所需要的技术行为和技术手段，既不是政府的擅长，也没必要花费有限的行政成本。政府如果想获得被监管对象的技术状况，最应该采取的方法就是通过招标的方式进行公共采购，选择最具能力和最有公信力的技术提供商，从而低成本地获得高质量的监管信息。从制度角度来分析，政府直接掌握技术分析和专业评价的权力并非上策，容易导致竞争的不公平，会天然地倾向于保护自己所属的专业机构，而抑制其他同样可以提供更好专业能力机构的发展。

以上的分析，让我们得出一个非常清晰的结论，对于政府来说，根本的问题不在于综合监管和行业监管的区别，而在于政府职能与市场、社会职能的划分问题，政府行业监管所需要的专业能力，应该向市场和社会去购买。对于被监管对象来说，一个综合性较强的部门，当然更能够为其带来方便和确定性的服务。我觉得要特别指出的是，监管职能也不能泛化，有些促进经济发展的职能本身也是综合性的，应该和监管职能有明确的分工和区隔。

（2015 年 9 月 15 日发表于武大质量院官方网站"专家视点"栏目）

利益一致性的标准

己所不欲勿施于人。离开了标准使用者的标准，是毫无意义的，要实现标准制定者和使用者的一致利益，我们唯有进行标准化体制改革。

在我国，政府组织制定一系列标准，但其中真正在市场被广泛使用的标准却寥寥无几。很多人对这个现象感到困惑不已。为什么政府花费了大量的人力物力财力，出于良好而用心制定的标准，而那些市场主体却对其如此冷漠，将这些标准弃之不用？

要回答这个问题，我认为用中国的一句古话来概括最为恰当，即"己所不欲勿施于人"。这些标准之所以市场主体都不采用，主要是因为市场不需要，它们只是由一些想当然的制定者们单方面制定的产物。更甚至，有些制定者可能自身事先也已经知道市场不需要这些所谓的标准，但为完成工作任务和业绩去制定这些标准。因为，只有制定了这些所谓的标准，那些参与制定的人才可以凭此去报奖去邀功，去证明自己的技术创新。但市场的真实反映，却让我们明确一个道理，那就是离开了标准使用者的标准，是毫无意义的。基于对这个问题的实证研究，我和刘芸博士在 2013 年第 2 期《宏观质量研究》发表了一篇题为《利益一致性的标准理论框架与体制创新——"联盟标准"的案例研究》的论文，2013 年第 12 期《高等学校文科学术文摘》

转载。

我们研究发现，标准最主要的主体无非有两类，制定标准的主体和使用标准的主体。一项好的标准，一定会体现制定者和使用者双方利益的一致性，它既保障了制定者的利益，也同时确保了使用者的最大利益，国际标准化体制发展实践已经充分证明了这一点。

我国既有的标准化体制，是由政府作为标准制定的主体，而作为使用者的企业和其他社会主体几乎没有参与标准的制定。我们知道，企业和政府之间很难有绝对一致的共同利益，而政府制定的标准，绝大多数是基于理论上的管理考虑，缺乏对市场发展实际情况和消费者现实需求的精确把握，自然也就不能很好地维护企业的利益最大化。我国政府组织虽然制定了一大批标准，却很少被企业广泛使用，就是因为这些标准难以同时实现政府和企业之间的一致利益，这正是我国标准化体制改革的原因所在。

好的标准和制度，既有利于个人利益的实现，也能通过个人逐利来推动整体利益的实现；而与之相反，坏的标准和制度，则可能阻碍甚至损害个人利益，继而损害整体利益的获得。事实已经证明，我国原有的标准化体制，已经无法满足市场发展的需求，它既不能很好地满足个人和企业正常利益的获得，久而久之也终将可能会影响国家利益的更好实现。

从权力上来说，一个国家的政府掌握着被社会公认的强制性公权力，由其来制定标准，应该是一件无可厚非的事情。但是，如果严格要求市场主体统一按照这些标准来执行，其结果可能并不如当初设想的那般美好。因为，作为管理者的政府部门，他们远离市场，并不能实时地了解市场的真实需求，而且所掌握的技术也不一定是时下最新的技术，由他们来制定标准，常常是"愿望很美好，现实很骨感"，很大一部分标准都无法满足市场的客观需求。

从使用范围上来说，由政府制定的标准，一般是对全社会的统一规范，并在整个社会范围内进行使用。这也就意味着，这些标准必须具有相对的稳定性。然而，市场的发展是瞬息万变的，遵循着优胜劣汰的基本规则，市场在一天之内可能成就一家企业，也可以摧垮另一家企业。因此，适合市场使用的标准，也不能过于稳定，它应该具有一定的灵活性，要随着市场发展的变化而即时作出相应的调整和修改。所以，只有那些能真正区分产品质量满足消费者需求，又能确保产品生产者利益的标准，才是一个合格且具有生命力的标准。

从政府制定标准的作用来说，标准的制定还是一项面子工程，是衡量政府主管部门业绩的重要指标。"制定了多少项标准"，是一个单位或个人向上级单位或领导证明工作成绩的重要指数，它能具体地体现管理部门对监管工作的"有所作为"。基于政府官员晋升的角度，标准制定比标准执行，更能证明他们的工作业绩。至于这些标准是不是符合市场需要，是不是能保证高执行率，是不是能客观衡量市场产品质量的好坏，那就再另当别论了。

分析至此，我们可以清晰发现，我国已有的标准化体制机制，无论是从使用情况，还是利益维护上都未能很好地实现标准对市场的基础作用，故此，其改革是势在必行的。

我们改革的目标很简单，就是转变标准制定的主体，让真正掌握市场发展状况，又能保障产品高质量的企业来制定行业标准。这些企业可以针对现有的技术水平、行业发展和消费者需求等因素，客观制定出能符合多方一致利益的标准，以推动各项因素的正常健康发展。而作为政府管理部门，也可以因为卸下了本来自己不应该承担、也无法承担的重负，而得到更加有效的运转。

当然，可能有些人难免会担心，如果真的让企业来自行制定标准，会不会出现企业互相包庇的现象？答案是不会。因为，每个企业都是一个相对独立的利益实体，即使有某些企业可能基于自身利益，制定了某些不够客观的标准，但其他能生产出更高更好质量产品的企业，也同样会基于市场利益的驱使，进而打造出一个更高的产品标准体系，在此前制定标准的企业之间进行竞争，结果可想而知，一定是优胜劣汰。因此，只有当制定标准的主体，既充分考虑了标准使用主体的利益，也确保了那些生产高质量产品的企业利益的同时，这项标准才能得到市场和社会的认可。

因此，只有将利益机制理顺的制度，才是好制度，就标准化体制来说，则更是如此。

中国质量怎么办：改革

无论是研究中国质量问题的哪个方面，研究到最后，往往都涉及体制问题。如果中国不能解决体制上出现的问题，那么，中国质量的很多问题到最后可能都会成为一个无解的难题。

面对中国存在的质量问题，很多人将这一问题看得过于复杂。其中的原因，既有出于对当前质量问题的焦虑和无可奈何，也有源于对中国的质量事业发展缺乏信心。但在我看来，中国质量问题其实很简单，那就是改革。

你可以说中国的质量问题千头万绪，比如，食品和消费品不完全安全，企业家不完全尽责，政府不完全到位，消费者不完全放心。但是，所有这些"不"背后都有一共同的原因，那就是我们的质量体制不合理。

食品和消费品之所以有问题，是因为我们的市场约束和市场信号机制非常不完善。企业之所以不完全尽责，是因为在质量上受到了那么多的事前约束和管制，本身就难以成为一个真正意义上的市场主体。再说，我们的政府部门就那么多人财物，但却要承担起质量领域几乎无限大的责任，怎么可能真正地将质量管到位呢？大多数消费者，在很多时候都不愿意花成本去认真了解自己所购买商品的质量，而且很多人继续保有找到物美价廉的产品，一味以低价格来解决购买行为，无法对市场产品完全放心。

基于以上分析，我们看出，中国质量要怎么办？答案就是：改革。至于这个改革的内容，我们已经再清楚不过，那就是让市场的归市场，政府的归政府，社会的归社会。

让市场的归市场，其实就是要发挥市场在质量创新中的决定性作用。我们说，无论是质量安全的治理，还是质量发展的推动，都取决于市场竞争。企业作为市场主体，本身就具有通过质量创新获得利润的内在动机；而消费者作为市场的购买者，则具有偏好高质量的产品与服务的内在动机。在充分竞争的市场条件下，企业只有通过更高质量的产品和服务，才能获得更高的价格和市场份额，以竞争优势淘汰那些生产同质产品的低效率企业和所谓的"僵尸企业"。我国质量体制改革的根本，也就是要将企业回归于质量创新主体。因为，只有真正建立起以企业为主导的质量创新，才能让企业的生产以生产能为消费者创造价值的产品为核心，进而促进我国企业家群体从制度型企业家转型为创新型企业家。

随着我国居民收入水平的不断提高，具有较高消费能力的中产阶层逐渐成为了消费群体的主体，更多关心的是产品和服务质量，而且对质量的需求也呈现出多层次化、多样化和个性化。而企业质量创新的根本目标，就是要提供更高质量的产品，来更好地满足消费者对质量的需求。我国质量治理的改革，应该充分发挥消费者在质量创新中的驱动者地位，特别是加强消费者集体行动能力，包括消费者保护的集体诉讼、对违法企业的惩罚性赔偿和奖励内部人举报等制度的建立；要大力发育市场化的质量服务机构，减少对质量中介服务市场的限制，鼓励和支持各种类型主体平等地进入质量服务市场，通过公平竞争，提供更加充分的质量信息，有效降低市场质量信息的不对称性，促进质量交易的达成；要有效地保障消费者在质量博弈中的话语权，形成质量供给与质量需求相互平衡的市场主体，引导资源要素流向高质量的产品和服务的供给，从而提高整体经济的投入产出效率，为宏观经济的增长产生持续不断的消费需求，进而为我国经济总量保持中高速增长提供强有力的保障。

让政府的归政府，就是要求我们建立促进质量创新的政府质量规制。政府质量规制的根本目的，是要通过制度和政策的设计，来激发企业、消费者和中介机构的质量创新能力。我国政府质量规制的制度与方法，必须以市场为主导力量，加快实现职能的转变，通过促进市场主体的质量创新，来更好地发挥政府在质量创新中的作用，建立起决策、执行和监督相互配合，又互为制衡的行政管理体制。

我国目前正在进行大部制的市场监管部门改革，虽然对促进质量监管、整合质量执法力量，具有非常重要的意义。但是，质量的市场监管，主要是基于对质量安全或质量风险的防范，并不能完全替代国家对质量创新发展进行管理和服务的职能，为此，要解决中国的质量问题，就必须建立起大部制的国家质量综合管理部门，通过它来统筹制定国家重大的质量发展战略、规划和政策，统一制定国家计量、检测、认证、标准、许可等在内的国家质量基础设施，对质量中介机构及质量服务产业进行统一管理，并提供面向企业和消费者的质量公共服务。我们要尽快建立以"团体标准"为主导的标准化体制，通过行业内部的竞争，以促使标准的不断更新，反映技术、产业和产品的趋势性变化。我们还要全力发展职业技术教育，培养大批真正合格的职业技能人才；各级政府应在财政中设立"中小企业质量提升专项基金"，为中小企业提供公共的质量检测、质量标准、质量体系和质量培训的服务，提高中小企业质量创新的能力；质量综合管理部门则要普及消费者质量教育，提供公共的质量信息，提高消费者质量识别和选择的能力。

让社会的归社会，实际上就是要社会主体参与到共同治理的质量创新格局之中来。目前，我国质量创新的重要短板之一，就是社会力量很难参与质量治理中，即使在理论上能够参与，但现实中的各种壁垒导致他们很难发挥实质性的作用。我国的供给侧结构性改革要全面实现，就应该允许更多的治理力量加入，构建共同治理的质量创新格局。说得更具体一点，就是我国应该充分发挥专业的质量社会组织的第三方评价作用，加快全面推行比较试验制度，通过社会的力量推动更高质量标准的应用，提高企业参与质量创新的能力，释放潜在的市场需求，加快企业从规模速度型向质量效率型发展方式的转变，进而提升经济的全要素生产率；要通过推动各类专业化质量社会组织的发展，实现质量社会组织的多元化、专业化和细分化发展；要建立竞争性机制，通过相互的竞争产生更有公信力的质量社会组织；完成政府质量专业技术机构的转型，确立真正的市场法人和社会法人地位，使其成为质量治理的重要力量；要建设社会化的"质量大数据工程"，通过向全社会提供开放的质量数据，让社会的各个主体都能充分利用质量大数据，助力企业真正面向消费者个性化、多样化的需求进行质量创新，拉动我国整体的创新能力的提升，释放经济增长的潜力，促进各类基于质量创新的新业态、新产业和新主体，提升我国服务业的整体竞争力，进一步优化我国的产业结构。

　　研究了中国质量这么多年，我们发现，无论是研究中国质量问题的哪个方面，最后往往都涉及体制问题。如果中国不能解决体制上出现的问题，那么，中国质量的很多问题到最后可能都会成为一个无解的难题。

我很有信心

政府管理部门已经开始选择放弃一些不必要的权力，回归政府的本质，去干市场和社会不愿意干的事情。

经常有很多系统内外的机构或单位人员来访，他们来我们院主要是讨论一个问题，就是政府职能的转变。

坦率地讲，对政府职能的转变，我以前的信心是不足的。主要原因就在于：所谓转变职能，就是要把政府的大部分职能都转给市场和社会，只有那些市场做不了的、社会也做不了的事情，才是政府该做的事情。这句话从理论上来说很正确，这也正是市场经济的本质所在。但是，要真正做到这一点却非常难，难就难在它是要革政府自己的命，即要剥夺政府手上所拥有的权力。更直接的是，它的难处还在于，政府机构本身是有自己利益的，将权力转移出去，实际上就意味着利益的减少，而要减少部门的利益，毫无疑问会是一场影响深刻的革命。但是，几场讨论下来，我却发现，原本看起来非常难的政府职能转变，似乎并没有那么难，至少在讨论中看起来似乎并不是很难。这些官员们不仅愿意把自己的权力转移出去，而且，他们所提出的转移力度之大，远远超过了我的想象。有一个省级职能部门的领导直接对国家职能部门的负责人说，你不要把权力下放给我，如果这个权力能够下放，那就说明它是可以取消的。既然这样，那还不如把这些下放的许可、行政审批都给取消了。这让我太意外了，既然上级愿意将权力交给下级，那作为下级来说，这原本不是很高兴的事情吗，但下级为什么却不愿意要这个权力，反而建议将其取消？再如，在讨论中，我总在想，政府的职能转变会不会是政府部门以"犹抱琵琶半遮面"的方式，继续将权力留在政府。但是，讨论的结果却真真切切地告诉我，一项包括了六七个环节的审批项目，讨论下来，大家却一致建议保留一两个就可以了。以上的讨论，包括讨论的一些观点，如果不是我亲身参与，几乎认为是完全不可能的。但就是这些我认为几乎完全不可能的事情，却真真切切地发生了，官员们普遍认为，职能应该转移出去，过多的行政审批也确实应该取消，而且取消的建议力度远远超过了上面的目标。

这是为什么？到底发生了什么事？让我们认为那些原本不愿意放权的官员，却愿意放弃自己的权力。

我的博士论文就是研究这个问题的。我的研究结果证明，改革往往发生在危机的时候，就是当一项体制运行不下去了，改革才会发生。大家看一看中国农村改革是怎么开始的，那就是因为农民辛辛苦苦地种了一年田，却连饭都吃不饱，只有改革才能让他们生活得更好。包括国有企业的改革，也是这样发生的，那么多的国有企业，分布在那么多行业，最后大家都不赚钱，于是才有了上世纪 90 年代大刀阔斧的改革，也才有今天国有企业的重新崛起。我国金融机构市场化的改革，也是因为按照国际标准，包括当时我国的一些国有银行，实际上都面临破产状态，但正是因为这个破产危机的出现，才有了中、农、工、建这四大银行的市场化改革。危机就是转机，一个体制只有当它出现很多问题时，才会发生改革，这条理论看来用来解释今天的行政职能改革依然有效。这些官员为什么都愿意转变职能呢？实际上，过多的权力拿在手上，对官员来说有没有利益，是很难说的。中国发展到今天，特别是由于互联网的发展，官员再也不可能只拥有权力，而不承担责任，而责任实际上就是履行权力的代价。很多官员认为，权力固然很重要，但由于权力太多而带来的责任就更加让人不安。所以，与其去拥有这个权力，承担那么多的责任，还不如放弃这个权力，同时也就免去了相关联的责任。我想，这就是目前政府部门由于太多的权力而带来的压力，在驱使这些官员理性地去权衡，到底是拥有太多权力而承担更多的责任，还是少一些权力，同时也少一份不应该承担的责任更可靠？虽然这样比较起来似乎有些庸俗，但是，人们实际上在决策一件事情时，权衡利弊的时候，一定要进行收益和成本的比较，也就是要看自己的所得和所失之比。所以，这就是具有审批权的政府官员，非常真诚地愿意放权的原因之一。

导致他们愿意放权的还有另外一个原因，那就是坚定的市场观念和价值观的改变。应该说，改革开放三十多年，给我们带来巨大物质财富的同时，也给我们带来了一套正确的发展观念，那就是人们从中国发展的实际中看到了市场的内涵，看到了市场的作用。我们会发现，凡是发展得好的领域，那一定是市场在起作用。中国发展到今天，很多政府官员都是改革开放以后接受的高等教育，他们既有对计划体制的感受，也有对市场体制的感受，这些官员普遍都具有较高的科学和知识素养，在这些科学和知识素养中，市场的知识和市场的观念，恐怕是其中很重要的一个方面。我在参加讨论的时候，非常惊喜地看到，这些政府官员所拥有的市场经济知识，显然是受过较系统的专业训练，包括要用类似博弈论、线性数学这样的知识，来分析政府管理责任、分析政府管理本身的时候，他们都掌握得非常娴熟。也正是这些知识及其所带来的价值观，让他们觉得，既然那些权力可能会阻碍市场的发展，倒不如放弃那些不必要的市场干预，管好自己该管的事情。可见得，一个人的知识，一个人由于知识所带来的价值观，对权力的选择和对利益的取舍影响是非常大的。国家大力推进高等教育，尤其在高等教育中推进现代法制、现代市场经济的知识教育有多么重要。面对看似强大得不得了的既得利益，一个拥有正确知识和坚定信念的人，同样愿意去放弃这个权力，而让事物回归到正确的轨道和规律上来。

一个月来，通过集中对政府转变职能的几次讨论，让我对本届政府所说的转变政府职能有了信心，这些信心就是来自于现有的管得过多的行政体制，实际上已经使得官员们学会了权衡，他们从另外一个成本收益的角度开始比较，愿意选择去放弃一些不必要的权力。更为重要的是，现在的政府官员所拥有的市场经济的知识、现代的法制观念，让他们认识到，应该用市场来解决市场的问题，政府应该回归它的本质，那就是去干市场和社会不愿意干的事情。正是因为这样的改变，让我以前对改革的一些悲观的看法也得到改变，所谓既得利益的固化，并不像我们想的那般牢不可破。实际上，职能行使的成本与收益的权衡，以及官员们的现代知识体系，特别是他们拥有的价值观，都在慢慢地消融那些看上去似乎牢不可破的既得利益。而这，就是我信心的来源！

（2015 年 5 月 31 日发表于武大质量院官方网站"专家视点"栏目）

建设现代检验检测认证机构的顶层设计

全面深化改革的要求，就是以整合为主要手段，对我国建立现代检验检测认证机构进行了顶层设计，这必将使检验检测认证机构成为我国市场信用的可靠提供者，成为我国市场经济制度的重要技术支撑体系。

2014 年经国务院批准，中央编办和国家质检总局联合出台了《关于整合检验检测认证机构的实施意见》（以下简称《意见》）。《意见》明确提出检验检测认证是现代服务业的重要组成部分，我国检验检测认证机构尚处于发展初期，难以适应完善现代市场体系和转变政府职能要求。为此，《意见》将"整合"作为改革的主要抓手，其核心是要建立起我国现代检验检测认证机构。

一、现代检验检测认证机构建设的前提是要明确功能定位

《意见》在指导思想中提出，要进一步理顺政府和市场的关系，科学界定国有检验检测认证机构的功能定位。目前的主要问题是机构规模普遍偏小，布局结构分散，重复建设严重。政府的监管只能界定在安全、健康、环保、反欺诈和维持市场秩序等领域，作为政府的检验检测认证机构，也只能围绕这些领域提供公共服务，履行的是公共职能，而不应该依靠行政权力介入盈利性的市场经营性服务，这就有必要减少政府所属机构的数量。

二、现代检验检测认证机构以市场主体为基础

《意见》按照充分发挥市场在资源配置中的决定性作用的要求，要求到2015 年，转企改制工作基本到位。检验检测认证机构诞生于市场交易的需要，是买卖双方所必需的第三方质量信用服务，具有鲜明的市场属性和产业特征。虽然少部分机构具有公益性特点而由政府举办，但大部分都是经营性的市场主体。只有当这些机构成为独立的市场主体，才能真正地为买卖双方提供公正的质量信用服务，进而实现优胜劣汰。《意见》在重点任务中，明确推进具备条件的检验检测认证机构与政府部门脱钩、转企改制，实际上抓住了机构快速发展的关键，那就是要培育一大批合格的市场主体。

三、现代检验检测认证机构的核心竞争力是具有提供综合化服务的能力

无论是检验检测认证服务，还是计量标准咨询服务，实际上都是为了评价产品的质量水平，具有内在的一致性和系统性，没有计量就没有标准的衡量，没有标准就没有检测的依据，没有检测就没有认证的来源。从企业角度来说，也需要检验检测认证机构提供综合性的质量技术服务。《意见》针对我国检验检测认证机构功能相互割裂的现状，提出发展区域性综合检验检测机构，县（市）机构原则上整合为综合性检验检测机构，这不仅将避免重复建设，更重要的是通过优化资源配置提高机构核心竞争能力。

四、现代检验检测认证机构的发展趋势是大集团间的国际化竞争

我国的检验检测认证机构目前面临着国际同类机构的严峻挑战，SGS和 BV 等国际大集团的年营业收入都突破 300 亿元人民币的规模。检验检测认证机构的服务实质上是质量信用的提供，而质量信用的基础则是提供者的规模和品牌。我国的检验检测认证机构基本上不能向服务对象提供全球的规模化服务，更没有承载质量信用的品牌。对此，《意见》提出要到 2020 年，培育一批技术能力强、服务水平高、规模效益好，具有一定国际影响力的检验检测认证集团。这次整合就是要站在国家利益的角度，组建能参与国际竞争、具有世界品牌影响力的本土化的中国质量服务集团。如，可以中国检验

认证集团等机构为基础，整合国内其他有实力的机构，建设具有全球竞争力的跨国检验检测认证集团，打造国际知名品牌，服务中国，走向世界。

五、现代检验检测认证机构需要创新政府管理体制

我国现有两万多家的检验检测认证机构，行业壁垒较多，条块分割明显，缺乏对这些机构的统一有效监管。因而，《意见》提出要打破部门垄断和行业壁垒，建立统一的监管机构和法律法规，营造各类主体公平竞争的市场环境，进而优化政府促进检验检测认证机构良性发展的制度环境。

《意见》按照全面深化改革的要求，以整合为主要手段，对我国建立现代检验检测认证机构进行了顶层设计，这必将使检验检测认证机构成为我国市场信用的可靠提供者，成为我国市场经济制度的重要技术支撑体系。

（2014 年 3 月 17 日发表于《光明日报》、武大质量院官方网站"专家视点"栏目）

八

IQDS 这样办

中国好质量奖
——一项由学术界评出的专业奖

中国好质量奖，着力于对颁奖对象的案例研究与科学价值的探讨，让对象更加规律性的认识自己的质量行为与实践，立足于传播获奖对象的示范性和可复制性价值。

中国有很多质量类的奖项，包括政府的奖项、行业组织的奖项和新闻媒体的奖项，这些奖项卓有成效地树立了质量的标杆，传播了质量的正能量，是推进质量发展的重要手段。

在所有这些奖项中，唯独缺乏质量学术机构，尤其是大学的质量专业学术机构的声音，这无论从哪个角度来说都是一个很大的缺憾。因为，学术界的质量专业奖项，所反映的是对质量对象内在规律的把握，特别是对质量现象的一般性的概括，其评价的结果更注重规律性、一般性和趋势性。学术界的质量专业奖项与政府、社会和新闻媒体的质量奖，共同构成了对质量的全方位引领和示范，形成更为完整、系统和各具特色的质量奖项的体系。

为此，武汉大学质量院作为政府与知名大学共建的质量专业研究的实体性学术机构，几年来一直在探索建立由学术界评出的更侧重于专业评价的质量奖，那就是"中国好质量奖"。

"中国好质量奖"的追求与定位就是：专业性。表现在如下几个方面：

首先，评价对象和奖项设置的专业性。质量奖等于企业奖吗？这要从质量的主体开始分析，质量的市场主体包括三类：一是质量的供应者和生产者，即企业；二是质量的购买者和消费者，即公民；三是质量的检测与信用提供者，即技术机构。因而，要把质量搞上去，要引导质量的行为，就不能只是单一地依赖企业主体，要同时建设公民主体和质量中介，即技术机构主体。

质量奖只是市场主体的奖项吗？我国质量治理正反两方面的实践一再证明，质量并不仅仅是市场主体的事情，而是有赖于建立一个社会各方共治的多元主体体系，包括社会组织的参与，诸如消费者组织、企业的行业组织、新闻机构等等，还包括政府主体的作用，尤其是政府对企业、公民和社会的质量公共服务行为。

以上的专业分析，必然得出"中国好质量奖"的评奖对象与奖项设置：

中国好质量奖——企业奖

中国好质量奖——公民奖

中国好质量奖——技术机构奖

中国好质量奖——社会组织奖

中国好质量奖——政府公共服务奖

只有这五类对象的协同与共治，才能从根本上促进中国质量的进步与发展，也才能引领各个不同主体共同参与到中国质量的建设中来。

其次，是评价方法和产生程序的专业性。评价方法主要取决于评价机构、评价专家和评价标准。一个奖项的评价必须有明确的、稳定的评价机构，武大质量院作为国内具有广泛影响力的专业学术机构，拥有多年的质量研究科研基础，稳定的学术研究领域，以及长期积累的案例对象，因而在评价机构上就是由武大质量院独立评出，反映的是作为中国领先的质量学术机构的学术判断、专业评价和专业声音。很自然的，既然该奖项由武大质量院独立评出，那么，参与评价的专家就应该是武大质量院的质量专业研究科研人员。武大质量院的这批专家，长期专注于质量科学和理论的研究，积累了各自的学术专长，大家协同起来就可以比较全面地从学术的视野，对评选对象作出专业的评价。相应的，评价标准也是侧重于评价对象的质量实践，所反映出来的质量规律，特别是质量创新的示范效应和一般意义。

在产生的程序上，专业首先是来自于中立，也就是武大质量院作为评价机构，独立选择评价的候选对象，不接受社会或被评价对象的推荐与自荐。主要是通过质量院的长期科研积累和案例，通过社会、互联网和各类媒体渠道获取和遴选候选对象。对候选对象也由质量院的专家作出专业的评价与分析，尤其是在科学上要凝练出评选对象的独特优势与一般规律，并且通过质量院专家的竞争性提名，由质量院的学术共同体通过投票方式确定最终的获奖对象。

最后，评价结果和科学研究的专业性。"中国好质量奖"不是对质量先进事迹和质量水平的评价，而是对质量事实与质量行为的深度挖掘，主要在评价结果上反映两个方面的专业性：一是对象在质量事实与质量行为上的创新，这种创新突出反映在现实约束条件下的行为与选择，也就是说质量奖的评出，并不是简单的有多么先进，而是先进的背后表现出与现实的接近；二是对象的创新在科学和理论上的价值，有些创新可能是偶然的、个别的和随机的，"中国好质量奖"要评选的创新，是要反映出必然的、一般的和规律性的，从这些获奖对象上，凝练出一般性的科学规律和可复制的理论范式。

因而，对评价结果的应用也主要是基于科学研究的规范：一是颁奖不追求外表的喧闹，而是着力于对颁奖对象的案例研究与科学价值的探讨，使评出来的对象不仅能够获得一项奖项，更重要的是让这些对象能够更加规律性地认识自己的质量行为与实践，从而上升到质量自觉的哲学境界；二是不终结于给出一个奖项，而是以奖项为平台，传播获奖对象的示范性和可复制性价值，这就是为何此奖项的评价和分析结果，在质量院主办的学术刊物《宏观质量研究》上发表的原因，我们希望奖项的评选，能够成为中国质量案例库建设的重要推动力，进而提升中国质量研究的专业化水平。

（2014 年 12 月 10 日发表于武大质量院官方网站"专家视点"栏目）

"中国好质量奖"的科学主张

科学的，才是有价值的，有着鲜明科学主张的"中国好质量奖"，本身也是追求价值的创造。

"中国好质量奖"是由学术界评出的专业奖，这一专业奖不仅体现在质量奖项的设立上，更重要的是体现在评价上。那么，评价的专业性到底反映在哪里呢？就是反映在对象行为的科学性上，也就是说对被评价对象，我们只有一个标准，那就是看这个对象的质量行为，是否反映了质量的内在规律，具不具有长期存在的内在价值，是不是其他同类的对象所应该共同具有的行为特征。说的再直白一点，也就是被评价的对象，要具有可复制性，要反映事物的内在逻辑。

因而，"中国好质量奖"就是基于这样的专业标准要求，提出自己明确的科学主张。

第一，要体现市场的决定性作用。无论是什么样的候选对象，都应该体现发挥市场的决定性作用，是市场经济的内在要求。如企业奖的获得者，就必须是一个真正的市场主体，而不应该背靠着行政的力量，或者说有大量的政府背景，那么这样的企业奖的获得者，实际上很难被其他的竞争性的市场主体所学习。再比如，政府质量的公共服务行为，也应该体现发挥市场主体的作用，要能够激发市场主体的内生动力，这样的政府质量公共行为，才能起到"一两拨千金"的作用。如果一个社会组织，实际上就是一个"二政府"，那么这样的组织实际上是违背市场经济规律的，当然也不能纳入到"中国好质量奖"的评审之中。

第二，要有内生的可持续发展能力。一个奖项如果评出来，让大家一看根本学不了，因为这个对象的成功完全取决于外部的力量或外部的投入，只要外部的力量一撤出，那么这个对象就会从成功走向失败，显然，这样的对象是不能纳入"中国好质量奖"评价的。比如，质量技术机构奖非常重要，那我们的科学主张就是看这个机构的收入，是来自于公平的市场竞争，还是来自于政府的某种特许授权。实际上，我们这一次在做候选对象筛选的时候，发现一些很有竞争力的质量技术机构，以前都是工业行政主管部门的事业单位，随着这些主管部门的撤销，这些质量事业单位不仅没有消亡，反而发展得非常好，已经成为具有品牌影响力的质量专业服务机构。如果评出这样的机构，那就反映出了获奖对象的内生发展能力，而显然只有这样的内生能力，才真正符合质量技术机构的发展规律。再如，质量做得好，一个最显著的指标，就是你的质量行为有大量的人能接受，也就是有大量的成员或用户。如果你是一个质量社会组织，你的受众自愿地参与吗？如果你是一个企业，所提供的质量服务产品，有海量的用户在使用吗？显然，只有成员多和用户多，这些质量奖的获评者，才是真正可自我发展的，并且这种发展才是可持续的。

第三，要真正地创造可定量的价值。质量之所以重要，简单一点说就是有用，能够创造价值，如果质量做好了，反而都是成本的投入，或者说质量成本的投入不能换来远高于成本的效益，那么这种质量绝对不是好质量。那样的质量可能是基于某种行政的需求，或者是有另外的非经济性的荣誉取向，但显然这两类价值诉求，都不是好质量的普遍规律。因而"中国好质量奖"的评价要求，就是获奖者一定能创造可以定量的价值，也就是通过自己微观的质量行为，能够在整体上促进中国宏观经济增长质量的改善。比如，质量公民虽然只是一个普通的个人，但是这个个人如果能够在国家法律的范围内，依靠市场化的方法，让企业付出质量违法的成本，那么这就是一种基于市场约束的质量价值创造。再如，如果是企业联合而成的社会组织，能够通过标准的创新和应用，降低社会交易的成本，提高消费者选择产品的能力，那么这也是可定量的价值创造，这样的行为才是真正的好质量。

有着鲜明科学主张的"中国好质量奖"，本身也是追求价值的创造。实际上科学的，才是有价值的，这是基本的逻辑，同时也是生活的常识。

（2014 年 12 月 17 日发表于武大质量院官方网站"专家视点"栏目）

"中国好质量奖"的责任

从规律上总结各类获奖对象的贡献，向全世界传播中国质量的好声音，呼吁人人都是质量的建设者，在困难中发现希望，在被动中寻找主动，这就是"中国好质量奖"的社会责任。

评选"中国好质量奖"投入很大，也非常辛苦。2013年"中国好质量奖"终评会，我们前后花了整整9个小时。武大质量院的19位专家，在前期大量材料的基础上，每个人都准备了一万多字的推荐分析报告，就候选对象的质量贡献、质量创新、质量理论价值和质量行为的趋势性，进行了专业而深入的剖析。说实在的，作为一个参与评审的专家，在体力上的确需要很大的支撑，但在知识上又觉得有巨大收获，并远远对冲了体力上的消耗。之所以有这样的感受，还是来自于作为武汉大学质量院的定位，即要做"中国质量的建设者"。而作为建设者的一个基本评价标准，就是要真正地寻找中国好质量，通过这些好质量的挖掘和分析，告诉人们中国质量绝对不是在改革开放向上的同时而出现向下的悖论，恰恰相反，与中国经济发展取得巨大成就一样，中国质量也取得了巨大进步与成就。更为突出的是，在一些新兴产业，如互联网和物流等领域中，中国质量甚至已经开始引领世界的发展，毫无疑问地站在了世界最前沿。将这些"中国好质量奖"的典型代表挖掘出来，将他们的贡献从规律上总结出来，就是"中国好质量奖"的责任所在。

　　质量安全是成本吗？质量投入能够真正地为企业创造巨大的价值吗？这些在理论上可能还有争议，并且在定量上也无法科学统计的问题，"中国好质量奖"的候选对象，却用真实的实践告诉我们，质量安全作为一种成本的投入，可以创造巨大的价值，有些候选对象甚至在强大的竞争对手面前，就因为提供了质量安全的产品服务而异军突起，甚至后来居上，形成了强大的竞争力，并且为未来发展集聚了巨大的增长要素。把这些真实的案例挖掘出来，武大质量院的专家们因此感到兴奋异常，这不仅是中国质量学术研究的富矿，更重要的是，让我们看到了中国的质量产品和服务，的的确确创造了完全可以计量的经济价值。这就是"中国好质量奖"的责任所在，就是要告诉社会，更要告诉世界，中国作为一个崛起大国的背后，质量是一个重要的秘密。

　　公民或者说消费者，只是质量的看客吗？只能作为质量的批评者，或不良产品的受害者吗？"中国好质量奖"的评选告诉人们，每一个人都是"质量公民"，什么叫"质量公民"？那就是每个人都是质量的主体，既要享受质量的权利，又要履行质量的责任与义务。作为一个消费者来说，公民就意味着要在国家的法律范围之内，通过专业的质量知识和质量行为，来维护自己的质量权利，而且这种权利的维护并不仅仅是成本投入，也可以通过对劣质质量厂商的索赔，在让我们自己获得应有赔偿的同时，也让那些劣质厂商付出代价。在这次评选的"中国好质量奖"中，有很多普通的消费者，甚至包括一些年近七旬的老人，都用自己的行为告诉我们，"质量公民"不仅可以保护自己的利益，而且可以有效地约束不法厂商。"中国好质量奖"有责任倡导人人都来做"质量公民"，实际上，"质量公民"不是一个简单的道德符号或概念，而是一个可以切实获得收益的市场主体。

　　质量技术机构一直是我国质量建设中的一个短板，尤其是面对国际巨头在中国市场的发展态势，更加让人感到十分不安。但就是在这样的氛围中，我国依然出现了有愿景、有战略、有执行力的技术机构，他们通过市场的竞争与选择，做出了不亚于德国一些世界一流的技术机构的业绩。这些组织建成了协会、实验室、公司、行业联盟与互联网多个主体的治理结构，为中国的产业发展实实在在地作出了具有国际竞争力的贡献。这也是"中国好质量奖"必须肩负的责任，那就是在困难中发现希望，在被动中寻找主动。

质量永远是社会发展的主体，在国外，尤其是在欧洲，都已经发布了社会质量宣言，要建立一个质量社会。作为一个社会组织，理性、科学与独立地进行新闻监督与传播是至关重要的。"中国好质量奖"在评审中，发现了一些有强烈责任心的新闻媒体，他们在专业法律机构的协同参与下，数年如一日，理性地监督企业的质量不良行为，理性地引导消费者的质量维权。而"中国好质量奖"的责任，就是要传播这些理性、科学的质量好声音。

政府对中国质量发展的重要性，无论怎样评价都不为过。但这种重要性，也必须建立在科学定位的基础上，也就是政府要通过共同治理的方式，驱动市场以及其他主体共同参与到质量治理中来。尤其是在改革的大背景下，政府如何通过改革的方式，驱动质量职能的转变，形成质量治理的新格局，更是一个紧迫而崭新的课题。"中国好质量奖"有责任将政府质量公共服务的创新，进行系统地研究和提炼，以更好支撑政府质量职能的转变与改革。

（2014 年 12 月 24 日发表于武大质量院官方网站"专家视点"栏目）

唱响"中国好质量奖"

作为一项由学术界以专业的视角评出的质量奖项,"中国好质量奖"更多反映的是互联网时代质量新的创新和新的趋势,而且这一趋势从逻辑上是不可逆转的。

中国到底有没有好质量?如果有,那么这些好质量是不是一种趋势?这些中国的好质量,是否具有世界领先的水平?这几个问题,是作为"中国好质量奖"的主办单位必须要回答的。

对质量的观察一定要有互联网意识,这是一个互联网的时代,质量在互联网时代已经有了很多崭新的变化,最突出的变化就是对消费者需求的满足,以及持续的改进。质量创新的时代已经来临,正在形成一些不同于工业时代的质量形态。在这种背景下,我们可以明确得出结论:中国有大量的好质量,而且在互联网领域的好质量,已经开始领先于世界发展。可以非常科学而准确地说,中国互联网领域的质量水平,不仅已经达到世界水平,而且开始引领互联网时代质量发展方向。在互联网的各个领域,无论是硬件还是软件,也无论是通道还是信息内容,中国的消费者正在享受着世界级质量水平的互联网服务,而这些都是由一群中国的企业家们创造出来的。

武大质量院的一些专家,在评奖前分赴全国各地,深入到候选对象进行深入地调研。坦率地讲,这些调研的专家没有一个不被这些对象所感动的。

其中有些候选对象为了验证消费者受到劣质产品侵害的状况，不惜冒着一定程度的身体伤害风险，也要去现场进行真实性的甄别，最后让劣质的产品提供者付出代价。实际上，就是这样一些候选对象不计功利的努力，才创造了中国好质量。就我们分析的初步结果可以证明，有众多的普通公民和社会机构，都在投入到对消费者的保护之中，已经成为社会的一种普遍趋势。我们的研究之所以让我们对中国质量的未来充满信心，就是来自于对这种趋势性的把握和判断。也就是说，很多公民和社会组织已经拥有了质量自觉，并不是简单地将质量问题推给政府，而是以自己的力量来推动中国好质量的发展。

质量的领先到底怎么评价？除了前面已经谈到的满足消费者需求，更重要的是用什么方法和手段去实现对需求的满足？互联网时代质量的领先只能取决于大数据，苹果手机的质量绝不仅仅表现在手机软硬件或工业设计上，而是更多地表现在 App Store 平台上所产生的大数据，这才是支撑苹果能够准确满足消费者的核心。同样，在大数据领域，中国已经有众多的企业开始形成显著的优势，这一优势又是建立在中国拥有世界最多网民的基础上。这些企业和组织就是利用来自于网民的大数据，不断开发各种新的应用和服务，从而满足并引领消费者需求。如果说，在工业时代中国质量整体落后于欧美，那么在互联网时代中国质量整体不仅没有落后于欧美，相反已经开始表现出明显的引领优势。

"中国好质量奖"是由学术界以专业的视角评出的质量奖项，与政府、社会组织和新闻界的质量奖的差异就在于，更多反映的是互联网时代质量新的创新和新的趋势。

截至目前"中国好质量奖"的专业分析，让我们对"中国好质量"充满信心，那就是中国在互联网时代开始出现质量向上的趋势，而且这一趋势从逻辑上是不可逆转的！

因而，我们完全有理由自信地唱响"中国好质量奖"！

（2015年1月8日发表于武大质量院官方网站"专家视点"栏目）

致敬中国好质量的创造者

用中国好质量奖的卓越案例，支撑我们对中国质量发展充满希望的学术判断，用实践证明，质量是中国经济新常态下的新动力。

我国经济自改革开放之后，历经三十多年发展，创造了人类经济史上前所未有的高速增长奇迹，以超过 9% 的年均增长速度快速发展。但自 2012 年开始，我国经济开始出现持续减速和下滑，到 2015 年这一下滑趋势更加明显。武大质量院的调查研究发现，很多企业家认为当今是他们自改革开放以来感觉最困难的时期，因为我国经济增长的阶段性已经发生了根本性变化，由一个高速增长的经济体进入一个中高速（严格讲是中速）增长的经济体，我们过去赖以增长的两大动力（投资驱动和人口红利）正在逐渐消失或出现逆转，中国正从一个劳动力相对富裕的发展阶段进入到了一个劳动力普遍短缺的阶段。面对新的经济发展态势，发展依然是我们的首要任务，而中国经济的发展在新常态下需要新动力的注入。

武汉大学质量院自 2007 年成立以来，一直从经济学、社会发展的角度来研究"质量"这个问题和这个现象。多年的研究使我们有信心下这样一个判断，那就是，中国的经济发展需要很多新的动力，其中一个非常重要的动力就是质量水平的提高，也就是"质量创新"。这也是 2013 年 1 月 19 日，由武汉大学质量院、宏观质量管理协同创新中心、《宏观质量研究》编辑部共同举办的论坛主题"质量：新常态下的新动力"的由来。

多年来，质量院的研究发现，依靠宏观调控为主要方式的促进宏观经济增长提高的思路，在路径选择上有理论逻辑上的矛盾。任何宏观都是建立在微观的基础上，要想追求宏观经济增长的提高，就应该先找到宏观经济增长质量提高的微观基础，中国宏观经济增长质量的基础，要建立在提高微观产品和服务的质量基础之上。因为宏观的 GDP，要由微观的产品和服务的市场价值来决定，只有中国的产品和服务质量的提高，才能最终促进经济增长质量的提高。

无论是自然科学、工程科学还是社会科学，都有一个基本方法，那就是理论必须经受实践的检验，也就是我们所谓的案例检验方法。质量院多年来一直坚持面向实证，面向真实问题开展案例研究。在诸多的案例研究中，我们发现，中国大部分的企业，都是按照市场规律，通过自身的质量创造获得差异化的优势，但仅仅依靠企业自身的质量发展，既缺乏约束也缺乏激励。所有质量卓越的国家，依靠的不仅仅是企业，更是消费者。消费者通过"以脚投票"和"以货币的选票"告诉企业，高质就是高价，而低质就只能是低价。所以，我们说，消费者是一个国家质量进步的根本动力和全部目标。

无论是消费者还是企业，单凭个体的力量都非常微弱。作为企业，需要联合起来，寻求大家通用和共识的标准，这就是企业的社会质量组织；作为消费者，也需要联合起来，通过集体的力量来对抗那些过于强大的企业；作为政府，在质量安全上承担着不可推卸的公共职责，他们既需要建立规则去激励那些质量卓越的追求者，也需要用合法的力量去制裁那些质量的违法者。

中国质量最大的缺陷不是技术手段，也不是质量理念，而是质量主体的缺失。一个没有完善主体的社会，其权利和义务固然不可能建立起来。这些年来，质量院的研究人员一直在认真地积累中国质量案例的数据库，这些数据库就是我们今天所说的"好质量"的代表者，正是中国需要的"好质量"。今天我们现场即将颁出的这 5 个获奖单位，便是中国质量治理的 5 个质量主体的卓越代表。

截至 2012 年，我国有由政府设立的质量奖，代表了政府的导向和社会的声音，也有由中国质量协会设置的"全国质量奖"，还有由媒体颁发的质量奖，例如《中国质量报》颁发的"质量之光"，以及由消费者协会颁发的"最受消费者信任的品牌"质量奖等。但是，在所有这些奖项中却唯独缺乏一个声音，那就是学术界。在学术界，我们需要通过好质量的案例开展质量学术研究，需要专家从专业视角研究质量发展。在中国王力集团的支持之下，质量院在六年前开始筹备设立"中国王力杯"好质量奖，一个由学术界发起、并由学术界独立评价的一个新的质量奖项。

2013 年首届好质量奖的评选学习借鉴了国际奖项的评选规则，由质量院的专家独立地开展评选。基于质量理论的 5 个主体假设，我们按照质量的内在规律，通过案例的积累来挑选质量五个方面的案例，同时在网上进行搜索排名和比较，并由专家对案例进行专业分析，在此基础上，评选专家们对质量案例进行了三轮竞争性地比较和选择。随后，在选出基本对象之后，专家学者分赴各地，与最后入围的 15 个候选对象进行现场调研和互动。基于以上全过程，一直到今天，我们才最终评选出了即将揭晓的 5 个好质量奖的卓越案例。

开展"中国好质量奖"评选活动的目的只是一个，那就是，要用中国好质量奖的卓越案例，支撑我们今天这个学术论坛的判断，即要让质量成为中国经济新常态下的新动力。

首先，我们要清楚，质量的根本动力在哪里？中国质量最大的激励者是谁？无论有什么样的理论观点和理论方式，你都必须要承认一个常识，那就是，质量只能在固有特性下被消费者，被我们的质量公民选择。

面对海量的质量安全对象，我们的政府监管机构永远不可能百分百地知道他们每时每刻都在干什么，但我们的政府，完全有能力去驱动像王海这样的质量公民，来代替政府部门对这些质量对象进行更为有效的监督和管理。王海在追求自我利益的同时，也实现了其自身社会价值的最大化，这正是市场经济得以运行的规律所在。其实，质量的核心就是要建立一个让质量主体可以均衡、公平博弈的制度环境。

其次，我们说，在新常态下，政府职能的转变，其实是一个比消费者的权利发挥更为艰难的制度创新过程。一直走在改革开放前沿的广东，用他们基层探索的实践告诉我们，一个好质量，一个优秀的质量公共服务是如何创造出来的。广东的电梯改革之所以能得到专家的肯定，实际上不是基于电梯改革成功的个案，而是基于它是我们国家质量治理体制改革的一个创新点和突破点。广东电梯改革，用实践证明，质量监管的改革是可以突破的，核心是看我们敢不敢担当。

另外，什么才是"好质量"呢？那些我们天天都应该去做，而你做不到，而他们却能够长期坚持做下去的事情就是"好质量"。很多人总是习惯把"好质量"当作一个高不可攀的事情，实际上，"好质量"就是将那些普通的事情坚持每天做下去，这样你就会变得不普通了。在媒体维权节目的竞争中，央广"天天315"栏目组的简单和执着，让我们看到了媒体在质量治理中所能发挥的重要作用。正如武大质量院已经成立第8个年头，一直以来只有一个简单的信念，那就是要用学者的力量去推动中国质量科学研究，服务国家发展战略，因为我们热爱这份事业，我们想将它认真地做好。"天天315"，以他们简单的常识性力量，每天为我们的消费者，为我国质量事业的发展贡献它的正能量。我们的国家，正因为有了像"天天315"这样有责任心的社会组织，才搭建起政府和公民之间的桥梁，使"中国好质量"成为一个完整的制度框架。

最后，我们知道，市场要真正发挥决定性作用，需要一个让它发挥的制度条件，而这个制度条件就是，要有效地解决市场质量信息的不对称。质量信息的不对称需要靠专业机构来做。中山红木家具协会，通过企业家自发的质量组织，创造了该领域第一个社会化的联盟标准。闪联产业联盟，既是一家有共同利益的行业组织，他们每年几千万枚标识的使用，为消费者传递了有效的质量信息。我们说，一个质量技术机构，如果只做标准而不去做认证，做认证的又没有检测，做检测的又缺乏标识使用，那是很难发展的。闪联产业联盟的案例告诉我们，即使在很多国人都非常担忧的高新技术领域，我们自己的市场联盟，一样能够创造出保护民族产业利益的、优秀的、市场化的质量技术机构。

有媒体曾问我，中国有可能出现引领世界质量的新产品吗？我的答案是：中国已经出现了这样的产品，它就是 360。

现在所有的企业质量奖几乎都是颁给传统制造业，但我们今天的"好质量奖企业奖"的获得者却是一家非制造业企业，是一家典型的互联网企业。在工业化时代，中国的质量整体水平很难快速地超越发达国家，但是在互联网时代，中国和世界上任何一个国家的发展都是同步的，我们完全有可能实现质量的新超越。360 给我们最大的震撼就在于，一家提供网上质量安全服务的公司，却能打破百度、阿里巴巴、腾讯等公司的用户锁定，收获10 亿用户。我们说，互联网的最大价值就在于它的用户价值，360 就是靠网络质量安全产品和服务的提供，赢取了10 亿用户的认可和青睐。

首届"中国王力杯"好质量奖5 个获奖单位（者），让我们更加坚信，在新常态下，质量就是中国经济发展的新动力。如果说我们在摆脱过去的旧常态之后，对未来还稍许有些惶恐和不安的话，这5 个"好质量"案例的分享，让我们清晰地认识到，中国的新常态发展将会是一个健康、持续、高质量的发展。

中国好质量奖还将持续举办下去，我们要发现更多那些用实践和创新增强了我们对中国质量发展信心的优秀质量主体，发现支撑起实现中国质量强国的"民族脊梁"。

（2015 年 1 月 23 日发表于武大质量院官方网站"专家视点"栏目）

面向世界的中国质量问题研究
——《宏观质量研究》发刊词

> 中国质量问题的最大特点就在于"宏观性"，在每一个质量现象的背后都有着宏观因素的影响，只有研究这些宏观因素对质量问题的影响，才能解释中国质量的现象，也才能提出有效的质量对策。

中国质量需要建设，尤其需要学术建设，2013 年 6 月《宏观质量研究》的创刊，是武汉大学质量院为中国质量学术建设实施的一项基础性工程。

《宏观质量研究》是经国家新闻出版广电总局批准，面向国内外的学术性刊物。在公开刊号已成为稀缺资源的今天，《宏观质量研究》能够得到批准，主要是来自于它的学术性定位。中国并不乏质量领域的刊物，但迄今并没有一本真正意义上的学术性刊物。质的学术研究，特别是学术论文的公开发表，对于中国质量建设的意义是不言而喻的。虽然，现在有很多刊物都在发表一些质量研究的学术论文；但面对中国复杂的质量现象，这些论文无论是数量还是质量，特别是在共同的学术范式的形成上，都需要进一步的创新与发展。

《宏观质量研究》的宗旨，就是为中国学者的质量研究提供一个规范的、权威的、高水平的发布平台；发表一系列原创性、开创性、创新性的研究成果；激荡质量研究领域新的问题与对策、新的方法与工具、新的思想与理论的产生，培育一批具有世界影响力的中国本土的质量学者和专家。

《宏观质量研究》的目标，是要成为中国质量问题研究的学术窗口和中国质量问题对策的智库平台，成为具有国际影响力的中国一流学术刊物。

中国学的研究，尤其是当代中国相关问题的研究，越来越引起世界各国学者的关注和参与；而在中国学的研究中，中国的质量问题毫无疑问是重要的研究对象。大国质量、二元质量与转型质量的相互叠加，构成了世界各国都不曾有过的独特的中国质量现象。研究这一现象的内在规律，给出这一现象的科学解释，特别是提出治理中国质量的方法和对策，是本刊最为关注的"中国质量问题"。因而，本刊的研究倡导面向中国现实质量问题的研究，要形成中国质量研究的学术范式，构建质量研究的中国学派。中国学者应该有这样的学术自信，因为我们正面对着世界上最为丰富而独特的质量问题。科学就是对问题的解释，占有了问题，就拥有了走在学术前沿最宝贵的资源。中国学者可贵的财富，就在于亲身经历着中国质量问题的现实。本刊将着力于发表面对中国质量问题的研究论文，并坚信将对世界学术形成具有一般性理论的新贡献。

中国质量问题的最大特点就在于"宏观性"。在每一个质量现象的背后都会发现宏观因素的影响，包括经济社会发展的战略、国家的法律与政策体制、特殊国情下的公民行为与文化、大数据时代的信息传播与管理等等。只有研究这些宏观因素对质量问题的影响，才能解释中国质量的现象，也才能提出有效的质量对策。本刊特别鼓励对中国质量问题的跨学科研究，为此设立了如下相对固定的栏目：质量理论与战略、质量制度与法律、质量与经济发展、质量统计与分析、质量观测与案例等。本刊将始终坚持规范的学术研究方法，就是通过对问题的实证观测与数据统计，提出具有一般意义的结论，并对这些结论进行科学的验证。

《宏观质量研究》之所以选择"中国质量观测"作为创刊号的研究主

题，就是为了践行本刊的宗旨。这一研究面向中国真实的质量问题，采用跨学科的研究方法，在实证数据分析的基础上，努力提出具有创新性的理论观点和现实对策。"中国质量观测"是武大质量院的各位同仁历时三年，共同参与的一项面向中国质量问题的大型研究项目，也是国家社科基金重大项目"我国质量安全评价与网络预警方法研究"的成果汇聚。论文研究的内容覆盖了我国质量问题的各个方面，既有经济视角的分析，也有法律角度的研究，还有公共管理的探讨，更有数据统计分析和案例的解剖。各篇论文共同研究的主题，就是通过跨学科的研究方法，来解释当前中国质量的状况。

从某种意义上说，中国学者很幸运，研究中国质量问题的学者更为幸运；因为我们正站在世界各国从来没有过的独特的中国质量现实问题面前。我们高质量的研究论文，不仅将为解决中国质量问题提供科学的支撑，也将为世界质量科学的创新作出中国学者的贡献。我们诚挚邀请海内外学者与我们一道同行，使《宏观质量研究》成为中国质量学术进步的一块基石，让创新的中国质量思想，引领中国质量实践的进步！

（2013 年 6 月 26 日发表于武大质量院官方网站"专家视点"栏目）

一种可持续的发展模式

持续的价值创造——持续的社会捐赠——持续的质量院发展：这就是我们院寻找到的可持续发展模式。

作为武大质量院的负责人，我一直都在思考一个最基本的问题：那就是怎样保证质量院的可持续发展？我得出的答案主要是两个方面。

一个是建立质量院的核心价值，那就是要在质量研究领域作出真正的成果。质量是一种现象，更准确地说是一个"问题"，这个"问题"涉及质量基本理论的研究，还有如何促进质量发展，以及建构一个什么样的治理体制等。对质量问题的研究，可以从不同的学科领域加以展开，因为质量是一个复杂性现象，特别有必要从不同的学科领域进行研究。我们院几年来所确定的"宏观质量"研究，就是从不同学科的角度来研究"宏观质量"。目前看来，这个问题的选择是准确的，是可以持续地创造现实价值和学术价值的。

另一个是建立质量院的支撑能力。越深入研究"宏观质量"问题，我就越感觉到压力，这个压力就是来自于可持续的资源支撑能力。说的再通俗一些，"宏观质量"的研究需要人财物的投入，而人和物的投入，在实质上就是财的投入。没有稳定、可持续的资金投入，就谈不上可持续的发展。我们国家现在很多大学、科研机构的发展，实际上都受制于资金的可持续投入。科学研究之所以能够仰望星空，那一定是来自于它有脚踏实地的实力，而这个实力说到底是财力的支撑。我国大学和科研机构的财力来源，主要还是依靠政府的财政拨款，而这个拨款实际上只能满足最基本的需要，这还是在国家财政状况不断增加的前提下才能实现的，即使这样，也很难满足机构的可持续发展。另外，就是来自于某些专项，包括科研项目的申请，这些项目实际上还是来自于国家财政，也同样存在以上的问题。此外，就是来自于机构自己的创收，包括学生的学费、对外的培训和一些咨询服务，而这些创收都有大量的成本，在竞争的情况下，边际收入实际上是下降的，更不用说很多学生的学费，在要保证学生质量的前提下，根本不足以支付培养的成本。社会都在埋怨大学的教学和科研质量不高，实际上质量要持续地提高就需要资金的投入。走不出这样一个困境，即使有所谓的"去行政化"这样的改革，大学的科研和教学质量，依然不可能得到根本性的解决。

看看国外的大学，我们就知道主要的资金来源是捐赠，捐赠占了这些世界知名大学每年支出的绝大部分比例。问题的实质在于，社会为什么会对大学进行捐赠，获得捐赠的条件是什么？这才是问题的根本。

一个大学的机构要获得捐赠，最重要的是有捐赠人认可的价值。这个价值当然只能来自于你培养学生的质量，也只能来自于你科学研究的水平，特别是为人类和社会作出的真正贡献。所作的贡献越大，对捐赠人来说价值就越大，就越愿意给你捐赠。可见，捐赠的实质是对价值的认可，要想获得社会的捐赠，只能是把机构的研究做好，特别是让研究产生价值。这些年来，我一直坚持的就是，我们院的宏观质量研究，必须对社会产生价值。我们研究的主要目的不是为了评职称，不是为了排名，更不是为了所谓的发表或获奖，而是为了产生价值。这条路走起来是非常艰辛的，因为它与现有的某些不合理的评价体制是不相容的，即使这样，我们也坚持走下来，因为我相信规律最终会给出更科学的评价。现在看来，这条以价值创造为核心的科研之路走对了，不仅获得了项目、论文发表和好的评价，更重要的是，通过价值的创造，获得了社会捐赠的支持。

　　我要特别地感谢近来有一批企业和机构，对质量院捐赠的支持。中国最大的门业集团——王力集团，对质量院中国质量评价项目，也就是"中国好质量"的捐赠。这个项目的投入非常大，它需要获取大量数据才能作出科学的评价，而且这个项目是要有一个长期的质量大数据库的建设，所需要的投入也必须是长期的。还要感谢我国最大的质量服务集团——中检集团，对质量学术研究刊物《宏观质量研究》和精品课程的支持。中国质量的建设特别需要高水平的学术刊物，而要办好一份刊物，包括向国际传播中国质量学术的声音，都需要不断地投入。质量人才的培养更是需要资金的支持，尤其是一些在读的博士生和硕士生，有些家庭还比较困难，要让他们完成学业，就必须给他们创造一个比较好的生活条件，而金凯德集团对"好质量人才"项目的捐赠，无疑是雪中送炭。还有很多机构，以参加《宏观质量研究》理事会的方式，对我们院的学术研究和刊物给予支持，为我们安下心来搞研究，真正办一份具有世界影响力的、一流的中国质量学术刊物，给予了很重要的推力。

　　这些支持，让我们都身怀感恩之情。我们知道这些支持，即是来自于这些捐赠者的社会责任感，更是来自于我们院这些年一直都坚持的价值创造，而要使社会的捐赠可持续，也只能来自于我们持续的价值创造。

　　持续的价值创造——持续的社会捐赠——持续的质量院发展：这就是我们院寻找到的可持续发展模式。

　　（2013 年 12 月 15 日发表于武大质量院官方网站"专家视点"栏目）

"中国质量文化馆"的启示

生命不熄，研究不止。"中国质量文化馆"的开馆，源于武汉大学质量院长期的专业积累、人才效应和平台集聚。

2014年10月，"中国质量文化馆"在安徽合肥正式开馆。该馆由安徽省质监局主办，安徽质检院建设，但其内容设计则是由武汉大学质量院完成。

自该馆开放之后，无论是安徽省委省政府的主要领导，还是国家质检总局的领导，以及来自全国质检系统的领导，参观后都一致对该馆给予了高度评价，认为这个馆是我国首次将中国质量历史和质量文化，以专题展板的方式呈现出来，让参观者对中国灿烂而悠久的质量历史有了更为真实而深刻的认识，尤其是令参观者对中国质量与中国灿烂文化之间的关系有了更加理性的认识，真实地感受到中国历史的强大与当时卓越的质量是密不可分的。质量强国也不再只是一句抽象的口号，而是中国历史真实的记录。

听了这些评价之后，我作为武汉大学质量院的一员深感骄傲和欣慰。作为内容设计者，我们的成果能被参观者认可，这便是对我们在设计中所付出的努力和艰辛的最好回报。看着所设计的内容栩栩如生地展现在眼前，不由回想起几个月前连夜工作的场景。还记得2014年6月，我因安徽马鞍山市委的邀请去中心组讲课，抵达当晚，在一个极具中国特色的茶馆里，与安徽省质监局的朱琳局长探讨质量文化馆的创意。起初的设想中并没有中国质量文化馆，但当我将我们院多年来对质量文化的研究与朱琳局长等人交流后，得到他们的完全认同，并达成要尽快建设中国质量文化馆的共识。几天后，以朱局长为首的团队快速行动起来，专程邀请我院的专家团队赴合肥具体商讨相关事宜；2 天后，他又专程赴武汉大学，明确提出请质量院作为整个馆的内容设计方，并提出了大多数人认为不可能的要求，即希望在两周，最多不超过 3 周的时间内完成整个馆的内容设计，整个馆定于 9—10 月开馆。在安徽方面的感染之下，我们排除了诸多困难即刻行动，在当天配置了各方面的优秀专家，连夜入住宾馆进行封闭式的设计攻关。最后在短短两周的时间里高质量地完成"中国质量文化馆"的设计。

这样一个看似不可能的任务最终得到圆满完成，给了我们以下几点深刻的启示：

启示之一——专业的积累。整个馆的内容设计虽然看起来只用了两周的时间，实际上背后却是 7 年的研究积累。质量院自成立之日，就将中国质量历史和质量文化的研究，作为重要的学科内容，在当时就已经组织了武汉大学知名的历史、文化和德国的研究专家，开展中国质量历史、质量文化和德国质量文化的比较研究，并将这些成果转化为专业的课程。同时，通过自筹资金的方式，武大质量院还拿出专项科研经费，积极开展中国质量历史和质量文化的研究，并与美国专家就中美之间的质量行为的文化背景进行国际比较研究。在中国特色质检体制的系统研究中，还专门对中国主要历史阶段的质量史进行了系统梳理，开始构建中国质量史和质量文化的框架。正是有了这么多年的系统积累，才成就了中国质量文化馆的内容设计，看似短短两周的背后，实际上是 2000 多个日日夜夜的积累。

启示之二——人才的效应。中国质量文化馆设计的成功让我们真切感受到了什么叫人才第一。这次的设计团队聚合了以中国质量史和质量文化研究方方面面的人才，有质量院长期研究中国历史和中国文化的宋时磊老师，有专攻中国经济史的李唐老师，有系统研究中国不同历史阶段质量治理的陈昕洲博士，还有来自武汉大学各方面的专家学者。为更好开展中国质量史和质量文化的研究，在学校的支持下，质量院近几年陆续引进了一批专攻中国质量史和质量文化研究的年轻学者，正是因为有了他们的潜心研究和对专业的执着，才浇灌出今日的"中国质量文化馆"。

启示之三——平台的集聚。武汉大学质量院的一个发展思路，就是打造一个开放的平台，因为在互联网时代没有什么比平台更为重要的。平台与单位的区别就在于，它是一个开放的世界，是一个汇聚资源的世界，能吸引各种不同的资源与人才在此汇聚，从而产出 1+1>2 的效益；而单位则是一个封闭的世界，所有的资源只能在单位内的边界配置，而且这种配置的效益是边际递减的。而质量史的研究显然不能封闭进行，因为它的研究既涉及质量的研究，又涉及经济的研究、历史的研究、文化的研究以及技术的研究。这样一个涉及跨学科的研究领域，要封闭起来研究是根本不可能的，它会内在地要求汇聚各个不同学科的资源。好在质量院就是这样一个开放的平台，汇聚了经济、管理、法律、历史、文化、公共管理、信息管理和工程技术等方面的人才，通过交叉、交融和交流，形成了一个完整的开放平台，由此才催生出中国质量史和质量文化研究的成果。

生命不息，研究不止。"中国质量文化馆"的开馆，只是质量院研究中国质量史和质量文化的一个阶段性成果。我们在该领域的研究从未停止。《华中师范大学学报》2016 年第 2 期发表的论文《我国古代政府质量管理体制发展历程研究》，揭示了我国古代政府质量管理体制变迁的演进路径，就是质量院在中国传统质量管理和质量文化研究上的一项标志性研究成果。如有兴趣的读者，可以在质量院的官方网站"发表论文"进行下载阅读。

（2014 年 10 月 31 日发表于武大质量院官方网站"专家视点"栏目）

以共享为基础的国际化

基于自身所具备的比较优势，积极与国际一流机构开展合作，摒弃单向的输出，实现双向的共享，这真是武大质量院国际化取得发展的原因，也是我们身处的这个时代——共享时代的基本要求。

为何要国际化？说简单一点，就是你有需要国际上帮助的地方，而国际上也有需要你帮助的地方。换句话说，国际化，就是比较优势的交换。人们之所以需要国际化，或者国际贸易之所以能展开，就是因为不同的国家通过彼此之间的交换，获得他们各自最大的利益。

因而，武大质量院要发展，就不是要不要国际化的问题，而是怎样推进国际化的问题。就在本周，我们与全球经济学排名前 10 的法国图卢兹大学经济学院的专家 Emmanuelle Auriol 教授进行交流研讨，我们将基于共同凝练的公共管制与产品质量等 8 个论文选题联合进行国际论文写作。此外，我们还将定期召开学术研讨会，建立互派访问学者交流机制。

2015 年 10 月，美国排名前 10 的大学，常务副校长 Lawrence Carin 教授来我院进行访问，确定近期，他将与著名经济社会学家、全球产业价值链理论创始人 Gary Gereffi 教授一起来我院交流访问，基于食品质量安全、消费者质量保护政策等问题进行共同研究。

2015 年 10 月，华为成立了大质量体系的国际专家组织，参加的国际专家包括日本东京大学、德国亚琛大学的专家教授，我院出任华为国际专家组副组长，专家们先后集中召开了多次华为大质量体系项目研讨会。

2015 年 10 月，中国企业—员工匹配调查最后的数据已经交付给清华大学、香港科技大学和中国社科院。这次调查由 4 所高校历经 3 年时间策划，经过 5 次大规模仿真测试，投入 300 余名专家学者和博士硕士生才得以完成，这本身就是一个国际化的结果。亚洲银行驻中国代表处经济学家 Niny Khor 对此评价称："这是中国经济学界首次完成的大规模企业和员工的匹配调查，创造了世界企业调查的奇迹。"北京大学国家发展研究院副院长余淼杰教授强调："这次数据调查工作，不仅为中国的企业实证研究和劳动经济学研究作出了建设性贡献，更为全世界相关调查的开展提供了有益的启示。"

可以说，武大质量院的国际化，取得了连我们自己都感到意外的突破和进展。现在可以充满确定性地说，武大质量院将用 5 年左右的时间，就会在相关研究领域中具有较强的国际竞争力和国际知名度。

为什么会取得这么大的进展？主要原因就在于：共享。

国际化绝对不是单相思，而是互惠互利。法国图卢兹大学与我院的合作就是建立在我院具有一手的企业与员工匹配的调查数据，正是基于此，我们双方才得以快速且有效地开展国际论文与其他科研项目的合作。

国际化绝对不是一味谦虚地向他人学习，而是源于我们所具备的比较优势。可以说，没有我们的比较优势，就没有广东省制造业企业和员工调查的成功。在这次调查过程中，我们全体调查人员秉持"奋斗到感动自己，努力到无能为力"精神，克服了进入企业、获得经营数据、员工现场填报和数据回访等一个又一个的难关，创造了第三方专家企业调查的奇迹；8 年来，我们院与广东质监局系统，包括各市县政府建立良好的合作关系，在这次调查中，我们定位于为广东转型升级、提质增效创造价值，才换得这次调查的累累硕果。

国际化绝对不是单向的输出，而是双向的共享。我院与杜克大学合作是因为我们拥有最具有研究价值的本土案例和资源。日本政府智库研究机构"发展中经济研究所"的下川哲博士，之所以积极与我们开展国际交流与合作，也是基于我院拥有食品安全、食品政策等方面的本土资源。

我们已经进入到共享经济的时代，在这个时代，无论是国际间的交往，还是经济的商业模式，人类的生活方式和学习方式都在走向共享。诸如全球制造和国际贸易的众包模式、企业生产方式的创客平台、大学教育的慕课、出租车的优步，以及国际旅游的途家模式，都清楚表明了共享经济时代的到来。

因而，武大质量院将坚定不移地走向共享经济时代，将国际化的学术真正建立在共享的基础上。

（2015 年 10 月 30 日发表于武大质量院官方网站"专家视点"栏目）

新年看数据

科学研究没有捷径，需要用数据去验证研究中的每一个假设。那些好的数据会说话，它会说一些引导科学创新的话，引导科学真正能够有所发现的话，更会说事实到底是什么的话。

作为 2014 年第一篇专家视点，我一直在犹豫该谈点什么才对得起这一年的起点呢？我想了很多选题，但都被自己否定了，原因就在于托不起新年第一篇专家视点应该有的"高端大气上档次"。

2014 年 1 月 13 日，我们院召开每周一次的学术讨论会，一直开到晚上 11 点才结束，是什么问题的研究要开到这么晚？是 2013 年中国质量观测数据的分析讨论，实在是因为数据量太大，可分析、可挖掘的角度太多，才使得讨论延续到那么晚的时间。关于这次观测数据有多少价值，春节后武大质量院就将作正式的发布，届时的影响一定不会低于质量院在 2013 年 5 月发布的 2012 年中国质量观测的年度报告。这里要顺便说一下，2012 年的中国质量观测年度报告产生了远超过我们预期的成果，包括中国权威刊物的论文发表、国家社科基金成果要报的专题，特别是高达 6 篇的包括国家高层在内的政府部门的采纳。当然，还有观测模型、观测问题、观测方法和数据统计的改善，尤其是 200 多名大学生所组成的质量调查学生社团。应该说，通过 2013 年的质量观测调查，质量院已经可以固化质量观测的调查范式、数据样本和分析方法。三年下来，虽然付出了很多，但我本人作为项目的负责人，还是觉得太合算了，这种连续观察下来所积累的数据，对于我们的科学研究，无论怎样估算其价值都不过分。

还是回到专家视点，在周一的讨论会上，我就确定了 2014 年第一篇专家视点的选题，那就是谈谈数据，谈谈质量大数据。

2013 年质量观测数据，最有价值的就是产品质量数据的变化，这个变化就是产品质量的评价下降了 2.52 个百分点，也就是从 64.72 分下降到 62.20 分；特别是在与服务质量、工程质量和环境质量的比较中，从 2012 年的排名第一跌落到 2013 年的排名第四。当我第一次知道这个数据的时候，确实感到太出人意料了，首先想到的就是调查本身是否出了什么问题？经过团队对每一份问卷和调查过程的核实，证明调查本身没有什么问题，这个数据就是真实的。那问题就来了，这个数据说明了什么呢？为什么 2013 年的产品质量数据，不是我们习惯性想到的上升，反而下降呢？周一讨论会上，争论最激烈的就是对这个数据的分析。在反复的讨论之后，我们得出了一个重要的结论：我国产品质量状况总体不稳定。

这个结论提示我们，中国产品质量的水平并没有达到直线向上提升的状态，虽然总体得分已经超过 60，但是并不能保证每年的产品总体质量水平，都保持向上的势头，而是会围绕着 65 分这个水平线上下波动。实际上，这样一个波动是完全正常的，表明我国产品质量的基础还不牢固，支撑条件还没有得到固化，诸如小微企业的质量管理能力、专业技术工人、质量创新总体还不能适应消费者的需求等，都是影响产品质量总体水平波动的重要原因。这个数据与 2013 年上半年我国产品质量的监督抽查批次抽样合格率的结果是完全一致的，也是比上一年同期下降了 2.2 个百分点。

我这里要分析的并不是产品质量数据的下降，而是产品质量作为微观质量的主要组成部分，它的下降与整个宏观经济的关联性。我的猜测是：产品质量的波动与宏观经济的波动高度正相关，说得更直接一点，产品质量的波动会引起 GDP 增长率的波动，产品质量下降会引起 GDP 增长率的下降，产品质量的上升会推动 GDP 增长率的上升。

这个猜测如果能得到证明，那将是一个非常有意思的发现，可以建立起微观的产品质量与宏观经济增长质量之间的内在逻辑关系。相关的政策建议当然就更有价值了，那就是建议政府要促进宏观经济可持续的增长，其中一个重要的微观基础，就是要促进产品、服务、工程和生态这些微观质量水平的提高。

如何来证明这个猜测，当然不是一篇通俗性的专家视点所能解决的，需要我们院的专家在质量观测报告中作更深入的分析，也需要我们写出几篇高质量的专业论文来证明。不过好在我们院对这个问题的证明，既不缺理论上的逻辑推理，更不缺实证数据的支撑。我相信，就在 2014 年，武大质量院可以作出对这一问题的科学证明。

最后，我想说的最深的感受是，科学研究没有捷径，那就是需要去证明一个假设，而证明的最重要方法之一，就是用数据来验证，从数据中去发现新的问题。这当然需要人的"定力"，因为数据要获取就要有大的投入，甚至会承受暂时失败的风险。对于数据的分析就更有挑战性了，数据代表的是一种客观存在的现象，而有些现象甚至都是我们没有经历过的，这既需要对实践的感悟能力，又需要扎实而丰富的知识积累。好在数据真的会说话，会说一些引导科学创新的话，引导科学真正能够有所发现的话，更会说事实到底是什么的话。

正因为此，武大质量院将在 2014 年，对质量"数据"会有大的投入，包括对质量大数据的投入，这些"数据"的动作，都会渐次展开。武大质量院的科学研究团队相信，占领了质量的大数据，就占领了质量科学研究的前沿。

（2014 年 1 月 15 日发表于武大质量院官方网站"专家视点"栏目）

总有一些事情需要奋不顾身

——2015 年中国企业—员工匹配调查纪实之一

2015 年中国企业—员工匹配调查，是一件值得我们奋不顾身去做的事情。它对我们全体参与者来说，不是负担，而是机会；不是投入，而是收获。

2015 年 7 月 11—12 日，来自武汉大学、清华大学、香港科技大学和中国社会科学院的 100 多位老师、博士与硕士齐聚广州，正式拉开了"2015年中国企业—员工匹配调查"大规模开展的序幕。

暑期是大学老师和学生休息与调整的时期，但是大家却充满激情的在火热的南国，开展这样一次为期近二十天的调查；

为了这次调查，香港科技大学的朴之水教授、清华大学的李宏彬教授和中国社会科学院的都阳教授，针对问卷的设计和调查的组织，已经努力了 3 年多的时间。

同样也是为了这次调查，武大质量院和几个协同单位，从 2014 年 8 月份开始，前后在广东顺德、深圳和东莞开展了 3 次试错式的调查；在江苏扬州进行了为期 1 个月的仿真式调查；又在广东广州和潮州进行了为期 3 周的小规模正式调查，投入了大量的人力和财力。

这一次大规模调查，更是涉及对 18 个区域、近 500 家企业和 5000 名员工的样本调查，其加上调查员人工的总投入累计要突破 200 万元。

不仅如此，省、市、县（区）、乡镇（街道）和村（社区）5 级政府机构的官员，也有近百人组织和参与对这次调查的安排、协调与支持。

仅仅一个省，就是如此大规模的人、财、物的投入，对一项社会调查来说，可以称得上是不计成本和不计代价！

这样做值得吗？

为什么要这样做？

这次调查的背景，是中国经济进入了新常态，也就是投资驱动和劳动力红利的中国模式正在渐行渐远。在这样的背景下，中国经济的投资与需求有什么变化、社会融资和利率的真实水平究竟如何、汇率和进出口结构在发生什么变化、人力资源的就业和工资成本的趋势是怎样的、创新和质量竞争力的行为是否反映了新常态的需求？这一切问题的回答，都是这次调查所涉及的，也是这些调查数据将真实反映出来的。虽然投入巨大，但是能够获得对这些问题的一手数据，其产出远远超过这些有形的投入，这样的调查当然是值得的。

宏观的基础一定是微观，要研究经济发展，要研究经济增长质量，我们一直的视角都是从微观的角度来进行观察。这个最重要的微观主体就是企业，因而这一次到企业去进行这样大规模的调查，获取大样本的数据，正是这一思路最好的实践。提出微观的思路并不难，最难的是找到微观的数据。因为，企业有很多方面的原因不愿意提供这些数据，要找到这些数据就要克服诸多想到和想不到的困难。正是由于这个原因，我国从 2007 年以后，就一直没有大样本和高质量的企业调查数据。这种状况所影响的绝不仅仅是科学研究缺乏基本的数据支持，更要命的是会影响对经济形势的分析和判断，进而误导政府和企业的经济决策。正是基于对这一使命的担当，武汉大学、清华大学、香港科技大学和中国社会科学院，才决定无论如何也要把这个难关攻克，即使有再大的难度也要去做，因为它有比难度更大的价值。

　　这一次调查的共同承担机构，都是世界和中国知名的科研与教学单位，一个日常的职责是培养优秀的学生。学生的学习在很大程度上来自于对社会的认识，尤其是来自于对企业的认识，而这种认识最重要的方法之一就是调查。这一次的调查，有我们四个机构的硕士生和博士生参加，也有很多年轻的老师参加，他们在参与过程当中，不仅可以学到规范的科学研究和调查方法，更可以提高对问题的分析和识别能力，以及在与企业沟通中的行为能力和意志力。实际上，通过调查是在搭建一个平台，来促使年轻的老师和硕士、博士生们更快的成长，而这个收获在这一年当中已经越来越明显，所以人才红利也是这次调查为什么要进行的重要原因。

　　这次的调查数据是对广东转型升级中企业的一次扫描和体检，将对政府的经济决策起到重要的支撑作用。虽然它看起来只是关于广东的数据，但是广东企业的转型发展对全国都具有样本意义，因而这些数据也会对更高层次的政府决策产生重要的作用，这当然也是这次调查的重要价值所在。

　　在清华大学时，曾有人问为什么企业愿意接受这次调查？我的回答很简单，那就是这次调查对企业有着重要的价值。这次调查的问卷实际上全面反映了企业经营的关键问题，即使企业只是对照着填报，也是一次对企业自身的扫描和体检，从中可以分析和感知企业在转型中的现状与趋势。更不要说，这些数据综合统计完成之后（不涉及某一具体企业的数据信息），更可以让企业完整地看到行业与区域企业转型发展的真实状况，从而对照着修正自己的发展战略和创新路径。这些对企业的价值，也是驱动我们去挑战这一高难度调查项目的重要原因。

　　做出高水平的科学研究，尤其是作出对中国经济发展和经济增长质量问题的高水平研究，对国内外的学者都有着巨大的吸引力。但是，阻碍这一目标的主要困难，就在于缺乏真实、客观和全面的高质量数据。没有好的数据就不可能作出高水平的研究，这是学者们的普遍共识，特别是要获得进入企业的调查数据就更为重要了。因而，要推动中国学术研究的进步，就需要我们这样深入到企业的现场去获得真实的一手数据，这种价值无论怎样估计都不过分。

在世界上，总有一些事情需要不计代价、不计功利的去做，只有奋不顾身才能实现真正有价值的目标。

2015 年中国企业—员工匹配调查，就是这样一件值得我们奋不顾身去做的事情。它对我们全体参与者来说，不是负担，而是机会；不是投入，而是收获。

（2015 年 7 月 13 日发表于武大质量院官方网站"专家视点"栏目）

奋斗到感动自己

——2015 年中国企业—员工匹配调查纪实之二

奋斗到感动自己，不仅仅是可以感动自己，更可以感动我们的调查对象。企业为什么会这么支持我们的调查，政府为什么去做我们的后盾？答案就是，用奋斗去感动别人！

2015 年 7 月 13 日至 7 月 17 日，这是 2015 年中国企业—员工匹配调查的第一周。这周可以说是初战告捷，按照每个地区二十五套的目标量来计算，已经实现了平均百分之八十以上的问卷发放量，并且实现了近百分之三十多的问卷回收量。广东省深圳龙岗区，珠海斗门区，佛山顺德区，中山区，东莞沙田区、长安区、东城区、常平区，都实现了问卷发放量超过百分之百的佳绩。广东省湛江廉江市，阳江阳西县，肇庆恩平市、四会市，东莞长安区和东城区，都实现了问卷百分之五十的回收。特别要指出的是，这些已回收的问卷，都确保了完全符合抽样规范，完全达到了质量控制要求。

应该说，这些数据所呈现出来的第一周工作成果，远远超过了我们当初的大胆预设，没有人会想到，能够取得如此快速的进展，并达到如此高质量的标准。

第一周什么原因让我们取得了这样惊人的成绩，解释可能会有很多，在我看来，最重要的原因就是——奋斗到感动自己。

奋斗到感动自己就是要敢于面对挑战。起初由于总部人力资源安排不周全的原因，导致揭阳市的揭东区在周一、周二的进展不太理想。这种情况下，我们紧急调度前期在汕头非常富有经验的相关老师赶赴揭阳。临时受命的李唐老师，克服了一切困难，紧急拦截了一辆夜行客车，于次日凌晨五点赶到揭阳，第一时间和大家开会商量后续的对策和措施，迅速扭转了揭阳的调查指标。

奋斗到感动自己就是要不畏惧暂时的落后。惠州和深圳宝安的调查工作进度略有滞缓，但是，暂时的落后并没有让我们这些区域的同事气馁，相反激起了他们更大的斗志。通过采取多方措施，他们获取了当地各有关领导的全力支持，使得区域发展不平衡的局面迅速得到改观。

奋斗到感动自己就是要团结得像一个人那样去战斗。从全省的区域来看，第一周，问卷回收最快的就是粤东区域的湛江廉江市、阳江阳西县和江门恩平市。这些相对珠三角我们更陌生的地区，为什么问卷回收反而更快呢？一个重要原因，就是这些区域的团队成员都团结得像一个人一样。无论是廉江调查组，还是阳西调查组，抑或是恩平调查组，他们都深深认识到，奋斗绝不是一个人的孤军奋战，而是团结的力量，是团队的力量，是武汉大学、清华大学、香港科技大学和中国社会科学院，四个参与单位所有同事们的共同战斗。

奋斗到感动自己就是要用科学的方法去支撑目标的实现。调查工作的快速进展，离不开总部人员每天晚上的统计、进度分析密切相关，尤其是将各地发生的问题进行一般化的处理，并将各地成功的经验绝不过夜地快速分享和复制。这些问题的一般化，以及经验的分享与复制，使得18个区域第一时间共享了各地的经验，使得我们的固定成本有了最大的边际产出。支持不分你我，交流不分昼夜，针对相对发展慢一点的地区，在总部的协调安排下其他地区的人员及时补充，为这些进度稍慢的地区注入新的动力。可以说，我们这个一百多人的团队，无论在什么岗位和什么区域，都像一架精密的机器一样在系统地科学运行，从而远远发挥了一加一大于二的功能。

奋斗到感动自己就是要一点一滴的努力地去做。我们各个组的组长，特别是像珠海、四会、惠州、阳西、中山和东莞等几个区域的负责人都是女性，他们和总部的几位女性一样，像一个个女汉子在战斗，作出的骄人成绩，令团队中的男同胞们都为之赞叹。还有我们每天提交和统计的报表，质量逐日完善，一目了然反映出当天的问题和次日的趋势，这正是我们所有团队成员认真核查、清理、复查、统计和分析的结果。

奋斗到感动自己，不仅仅是可以感动自己，更可以感动我们的调查对象。企业为什么会这么支持我们的调查，政府为什么去做我们的后盾？答案就是，用奋斗去感动别人！

（2015 年 7 月 17 日发表于武大质量院官方网站"专家视点"栏目）

企业家老大 劳动者光荣
——2015 年中国企业—员工匹配调查纪实之三

中国市场经济的未来，中国企业发展的未来，最重要的资源就是人，而这些人就是由企业家和企业中的普通劳动者所共同构成。他们是中国企业创新的主体，也是中国经济最宝贵的资源。

这次调查可以说非常幸运，一个是在中国制造业最发达区域；另一个是在我国经济进入新常态的特殊背景下。

通过对 500 多家企业的走访和调研，我们实在收获了太多、得到了太多。从这些企业的真实经营状况，而且是现场的经营状况中，我们触摸到了中国经济的脉搏，感受到了企业发展的真实场景。这种收获，对我们调研队伍中的大部分人来说都是第一次，也是最为完整的一次，很多参与调研的老师和同学们一致认为，这次调研他们真正感受到了企业的发展是多么的不容易，又是多么的了不起。实际上，企业家们才真正是中国经济的老大，而那些在企业工作的员工们则用他们的劳动证明了什么是光荣。

企业家之所以是老大，就在于他们对发展规律的把握。这次调查之所以进行得如此顺利，一个非常重要的前提条件，就是其准确的定位——"转型升级、提质增效"。佛山一家调查企业负责人，在听取了本次调查的定位和意义之后，亲自协调生产厂长和业务、财务经理，以及被抽到的员工集中到公司的会议室现场填写问卷。他本人则在会议室一边处理日常工作，一边督导问卷填写完成情况。中山一家调查企业负责人先后多次协调企业问卷回访事宜，并表示期望我们日后相关的研究成果反馈到该企业，帮助他们解决在产品出口标准的缺失问题。

企业家之所以是老大，就在于他们身上的社会责任感。在这次调查过程当中，我们的调研员都从一点一滴的行为中，知道了什么才叫企业家，那就是为社会创造价值、有强烈的社会责任感的人。惠州的一家调查企业，调动企业非常规范的信息化平台中的数据资源，准确、完整和高水平地填报完了企业和员工问卷；珠海的一家调查企业负责人认为，当下很多企业的转型升级迫在眉睫，这次的调查能让国家清楚地了解制造业的真实发展状态，具有重要的现实意义，作为企业当然必须全力支持。

企业家之所以是老大，就在于他们科学务实的精神。可以说，在这次调研的全过程中，我们每天都被企业家所感动着，即使对我们这样一件于企业来说并不是大事的调查，他们却进行了精心的安排和严格的组织。东莞的一家调查企业，为了填报调查问卷，召集了所有相关负责进出口、评管、人事、行政和财务的部门负责人参与，并配合将抽取的员工安排现场完成问卷填写。四会的一家调查企业，为了保证调查问卷填写的质量，还专门临时停工来集中安排填写问卷。顺德的一家调查企业，为保证问卷填写的完整性，主动向调查小组要求适当延迟问卷回收时间。

劳动者之所以光荣，就在于他们身上所透射出的任劳任怨。这次我们很多年轻的同学和老师都和我谈到，看到那些在一线工作的工人如此辛苦，给他们带来的震撼和影响是前所未有的。阳西一家调查企业的员工，原本由于高温暂时放假，但为完成问卷填写，放弃休息时间填报问卷。还有很多区域的企业员工，为配合我们调查，他们暂时放下了生产线上的工作。要知道，这些员工在完成问卷填写后，还必须回到生产线上完成他们尚未完成的计件工作量。

劳动者之所以光荣，就在于他们承诺的事情就要做到。虽然这次调查有些企业出现了一些与转型伴生的困难，但是在调查中看到更多的却是希望和未来，即这些企业的普通员工身上所表现出来的承诺与坚持。如东莞一家调查企业的员工，由于不能耽误上班时间，在单位组织下，他们均主动利用中午和晚上休息时间，通过与调查员电话沟通，以确认问卷中的每一个细小问题。

劳动者之所以光荣，就在于他们真心实意地帮助别人。帮人就是帮己，做好事就是积德，这种朴素的理念在企业的这些员工身上表现得再充分不过了。廉江一家调查企业的一名员工，主动帮助我们解决语言难题，成为了调研员与抽样员工之间的"语言翻译"。揭阳一家调查企业的员工，更是直接帮助我们的调研员与被调研的员工沟通关键的信息点，俨然成为了我们本次调查的编外老师。

企业的确面临一些困难，尤其在新常态下的转型过程中，个别企业甚至还有被淘汰的危机。但是，从这些企业家的身上，从这些企业普通的劳动者身上，我们看到更多的是希望和未来。因为，中国市场经济的未来，中国企业发展的未来，最重要的资源就是人，而这些人就是由企业家和企业中的普通劳动者所共同构成。他们是中国企业创新的主体，他们也是中国经济最宝贵的资源。

（2015 年 7 月 20 日发表于武大质量院官方网站"专家视点"栏目）

感恩，唯有感恩
——2015 年中国企业—员工匹配调查纪实之四

感恩之情的最好表达，就是我们在未来，做出高质量的数据统计和研究分析，为中国的经济转型发展提供有力的科学支撑。

我们这次参与调查的所有人员都有一个共识，那就是这样一个创造奇迹的企业调查，其成功的主要原因之一是广东各级政府质监部门的全力支持，包括检验检疫、经信、商务和统计部门的协同配合，特别是调查区域各乡镇、街道和村与社区的积极协助。

可以明确地说，没有政府的支持与强有力的领导，就不可能有 2015 年中国企业—员工匹配调查的成功！

成功启示之一：政府的强力支持源自于"转型升级、提质增效"的战略思维。

应该说，从 2014 年在香港科技大学第一次看到了这份调查问卷，我就清楚地知道这次调查的难度，而政府的支持将是调查中无法逾越的关键环节。我当时只有一个想法，要获得政府的支持，就必须让这次调查真正为政府创造价值。实际上，这份调查问卷的核心就是在劳动力成本上升的情况下，企业到底应该如何转型升级、如何提质增效？在此前一年的试调查过程中，我最关心的就是这份调查问卷能否真正地为政府转型升级战略的实施提供数据支撑？当通过调查得出了肯定的结论时，我就基本认为政府将会支持这次调查。在这次调查过程中，广东各级政府部门之所以动员那么多力量来支持我们，实际上就是认可了我们对政府转型升级战略的理解与支持。

要想成就一件事情，最重要的就是要为别人创造价值。这次调查的成功，就是我们定位的成功，那就是要为广东的转型升级、提质增效创造价值。为别人，就是最好的为自己！

成功启示之二：政府的强力支持源自于广东政府各级官员坚定的发展意识。

本次调查的 16 个区域，我都一一跑到了，每到一个地方让我感受最深的是，政府官员并没有简单地将我们的这次调查当成一项普通的调查活动，而是敏锐地捕捉到武汉大学、清华大学、香港科技大学和中国社科院的专家和优秀的博士、硕士生的到来，是一个通过第三方国际知名大学与科研机构的力量，分析和研究本地发展的问题和机遇的难得机会。很多政府官员都朴实地说："这么多知名高校的专家学者这次能集中到我们广东各地开展调查研究，这是我们平时请都请不来的，是这些专家们对广东的支持与厚爱。"仅从这一点，我们就可以看到，广东的经济发展之所以能走在全国的前列，其中一个重要的原因就是这里有一群发展意识极强、开明而又高明的政府官员。

成功不在于你自己拥有多少资源，而在于你能配置多少资源。广东的政府官员用他们海纳百川的胸怀告诉我们，广东发展的秘诀就在于开放的配置各类资源，用开明的胸怀容纳开放的资源，这样才有广东经济的奇迹。

成功启示之三：政府的强力支持源自于对企业的服务定位。

我们这次所有的调查人员都充分感受到，广东的各级政府与企业之间的关系可谓是堪称经典，那就是政府不是干预企业，而是服务企业，尤其是服务于企业在市场失灵的地方。客观来说，企业家对于转型升级更为迫切，但是单个企业通过试错的方式实现转型升级，显然需要耗费太大的成本，尤其在规律与方法的探索上。我们这次进入企业的调查活动，之所以能得到企业的普遍欢迎，其原因就在于，政府对调查的积极推动，不但没有干扰企业，而是在服务企业，因为企业家们都知道，这次调查的成果中将得出的转型升级的数据、方法与路径分析结论，将会对各个企业的发展带来非常重要的价值。

政府如何处理好与企业的关系，在这次的调查中，广东的各级政府官员作出了多么漂亮的示范，那就是在市场失灵的领域真心诚意地服务企业。而不是对企业放手不管，将所谓的不干预企业作为托辞，来掩饰自己的消极不作为。积极服务而不干预，这就是广东各级政府对待企业的理性态度。

成功启示之四：政府的强力支持源自于广东各级政府官员优秀的素质。

作为"文明的终结"理论提出者的美国学者福山，最近分析为什么包括美国在内的西方政府体制会出现问题，其解释是政府的治理能力下降。实际上，无论是哪种体制，政府的治理能力都是至关重要的。而在政府的治理能力中，政府官员的个体素质又起着决定性的作用。

7 月 21 日，亚洲开发银行的驻中国代表处经济学家 Niny Khor，亲自到东莞的一线了解这次企业调查之所以能取得成功的原因。她介绍类似于我们这次企业调查工作的开展，在全球范围内都是一个难题，从目前来看，也仅仅于上世纪 70 年代在欧洲成功开展了一次，整个亚洲还从来没有机构开展过这样的调查。而我们认为这次调查工作之所以能顺利开展的原因就在于，政府官员的高素质是这次调查的强力支持。

在体制一定的情况下，人的作用是决定性的。广东的经济能够长期领先于全国不是偶然的，其中一个非常重要的原因就是广东各级政府官员的优良素养与素质。尤其是在体制转型过程中，人的素质对制度的创新甚至都是一个前提条件。

成功启示之五：政府的强力支持源自于武大质量院长期的耕耘与积累。

世界上没有无缘无故的爱，任何短期的投机都绝对不能获得政府真心诚意的支持。这次在广东调查的成功，绝对不是仅仅来自于这半个多月的具体工作，甚至也不是来自于最近一年的调查的筹备和运作，而是来自于武大质量院与广东质监局系统，包括各市县政府近 8 年的精诚合作。8 年的辛勤耕耘，才换来今天调查的硕果累累。

广东几乎所有市县的分管质量（一般都同时分管工业）的市县长们，都来过武大质量院参加宏观质量管理的培训；广东省直与质量有关的各政府部门，包括经信委、商务、农业、统计、工商、食药和质监部门的领导，也都来过武大质量院培训学习；广东大部分市县也曾纷纷组织了当地的企业家和政府官员到我院学习。截至 2015 年 7 月，累计在我院参加培训的班次有 26 期，共计 2300 余人。他们都是武大质量院的校友，这次的调查工作，他们中的很多人都是以校友和学生的身份，满怀热情地给予了我们全力的帮助与支持。就在 2014 年 9 月，我和清华大学的李宏彬老师、香港科大的朴之水老师和社科院的都阳老师，还与当时正在我院参加培训学习的第二批广东县、市长们专门介绍了这次调查。

不仅如此，2011 年时任中央政治局委员、广东省省委书记的汪洋同志，还专门主持省委中心组的学习，请我主讲《质量对广东转型升级的作用》的专题讲座；随后，广州、深圳、东莞、佛山、江门和肇庆等多个地市，也举行市委中心组或政府官员大讲堂，邀请武大质量院的专家去讲授质量与转型升级问题。这样的资源积累，使得武大质量院在广东各地拥有了很好的口碑与社会基础，为这次的调研打下坚实基础。

参与这次调查的全体人员，面对广东各级政府部门和官员对我们如此的厚爱与支持，此时此刻最想表达的就是感恩。他们不计成本、不辞辛劳、不畏困难的无私帮助，让我们深深的感动和敬佩。很多调查的老师与同学，通过连日来的工作沟通，已经与并肩战斗的、支持我们的政府官员，尤其是基层一线的政府工作人员，结下了深厚友谊。随着调查结束的临近，我们对这些曾经帮助过我们的人的离别情绪愈发浓烈，"谢亭离别处，风景每生愁，客散青天月，山空碧水流。"古时诗仙李白以此诗歌抒发了他对友人离别的惆怅，今日我们借用它表达我们对这次调查，更是对那些不遗余力帮助我们的政府官员们的惜惜离别之情。

感动在心中，恩情要展现。我们相信，感恩之情的最好表达，就是我们在未来，作出高质量的数据统计和研究分析，为广东各地的转型升级与提质增效提供有力的科学支撑！

感恩，唯有感恩！

（2015 年 7 月 22 日发表于武大质量院官方网站"专家视点"栏目）

坚韧成就奇迹

——2015 年中国企业—员工匹配调查纪实之五

> 奇迹之所以看起来是奇迹，是因为创造奇迹的这样一群人。一群普普通通的人，之所以能够创造奇迹，正是源自于他们每天每日都在干那些普普通通的事，这些普通的事情最终汇聚成了一个奇迹。

2015 年 7 月 24 日，一个见证奇迹的时刻！

面向 668 家企业，包含企业产品、生产、质量、设备、土地、厂房、原材料、销售、进出口、资金、税收、社保和人力资源共计 157 项问项的大规模企业问卷调查圆满结束。

面向 5580 名员工，包含员工教育水平、家庭信息、财产状况、工资收入、劳动合同、劳动技能、社会保障、工作历史和性格特征共计 163 项问项的大规模员工问卷调查圆满结束。

这一次调查的 500 家样本企业，分布在 12 个地级市、20 个区县的各种角落，既有雇用员工达万人以上的全球知名上市企业，也有实际用工人数不足 7 人、即使在乡镇基层政府人员脑海中也缺乏印象的简陋作坊。面对异质性显著的企业样本，进行调查问卷发放和数据回收是非常艰难的。

根据随机抽样的科学原则，我们在 33 万家不同规模、不同性质的制造业企业中抽取了 668 家目标调查样本，并根据抽取结果找到这些可能都不知道在哪，也不确定其是否倒闭的企业，并完成对他们的逐个拜访和调查，这就是不同于其他调查的特殊难度之所在；

要对这些目标样本企业逐个核查企业基本信息和性质，乃至整体的经营情况，深入这些企业，争取到他们配合调查，逐个填报包括企业财务、人力、质量、生产和营销等各职能部门的关键数据，涉及部门广、信息敏感度高的企业实际情况，这就是不同于其他调查的特殊难度之所在；

当得知有些样本企业可能已经停产，甚至不知道是否存在，抑或不知道搬迁到何处，有人不断劝我们放弃或转换其他样本时，我们却依然不放弃、不随意替换样本，直到最后排除万难成功完成调查问卷发放和数据回收，这就是不同于其他调查的特殊难度之所在；

在我们的调研员为完成某个企业的调查，面对该企业进行 5 次甚至上 10 次的拜访而仍被拒之门外的尴尬，依然选择不放弃，发挥打不死的小强精神直至最后攻克难关，这就是不同于其他调查的特殊难度之所在；

凭借着这种永不放弃、绝不言败的科研激情，我们最终战胜了重重困难！共计发放企业问卷 598 份，成功回收率 77.2%，有效问卷 516 份，问题回答率约为 90%。

同样，面对样本量更大的员工调查，我们遇到了更大的挑战和更大的难度。

要从 65 万的员工总数中，随机抽取 5580 个样本员工，而且要确保员工调查样本的 60%—80% 还必须来自受教育程度有限、空闲时间缺乏的广大一线工人，每个样本都具有一定的调查代表性，这就是不同于其他调查的特殊难度之所在；

面对人事管理不规范，甚至无法提供企业员工花名册的小微企业，我们必须深入到企业一线，根据工位、打卡机等多种手段，重构员工编号表逐个突破员工随机抽样的各种难题，这就是不同于其他调查的特殊难度之所在；

面对一线员工需要在生产线上持续工作、白天空闲时间缺乏的实际情况，我们在不允许企业随意替换受访员工的前提下，为了完成哪怕一位样本员工的调查填写，持续在厂区蹲守上 10 个小时，直至该员工深夜下班后才开始接受调查，这就是不同于其他调查的特殊难度之所在；

面对一线员工受教育程度有限、理解问项有困难的实际情况，我们要通过一次又一次执着的上门访谈沟通、一遍又一遍耐心的电话访问辅导，最终实现员工调查问卷各问项"高质量、无死角"的数据回收，完成调查的指定指标，这就是不同于其他调查的特殊难度之所在；

正是凭借着这种"不怕吃亏、甘于吃亏"的科研精神，我们的调查团队战胜了从员工随机抽样到数据回访核查的一系列困难，共计发放企业员工问卷 5131 份，有效问卷 4704 份，问题回答率约 95%。

无论是企业问卷的数量，还是员工问卷的数量，以及问卷的成功率和回收的成功率，在我国乃至世界的同类领域中都居于前列。

我们——来自于中国武汉大学、清华大学、香港科技大学和社会科学院的一群普通的学者和学生，共同创造了这一奇迹！

奇迹的创造来自于我们的坚韧。

坚韧就是永不放弃。2014 年，我们正式开始了问卷调查的探索，无论是广东的顺德和深圳，还是广东的东莞和江苏的扬州，可以说是屡战屡败。以至于 2015 年 4 月在扬州进行的实验式调查，我们只能秘密地开展，原因无他，只是担心再次的失败会让协同单位残存的一点希望也彻底破灭。虽然几乎所有的人，包括我们亲身参与了一年调查的骨干人员，都认为可能已经没有成功的希望了，但是我们未曾放弃依然坚持下来。因为，静下心来扪心自问，我们所付出的努力真的已经到了无能为力的程度吗？答案是没有。既然没有，那就说明我们并没有失败，或者换句话说，以前的那些失败也只是我们一次又一次排除错误的方法而已。既然如此，我们就只剩下一个选择，那就是继续寻找成功的方法。实际上，这一次我们在广东调查的成功，就是建立在一年来我们无数次失败的基础之上，也正因为有了过去一次又一次的失败，才造就了我们今天的成功！

人的成功绝不是因为他有多么聪明，或是看起来有多么好的背景与机会，这些因素都只能支撑一时，而绝不能让一个人走向真正的成功。我们的团队成员，用永不言弃的努力证明，成功一定是坚韧不拔、一定是愈挫愈奋，绝境之处就是希望的起点！

坚韧就是敢于吃亏。在这一次的调查过程中，我们从来没有算计过是否投入太多，也从来没有想过这一年耗费了如此大的投入是否一定会有回报。我们唯一始终想到而不敢忘记的，就是要实现对几个协同单位的承诺，即一定要把这件事情干成。一诺千金，只要将这件事干成，无论花费多大的投入都是应该的，包括这一次调查，我们可以说是倾尽全力，调动了在广东一切可以调动的资源。同样是为了这个承诺，武大质量院的全体师生没有一个缺席，都放下了手上繁重而紧迫的科研、教学和学习任务，全身心投入到这次调查工作中来。我们甚至还舍弃了暑假期间近两百万的办班收入，以及其他一些工作任务。这些看起来并不精明的做法，是因为我们没有功利性地去计算这次调查的得失，而始终坚守了一个基本理念：吃亏是福，所谓福报就是指，吃亏的积累终会有幸福的回报。

什么叫智慧，什么叫大智慧？那就是敢于吃亏的人，因为吃亏的人知道，今天的吃亏只是明天的投资，吃的亏越多，就意味着投资越大，回报自然也就会越大。我们这群看起来一点都不优秀的人，却成就了很多看起来很聪明的人都做不到的事情，原因没有别的，就是我们这一百多人真正地拥有了大智慧，抛弃了占便宜的小聪明，用吃亏来累积成功。

坚韧就是不断试错。从一开始就知道我们的目标是什么，那就是将这次的调查做成功，但是，我们起初却并不知道如何才能做成功。科学的常识告诉我们，成功是试错出来的，而不是单纯靠哪个所谓的天才规划和想出来的。怎样做成这件事，我们当然有自认为科学的思考和实时的总结与反思，但是我们也并不迷恋这些抽象的思辨，因为我们知道行胜于言，一打纲领抵不上一个有效的行动。成功不是想出来的，也不是讲出来的，而是做出来的。这一年来，我们从未放弃过实践第一的理念，而是不断去试错，不断去寻找各种可能性。最后，规律就在我们的试错中找到了，一件看起来几乎不可能的事情，现在却被我们这群普通人所驾驭。为什么？因为我们在试错中找到了规律，这个规律绝不仅是适用于今日的广东，同样也适用于明日的广东，还适用于明日中国其他地方的企业调查。

艰难困苦，玉汝于成。这一次调查对我们那些年轻老师和同学们最大的收获就在于，真正地从实践中感知到为什么科学研究就是一个不断试错的过程，而任何的科学发现都是以不断地试错为前提的。

坚韧就是努力到无能为力。这一次调查的成功，证明了人类的潜能有多么的巨大，实际上我们最大的敌人是自己，是自己的妥协和放弃才使得一些横在我们面前的困难看起来压力山大。一路走来，几乎每天都在问自己：我们努力到了无能为力吗？每一次的自我提问，但每一次的答案都是否定。为得到企业抽样的数据库，我们找到所有权威的企业基础数据库，当时甚至有人明确说，要获得让我们满意的科学基础数据库几乎是不可能的。在这种情况下，我们依然没有气馁，因为我们分析发现，至少还有三个路径我们还未进行试错。结果不到十五分钟，我们刚试了其中一个路径，就发现有了成功的希望，而我们最后也就是按这条路径实现了企业数据的随机抽样。

这一次的企业调查，无论是问题回答的准确率，还是问卷回收的成功率，都远远超过了一般的标准。原因没有别的，那就是我们团队绝不、绝不、绝不放弃的精神，一次又一次坚韧地努力下去。可以说，这一次我们的调查就是要向自己说"不"，就是要不断地超越自我、追求卓越，正是这种努力到无能为力的精神，才创造了今天的奇迹。实际上也没有什么奇迹，这些奇迹的背后是我们这些团队成员的汗水。

坚韧就是视不确定为常态。在这一年多来的调查历程中，计划没有变

化快，几乎成了一种常态。往往我们规划和计划得很周密的事情，结果在最后一刻却发生变化。如果我们当时被这些不确定所干扰了，那绝对走不到今天。所以，每当发生所谓这些意外变化时，我们都把它当成一件再正常不过的事情，并不被其所干扰所左右。其实，通常这些意外在本质上并没有改变事情的本身，而会改变我们的心态和判断力，也就是让情绪左右了我们的理智。就在我们这次大规模调查万事俱备、即将启动之时，却发现原本应该准备好的资金出现了意外，如果我们当时稍不冷静，作出调查停止的决策，那么今天的奇迹肯定不会出现。

实际上，这个世界上唯一确定的就是不确定性，而战胜不确定性最好的方法，就是把不确定性当确定来看。这一次的调查，一个重要的收获，就是使我们这支年轻的团队变得更加成熟。什么叫成熟？那就是能够淡定地面对不确定性，得之不喜，失之不忧。越是大气，就越能够成就事业。不计较一时的得失，不在意暂时的不确定性，才能保持平和的心态，也才能对不确定性作出理性的判断，最终战胜和驾驭不确定性。

奇迹之所以看起来是奇迹，那是因为创造奇迹的这样一群人。而这样一群普普通通的人，之所以能够创造奇迹，正是源自于他们每天每日都在干那些普普通通的事。实际上，世界上最难的恰恰就是把每一件普通的事干好。把每一件平凡的小事都做到位了，就会成就不平凡；把每一件普通的事情都做好了，就会成就奇迹。

真心感谢为此项调查开展前期协调工作、视出差为常态的各位老师；真心地感谢和敬佩我们这一百多位在广东一线，普普通通的调查员：

是你们，用每一天普普通通的行为和努力，成就了这一次绝不普通的奇迹！

同样是你们，用内心的坚持和永不放弃，铸造了注定会是不平凡的奇迹！

更是你们，用平凡人的努力与坚韧，创造了未来有巨大价值的奇迹！

（2015年7月24日发表于武大质量院官方网站"专家视点"栏目）

数据质量是中国经济最大的痛点之一

解决数据质量这个痛点的关键，就是激发社会各种不同类型数据的竞争。只有竞争中的数据，才能得出相对反映经济现实的结论，也才能支撑政府、企业、消费者和家庭的经济决策。

对经济形势到底怎么看？应该作出什么样的决策？或者什么样的决策才是正确的？这些问题无论是对政府，还是对企业，乃至对消费者和每一个家庭，都是每天要面临的基本面问题。对这些问题的判断，直接决定了这些组织与个人的选择与决策。

在现实中，我们可以看到不同组织和个人，面对以上问题几乎都存在着完全不一样的认识，有些认识甚至是完全对立的。产生这种截然对立判断的原因，当然有个人的偏好、知识、能力，乃至性格和心理方面的影响，但是这些不同的判断有着一个共同的来源，那就是对数据的把握。正是由于数据的不同，才产生了判断的对立。

再回到学术上来，我们会发现即使面对同一问题，不同学者基于自身的研究，也可能会形成截然不同的结果，这其中最重要的原因自然也是来自于对数据的掌握。

中国经济已经到了一个关键的时间点，正确的判断决定了未来的走势。但是，不得不承认，我们缺乏作出科学判断的基础，那就是来自于对经济现实的科学的数据统计。虽然我们有庞大的官方统计系统，但是相对于中国众多的企业和家庭的市场主体而言，这些统计实际上是远远不够的。即使是同样的统计，我们也需要不同的视角来对它展开正常的竞争。

正是基于此，我最近和许伟、李唐一起完成了一篇论文，标题是《企业数据质量对实证研究结论偏差的潜在影响——来自 2015 年中国企业—员工匹配调查的经验证据》（发表于 2016 年第 3 期《华中科技大学学报（社会科学版）》）。特别要说明的是，这期刊物发表了我院包括这篇论文在内的 3 篇论文，而且是以"经济理论与管理研讨"专栏形式发表，这也说明了这一调查数据的特殊价值。本论文基于在广东开展的 2015 年中国制造业企业—员工匹配调查（CEES）数据，选取企业家创新精神与企业经营绩效、出口企业的"生产率悖论"、信贷约束与企业经营绩效等三大研究热点领域，首次从实证角度验证了企业数据质量缺陷对研究结论偏差的实际影响，并得出了一系列引人深思的研究现象：如果现有企业数据样本信息缺乏时效性，则会影响对当前中国经济真实状况的准确判断；如果调查样本的抽样缺乏随机性，则会影响对中国企业总体状况的科学推断；如果调查的指标多元性不足，则会造成对企业部分经济行为的测度的统计误差，影响研究结论的精度。

不仅如此，我们院 2016 年继续联合清华大学、香港科技大学和中国社会科学院，在广东和湖北两省开展更大规模的 2016 年中国企业—员工匹配调查（China Employer–Employee Survey，CEES）。由武汉大学和香港科技大学师生组成的 240 名调查员，已于 7 月 9 日分赴广东和湖北的 40 个区域，对 1000 余家企业、10000 余名员工开展调查。无论是调查的企业，还是调查的人数，以及调查的区域，2016 年的规模比去年扩大了一倍有余。当然，今年的投入成本更是成倍增加，包括质量控制系统、信息管理系统和后勤支持系统的建立，这一切都是为了获取更高质量的数据。

今年，广东、湖北两省的相关政府部门也对我们的 CEES 调查给予了全方位的支持，这一支持的目的也是来自于政府非常希望学术界能基于专业的视角，对我国企业与劳动力的微观变化情况进行独立的数据调查。实际上，去年的调查成果，已经得到广东省政府领导和各有关经济管理部门的高度重视，已成为重要的智库成果。

要提高中国经济的数据质量，不能只是简单地质疑现有数据的问题。对于学术界而言，最重要的是迈开双腿走到经济的一线，实实在在地开展数据调查，只有这样才能有助于解决中国经济数据质量不高的问题。

中国经济发展的问题有很多，这其中数据质量毫无疑问是痛点之一，解决这个痛点的关键就是激发社会各种不同类型数据的竞争。只有竞争中的数据，才能得出相对反映经济现实的结论，也才能支撑政府、企业、消费者和家庭的经济决策。

这一点对学术界来说至关重要。中国经济学理论的进步，并不缺乏丰富的经济实践，最缺乏的是对经济实践的深入调查和数据获取。高质量的经济学研究，一定来自于高质量的一手数据获取。

（2016 年 7 月 29 日发表于武大质量院官方网站"专家视点"栏目）

千万不能忘记

虽然"感恩"在当下已经是一个有些泛滥的话语，但是亲身参与 CEES 调查的全体人员，却依然还是发出来自内心深处的感恩之语：千万不能忘记团队的奋斗！千万不能忘记政府的支持！千万不能忘记企业的认同！

2016 年中国企业—员工匹配调查的总体目标已经达成：成功回收经质量审核通过的一千份企业问卷，一万份员工问卷。

形象地描述是：千家企业 + 万名员工 ="千""万"目标。

值此 CEES 实现了超越预期的目标之时，我们最深的感慨就是：千万不能忘记团队的奋斗、政府的支持和企业的认同……

千万不能忘记团队的奋斗

2016 年的 CEES 调查，在区域、企业和员工的样本规模上比去年增加了 1 倍，在调查内容上平均增加了 50%，有些问题的难度更是数量所不能计算的。就是在这样的背景下，我们却成功实现了对这些挑战的超越。原因就是来自于，我们打造了一支钢铁般的团队：

我们这支团队拥有坚定的目标。40 个区域中每一个团队，都达到了样本量的目标，有好几个团队甚至都接近 100% 的目标值；质量目标得到良好控制，关键绩效指标和问项的填报达到 92%；在 15 天的调查时间内，人均产出率比去年提高近50%；财务成本严格控制在预算内，实现了支出过程的规范化；安全目标堪称完美，没有出现一起意外的安全事故。

我们这支团队有努力到无能为力的行为。调查员到很多企业甚至都去了十多次，终于填报成功一份问卷；企业工作人员拒绝，调查员就找部门管理者，部门管理者拒绝，调查员就找企业决策者，内部人员拒绝，就寻找外部资源，总而言之，就是要将目标中的问卷做成功。

我们这支团队拥有奋斗到感动自己的精神。趟着没膝的深水到达企业、帮助企业搬运物品，让这些企业家泪流满面，被感动到主动帮助我们联系同区域其他企业的填报；员工只有在半夜的生产线中才能被找到，我们的调查员就在机器轰鸣的车间工位上，逐题逐题地让员工回答问卷的问项。

我们这支团队拥有绝不、绝不、绝不放弃的理念。即使暂时不被有些人理解，甚至遭到驱赶、数落和拒绝，这支团队依然秉持着为国家、企业创造价值的初心，坚持着为中国经济的转型提供高质量科学研究和真实数据的执着目标，说尽千言万语、吃尽千辛万苦，最终再次为观察中国经济提供了高质量的一手数据。

我们这支团队拥有"干中学"的创新能力。在数百名调查员中，有近70%的调查员是没有CEES调查经验的研究生（包括10%左右的本科生）。但是，这些调查员坚持每天晚上从企业回来后一直到深夜和团队成员的分享，坚持对即将登门企业的每一种可能情景的模拟，坚持对每一个调查对象的深度剖析。在短短的半个月时间里，都成为了优秀的具有独立开展调查能力的专业调查人才。CEES调查管理系统使得每一个调查员拥有了精确的线路规划，实时录入的问卷数据，特别是每日的工作、质量审核和财务进度报表，使得我们能在每日的数据挖掘中，进行正确的工作决策。

我们这支团队拥有强大的资源配置能力。CEES国际咨询委员会的成员，深入一线提供技术支持；首次构建调查执行团队和质量控制团队的并行体制，有效地保证了问卷的高质量；各区域相互主动支持和协同，及时调配人员支援其他区域；各片区主任和总部坚持日清日结，通过每日的调度和精准的指挥，实现了调查过程的日清日高；各小组内部根据人员的性别、个性和特长，结构化配置调查人员，实现了 1+1>2 的系统效应。

千万不能忘记政府的支持

2016 年的 CEES 调查，跨越广东、湖北两省、26 个地级市、40 个县级市（区）。就是在这样广大的范围内，从省一直到市县的政府，特别是各级质监，以及工信、检验检疫、市场监管、统计等政府机关，包括纤检、特设、质检和标准计量等业务部门，给了我们全力的支持！

政府从战略层面上进行顶层设计。无论是广东，还是湖北，基于去年 CEES 调查对政府决策和政策制定的科学支撑，在战略上包括分管省长在内，都对 CEES 调查给予了明确的定位，那就是这项调查对认识新常态下企业的转型升级、创新发展和以质为帅，都具有重大的科学研究价值和智库支撑作用。在很多地级市和县级市，都是由分管市（县）长，亲自召开工作协调会，部署相关部门协同推动 CEES 调查。

政府部门将 CEES 调查直接纳入工作计划范围。广东、湖北两省的质监部门，都专门为 CEES 调查出台了文件，明确要求将这项工作纳入地方质监部门的工作范畴。几乎所有调查区域的所在县市质监部门，都专门为 CEES 调查发出文件，明确具体的工作计划、工作目标和工作责任部门，为 CEES 调查提供了强大的系统支持。

政府部门具体负责对接 CEES 调查的官员直接参与。特别是一些在乡镇（街道）一线工作的政府工作人员，更是直接联系所调查的企业，带领我们的调查人员进入企业；面对暂时不理解的企业，更是一遍一遍地说明该调查的重要价值。

政府部门为 CEES 调查提供了良好的条件支撑。很多一线的政府官员，甚至开着自己的私车，一次又一次地将我们的调查员，送达到七八十公里外的被调查企业；亲自帮助我们寻找那些久已失联，而这次又在调查范围内的企业；甚至关心一线的调查员，在有些区域的烈日和洪水的交织中，安全和生活问题的解决。

政府部门将 CEES 调查作为服务企业的重要抓手。很多地方的管理部门，都将这一次的调查，视为掌握企业新常态下真实状况的重要契机。他们与我们 CEES 调查员一起深入企业，倾听企业的呼声、掌握企业的困难，与我们一起分析企业的现状与需求，帮助讨论未来武汉大学、清华大学、香港科技大学和中国社科院，要提交的专门研究报告的思路与政策建议。

千万不能忘记企业的认同

CEES 调查所调查的企业，是在第三次经济普查数据库中完全随机抽样的结果，企业类型各种各样，企业规模差异巨大，企业经营绩效参差不齐，企业内的员工状况更是异常复杂。但就是这样复杂的企业和员工状况，却让我们的调查获得了超出预期的成果，表现出他们对这一有利于中国经济发展研究和政策创新项目的高度认同。

企业基于社会责任认同 CEES 调查。CEES 这一次所调查的企业，无论是资产过千亿的大型企业，还是销售不过几百万的小微企业，都对我们的调查给予了开放的接纳和深刻的理解。这些企业都站在 CEES 调查，是一项深刻观察中国企业转型升级和提质增效的高度，来理解和支持我们调查员的工作。正是在这样的认识高度上，很多企业都调动不同部门的员工来参与这项调查，才使得这一被认为完全不可能完成的 CEES 调查，达成了如此之高的、具有国际先进水平的入企调查填报率。

企业基于企业家精神认同 CEES 调查。我们这次调查接触了数百家企业的企业家们，这些企业家既有来自国有企业的背景，也有出生草根的民营企业家，还有来自跨国公司的高级主管，更有诸多上市公司的董事长和 CEO。虽然，他们的背景不一，但是对 CEES 调查的价值却是一致认同。这些企业家在认真逐项阅读问卷之后，敏锐地看到，如此大规模、科学和严格的入企调查，所得出的结论一定会对中国经济的分析和判断，给出更好的政策建议与创新思路。他们正是基于这样敏锐的企业家精神，才高度认同这项极具价值的调查。

企业基于共同的价值愿景认同 CEES 调查。在很多企业调查过程中，企业的主要负责人，甚至包括领导班子成员，都用长达数个小时时间，向我们的调查人员详细介绍企业的经营状况和他们的所思所想；有些被调查的员工，甚至向我们写来专门的信函，更详细地介绍与问卷相关的个人情况，以及他们对这次调查更好发展的期盼与建议。实际上，CEES 调查虽然是由知名大学进行的科学研究项目，但是研究的内容和目标，却契合了企业对处于转型时期经营状况研究和探索的内在需求。正是基于双方这一共同的价值愿景，才使得如此众多的中国企业来支持 CEES 调查。

虽然"感恩"在当下已经是一个有些泛滥的话语，但是我们这些亲身参与 CEES 调查的全体人员，却依然还是发出来自内心深处的感恩之语：

千万不能忘记团队的奋斗！

千万不能忘记政府的支持！

千万不能忘记企业的认同！

（2016 年 7 月 24 日发表于武大质量院官方网站"专家视点"栏目）